AF325370

BIOGRAPHIES
D'HOMMES ILLUSTRES

GRANDS FAITS & GRANDS HOMMES
DES TEMPS ANCIENS ET MODERNES

CLASSE DE NEUVIÈME

Nomenclature des gravures contenues dans l'ouvrage

Nomenclature des cartes contenues dans l'ouvrage

CLASSE DE NEUVIÈME

Programmes officiels : 2 août 1882 — 22 janvier 1885

EDGAR ZEVORT

BIOGRAPHIES

D'HOMMES ILLUSTRES

DES TEMPS ANCIENS ET MODERNES

Rendons justice à tous les autres pays ; honorons leur génie, mais gardons le nôtre.

VICTOR COUSIN.

PARIS

LIBRAIRIE PICARD-BERNHEIM ET Cie

11, RUE SOUFFLOT, 11

1887

NOTE

—

Tous les termes géographiques cités dans le texte ont été reproduits sur les cartes contenues dans l'ouvrage ; le professeur n'en laissera passer aucun sans le faire chercher immédiatement sur la carte correspondante.

PRÉFACE

—

Les programmes officiels de 1882 et de 1885, qui mentionnent des *biographies de législateurs*, de *fondateurs d'États, de conquérants*, de *savants*, d'*artistes*, de **grands patriotes**, de **grands voyageurs** et de **grands inventeurs**, ont le mérite d'offrir de la variété, de ne présenter que des noms importants, d'écarter avec soin les biographies où la légende joue le rôle principal, celles qui seraient au-dessus de la portée des enfants.

Nous ne saurions trop recommander à Messieurs les Professeurs, de se contenter de **faire lire les biographies** et de ne faire apprendre par cœur que les **résumés**.

Peu de choses bien apprises et bien sues, valent mieux que beaucoup de choses apprises trop vite, imparfaitement sues et rapidement oubliées.

C'est pour ne pas imposer trop de détails à la mémoire des enfants que nous avons complètement renoncé au système adopté par nos prédécesseurs. Les *Biographies des grands hommes* publiées jusqu'à ce jour ne méritent pas ce titre. Ce sont des histoires universelles dans lesquelles les biographies se détachent avec plus ou moins de relief, et sont trop souvent noyées dans un océan de détails, d'explications et d'événements.

Nous avons essayé de donner comme conclusion à chaque biographie une petite **leçon morale**. Quand cette leçon n'est pas indiquée en termes précis, c'est qu'elle se dégage suffisamment du récit : le maître saura bien la faire ressortir. Le concours des maîtres est nécessaire au succès de tous les livres d'enseignement; il est indispensable au succès des livres qui s'adressent à de jeunes enfants. Auteurs et professeurs collaborent à une œuvre commune : le *développement de l'esprit par l'instruction, l'éducation du cœur par les grands exemples de courage, de persévérance, de travail et de patriotisme* que l'on trouvera dans ce petit volume. Nous nous adressons avec confiance à tous nos collaborateurs.

EDGAR ZEVORT.

Caen, Avril 1886.

HISTOIRE

DE LA

GRÈCE

Les Grecs immortalisèrent par la sculpture le souvenir du soldat athénien qui s'élança hors du champ de bataille dès que la victoire fut décidée, courut d'une traite jusqu'à Athènes, arriva épuisé sur la place publique, n'eut que la force de s'écrier : *Réjouissez-vous, nous sommes vainqueurs*, et tomba mort.

Biographies : SOLON — PÉRICLÈS — ALEXANDRE — DÉMOSTHÈNES

SOLON (640-559 AVANT JÉSUS-CHRIST) (1)

MEMENTO GÉOGRAPHIQUE. — SALAMINE, *île du golfe Saronique.* — ATTIQUE, *contrée à l'est de la Grèce.* — MÉGARE, *ville de l'anc. Grèce, dans l'isthme de Corinthe.* — LYDIE, *anc. royaume à l'ouest de l'Asie-Mineure.* — CYPRE (*Chypre*), *île voisine de la Syrie.*

Lecture

I

1. Solon naquit près d'Athènes, dans l'*île de Salamine* (Carte p. 11), en 640 avant Jésus-Christ, d'une des plus anciennes familles de l'Attique, qui était

---

(1) Chacune des biographies sera lue plusieurs fois ; les *résumés biographiques* seront seuls appris par cœur.

tombée dans la pauvreté. Pour faire fortune, Solon se livra au commerce, il entreprit de nombreux voyages en Grèce et en Asie et y acquit, avec beaucoup de connaissances, la considération qui s'attache à la richesse honnêtement gagnée.

2. Pendant les voyages de Solon, les Athéniens, à la suite d'une longue guerre avec les habitants de Mégare, s'étaient laissé enlever l'*île de Salamine*. Ils cherchèrent à la reprendre, furent repoussés, et, las de mettre des hommes et de l'argent dans cette entreprise infructueuse, ils déclarèrent que quiconque parlerait de reprendre Salamine serait puni de mort.

Le patriotisme de Solon souffrait de cette honte. Il contrefit, dit-on, l'insensé, sortit de chez lui sous un costume ridicule, se rendit sur la place publique, et déclama de beaux vers qu'il avait composés, pour engager le peuple à reprendre Salamine. Le peuple le comprit : il fut nommé tout d'une voix commandant de l'expédition, et Salamine fut reprise.

3. Solon était donc connu comme un marchand enrichi, un poëte et un général heureux, quand il fut chargé de donner une Constitution* à Athènes.

4. Des discordes troublaient depuis longtemps la ville et toute l'Attique. Les nobles ou *eupatrides*, les commerçants aisés comme Solon et le peuple écrasé de dettes, étaient en luttes continuelles. Tous furent pourtant d'accord pour nommer Solon seul *archonte**, en 594, tant était grande la confiance qu'il inspirait : il se montra digne de cette

SOLON, législateur d'Athènes, l'un des sept sages de la Grèce, né vers 640 avant J.-C., mort vers 559.

confiance en refusant de s'emparer du pouvoir absolu,
comme on le lui conseillait, et en travaillant sérieusement à réorganiser la République.

II

5. Après avoir aboli les lois antérieures, qui portaient le nom de *Dracon* et qui étaient d'une sévé-

LE TEMPLE D'APOLLON, A DELPHES

Le temple de Delphes, bâti sur la plate-forme d'un rocher, avait huit colonnes en façade.
Sur l'architrave brillaient les boucliers d'or consacrés par les Athéniens après la
bataille de Marathon. — Dans le parvis on lisait plusieurs maximes de la sagesse
antique : *Connais-toi toi-même; — Rien de trop, etc.*
Ce temple était consacré à Apollon qui y rendait des oracles par l'intermédiaire d'une
prêtresse appelée *Pythie*.

rité excessive, il chercha à faire participer également
au pouvoir toutes les classes de la nation : les nobles,
les commerçants et le peuple.

6. Il allégea le fardeau des dettes qui pesaient sur
les pauvres.

7. Il remit le souverain pouvoir à l'Assemblée générale du peuple, composée de tous les citoyens, mais

1.

il conserva aux nobles et aux riches les magistratures qu'ils exerçaient ; il leur laissa également le Sénat, où se préparaient les lois qui étaient portées ensuite devant l'Assemblée du peuple.

8. Les archontes qui avaient remplacé les rois, furent conservés par Solon, ainsi que le souverain tribunal appelé *Aréopage* qui se composait des archontes sortis de charge. L'aréopage fut chargé de juger les causes capitales et eut aussi le droit de sanctionner les décisions de l'Assemblée du peuple.

9. Telle fut la *Constitution de Solon :* on voit qu'elle associait, dans une juste mesure, tous les citoyens, riches et pauvres, au gouvernement de l'État.

10. Parmi les lois particulières de Solon, il faut signaler celle qui punissait les citoyens qui, en cas de troubles, ne se prononceraient pas pour un des partis ; celle qui condamnait à mort quiconque chercherait à usurper le pouvoir.

11. Après avoir fait jurer à ses concitoyens d'observer ses lois, Solon s'éloigna d'Athènes pour dix années ; il parcourut l'Égypte, la Lydie (Asie-Mineure) (C. p. 11. — E.), et au retour trouva les Athéniens dominés par *Pisistrate* qui usurpait peu à peu le pouvoir absolu.

Pour ne pas assister à la ruine de son œuvre, Solon se retira dans l'ile de Cypre (Carte p. 48. — E.), où il mourut, vers 559.

12. Solon avait donné aux Athéniens les meilleures lois qu'ils pussent recevoir. Sa Constitution n'était pas parfaite, sans doute, mais il avait su organiser le gouvernement de la démocratie et préparer la grandeur d'Athènes.

13. La législation civile de Solon renferme un grand nombre d'excellentes prescriptions que toute l'antiquité a admirées, et qui peuvent être citées comme des modèles de sagesse. En voici quelques-unes :

Les fils héritent de leur père et doivent doter leurs sœurs.

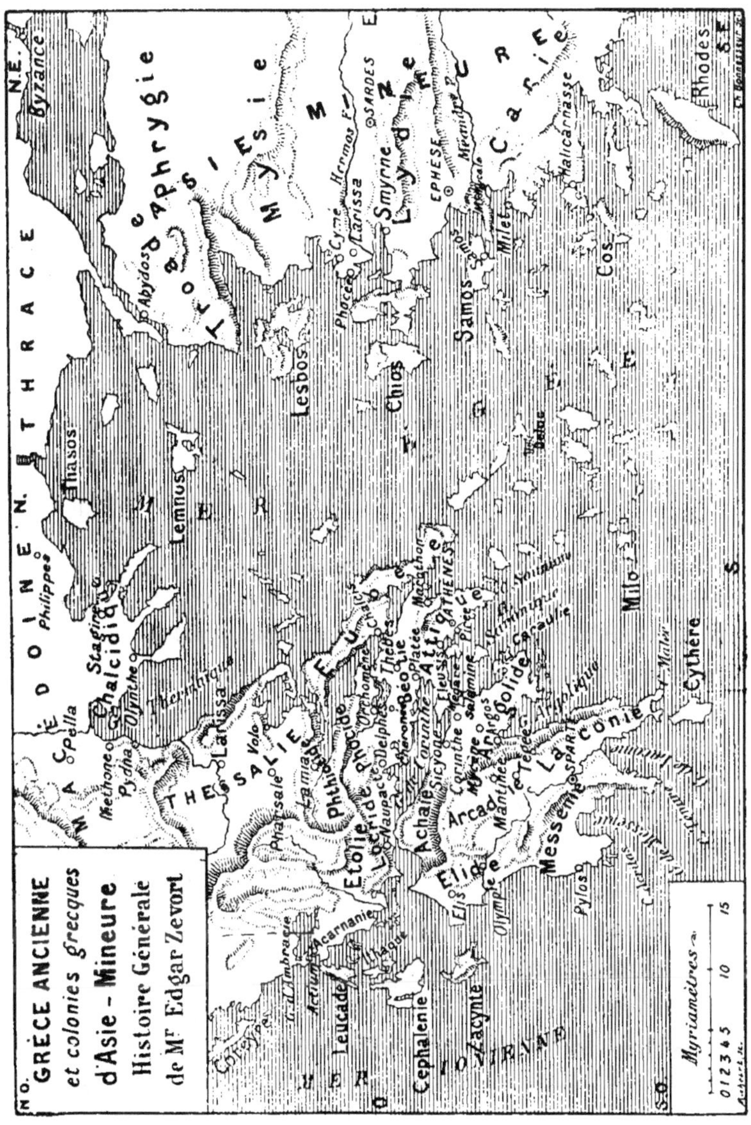

La Grèce ancienne comprenait toute la Grèce actuelle, une partie de la Turquie d'Europe, et, par ses colonies, une partie de la Turquie d'Asie. La Macédoine, que l'on rattachait à la Grèce, avait des rois grecs, mais sa population n'était pas de race hellénique et elle ne parlait pas la langue grecque.

Le fils est forcé de nourrir son père dans sa vieillesse.

Le père est forcé d'apprendre un métier à son fils.
Il est défendu de dire du mal des morts.
Chacun doit justifier de ses moyens de vivre.

14. L'oracle de Delphes, dont les arrêts étaient vénérés de toute la Grèce, avait déclaré que Solon était un *sage*. Six autres Grecs contemporains de Solon méritèrent ce titre. On prétend qu'ils se réunissaient quelquefois pour formuler des maximes de sagesse comme celles-ci :

Connais-toi toi-même.
Rien de trop.
L'infortune te suit de près.

RÉSUMÉ BIOGRAPHIQUE A APPRENDRE PAR CŒUR

1. Solon naquit près d'Athènes en 640 av. J.-C.

2. Les Athéniens reprennent Salamine, sous le commandement de Solon.

3. Solon est chargé de donner une Constitution aux Athéniens.

4. Solon est nommé archonte en 594 av. J.-C.

5. Solon abolit les lois sévères de Dracon.

6. Solon, pour soulager les pauvres, diminue leurs dettes.

7. Solon remet le souverain pouvoir à l'assemblée du peuple.

8. Solon conserve les archontes et l'aréopage.

9. La Constitution de Solon associe tous les citoyens au gouvernement de l'État.

10. Solon punissait de mort ceux qui cherchaient à usurper le pouvoir.

11. Solon quitte Athènes pendant dix ans; à son retour il trouve les Athéniens dominés par un usurpateur.

12. La Constitution de Solon assura le pouvoir au peuple.

13. La législation de Solon renferme des prescriptions qui peuvent être citées comme des modèles de sagesse.

14. L'oracle de Delphes déclara que Solon était un sage.

15. Solon mourut vers 559 av. J.-C., dans l'île de Cypre.

EXERCICES ORAUX OU ÉCRITS

1. Où naquit Solon, et à quelle époque? — 2. Quelle ville fut reprise par les Athéniens? — 3. De quelle mission Solon est-il chargé? — 4. A quelle dignité Solon est-il élevé en 593 av. J. C.? — 5. Quelles sont les lois qu'il abolit? — 6. Comment soulage-t-il les pauvres? — 7. A qui remet-il le pouvoir? — 8. Quels sont les magistrats conservés par Solon? — 9. Solon a-t-il associé tous les citoyens au gouvernement? — 10. Qui Solon punissait-il de mort? — 11. Pendant combien de temps s'absente-t-il d'Athènes? — 12. Qu'assure la constitution de Solon? — 13. Que renferme la législation de Solon? — 14. Que déclara l'oracle de Delphes? — 15. Où mourut Solon et vers quelle époque?

PÉRICLÈS (494-429)

MEMENTO GÉOGRAPHIQUE. — MYCALE, *promontoire d'Asie-Mineure, en face de Samos.* — PIRÉE, *port au S. d'Athènes.* — DÉLOS, *une des Cyclades.*

Lecture

I

1. Périclès naquit à Athènes en 494. Sa famille était illustre : son père, *Xanthippe*, célèbre général, battit les Perses à Mycale (C. p. 11. — E), en 479; son grand-père maternel, *Clisthène*, avait renversé les Pisistratides *qui tyrannisaient Athènes. Dans son enfance, Périclès eut les meilleurs maîtres du temps : *Anaxagore* qui le premier enseigna la philosophie à Athènes ; *Zénon d'Élée,* un autre philosophe, et *Damon,* un musicien. Jusqu'à vingt-cinq ans il ne joua aucun rôle dans les affaires publiques ; ce n'est qu'en 469 qu'il obtint, par l'élection, les fonctions de *stratège* ou de général : il devait les conserver jusqu'à sa mort, et c'est avec ce simple titre, sans jamais arriver à l'archontat, la première des magistratures athéniennes, qu'il exerça sur ses concitoyens une influence toute-puissante.

PÉRICLÈS. — Né à Athènes en 494, mort de la peste en 429 avant J.-C. Périclès était fils du général Xanthippe, le vainqueur de Mycale, et petit-fils de Clisthène, qui avait renversé les fils de Pisistrate, tyrans d'Athènes. Chef du parti populaire, Périclès fut un orateur très éloquent, un très habile homme d'État. Il a embelli Athènes d'admirables monuments et mérite de laisser son nom à son siècle.

2. Pendant près de quarante ans, Périclès fut le véritable chef de l'État : il n'est pas un événement important, de 467 à 429, auquel il n'ait été mêlé. Il fait exiler **Cimon**, chef du parti aristocratique, parce que lui-même était le chef du parti populaire ; mais il le fait rappeler dès qu'il croit que ses grandes qualités d'administrateur et de général peuvent être utiles à l'État. Il fait rétribuer les citoyens d'Athènes qui exercent les fonctions de juges. Il achève les longues murailles qui unissent Athènes à son port, le *Pirée.* Il ordonne de transporter de Délos à Athènes (Carte p. 11. — C.) le

trésor de toutes les villes maritimes et des îles qui reconnaissaient la suprématie des Athéniens, et il élève la contribution que payaient ces villes.

3. Dans les luttes sur terre et sur mer qu'il fallut soutenir, pour conserver cette domination d'Athènes sur ses alliés, Périclès se montra habile général, habile marin et remarquable homme d'État. Mais sa plus grande supériorité fut l'éloquence. « *Quand je l'ai terrassé*, disait un de ses rivaux, *et que je le tiens sous moi, il soutient qu'il n'est pas vaincu et le persuade à tout le monde.* » C'est par l'éloquence que Périclès réussit à conserver jusqu'au bout l'autorité suprême, dans une ville où les meilleurs citoyens n'étaient pas à l'abri de l'envie. C'est grâce à son éloquence qu'il échappa à l'exil dont furent frappés *Cimon, Aristide, Thémistocle;* sa parole grave, majestueuse, sévère, l'avait fait appeler l'*Olympien,* surnom réservé à Jupiter*. Un des rivaux de Périclès, l'auteur comique

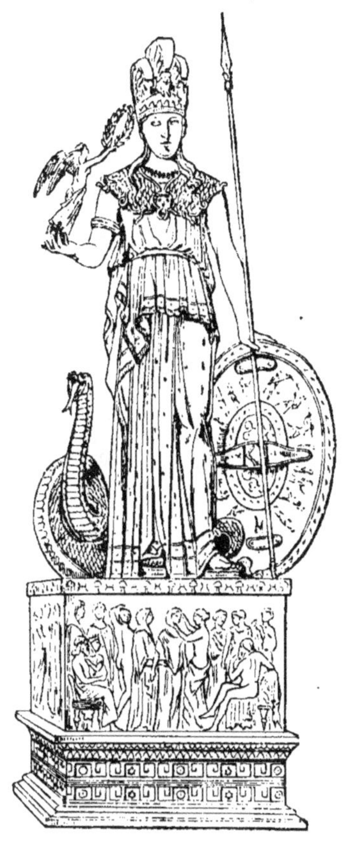

MINERVE, DE PHIDIAS

Pallas Athéna ou Minerve était la déesse de l'intelligence. Elle donna son nom à Athènes. Phidias sculpta pour le Parthénon une Minerve en or et en ivoire, haute de 12 mètres. Elle portait dans la main droite une victoire ailée : elle tenait de la gauche une lance et un bouclier. On a essayé, en 1855, une reproduction de la Minerve de Phidias qui figura à l'Exposition universelle de Paris, et qui fut fort admirée : elle n'avait que 3 mètres de hauteur.

Aristophane, prétend que lorsque Périclès parlait, la Grèce était comme ébranlée par les foudres et le tonnerre.

II

4. Périclès, contemporain des poètes *Sophocle* et *Euripide*, des historiens *Hérodote* et *Thucydide*, du philosophe *Socrate*, a mérité de donner son nom à son siècle, en couvrant Athènes d'admirables monuments, en protégeant des artistes comme le sculpteur *Phidias*, les peintres *Polygnote* et *Zeuxis*. Le *Parthénon*, l'*Odéon*, les *Propylées*, furent élevés par eux, le *Pœcile* fut orné de magnifiques peintures, avec les conseils, avec les encouragements de Périclès. Le Parthénon était un temple, l'Odéon un théâtre de musique, les Propylées étaient le vestibule de l'Acropole, ou citadelle d'Athènes : on y arrivait par un escalier de 66 marches, large de 23 mètres. Le Pœcile était un vaste portique où l'on conservait les tableaux ; le plus remarquable était celui qui représentait la bataille de Marathon, auquel avait travaillé Polygnote.

SOCRATE. — Le plus grand philosophe de l'antiquité, naquit à Athènes en 469, d'un sculpteur et d'une sage-femme, et fut condamné à boire la ciguë en 399. On l'accusait de corrompre la jeunesse : il lui donnait au contraire les plus sages conseils ; il n'obéissait jamais qu'à ce qu'il appelait *son démon familier*, c'est-à-dire à sa conscience qui était droite et pure.

5. Les Athéniens, dit-on, tout en admirant ces beaux travaux, estimaient qu'ils avaient coûté trop cher, et, n'osant accuser Périclès, dont la simplicité et la frugalité étaient connues, d'avoir détourné les deniers publics, ils firent tomber l'accusation sur Phidias. Périclès ne put sauver son ami qui mourut en prison, mais il offrit aux Athéniens de continuer à ses frais tous les monuments commencés, à la seule condition que son nom, inscrit partout, remplacerait celui du peuple Athénien. Les Athéniens aimaient trop la gloire pour accepter une pareille proposition.

6. En 431, Périclès avait engagé contre Sparte (C. p. 11.— S.-O.), la rivale d'Athènes, une guerre que l'on a appelée la *Guerre du Péloponnèse**. La peste désola Athènes au commencement de cette guerre, elle frappa les enfants de Périclès qui laissa éclater

L'ACROPOLE D'ATHÈNES

Athènes, ville célèbre de l'Attique, doit son origine à une colonie égyptienne conduite par Cécrops. — Les *Cécropides* fondèrent l'Acropole ou *citadelle de la ville,* à 4 kilomètres de la mer.

son désespoir sur la tombe de son plus jeune fils, et qui fut lui-même atteint par le fléau. Sur son lit de mort il adressa ces nobles paroles à ses amis qui célébraient son génie et ses belles actions : « *Vous ne parlez pas de ce qu'il y a de plus grand et de plus glorieux dans ma vie : c'est que je n'ai jamais fait prendre le deuil à aucun Athénien.* » Il mourut en 429 avant Jésus-Christ.

RÉSUMÉ BIOGRAPHIQUE A APPRENDRE PAR CŒUR

1. Périclès naquit à Athènes en 494 av. J.-C. d'une famille illustre.

2. Chef du parti populaire, Périclès, sans exercer aucune magistrature, est pendant quarante ans le chef de l'État.

3. Périclès fut un grand orateur et un remarquable homme d'État.

4. Périclès protégea les écrivains, les artistes et fit construire de magnifiques monuments.

5. Périclès ne put sauver Phidias qui fut victime de la jalousie des Athéniens.

6. Périclès atteint de la peste, en 429, prononce de belles paroles avant de mourir. Il dit : « *Vous ne parlez pas de ce qu'il y a de plus glorieux dans ma vie : c'est que je n'ai jamais fait prendre le deuil à aucun Athénien.* »

EXERCICES ORAUX OU ÉCRITS

1. Où naquit Périclès ? — 2. De quel parti est-il le chef, et pendant combien de temps gouverne-t-il ? — 3. Périclès fut-il orateur ? — 4. A-t-il protégé quelques hommes illustres ? — 5. Put-il sauver Phidias ? — 6. Quelles sont ses dernières paroles, et en quelle année meurt-il ?

ALEXANDRE LE GRAND (356-323)

MEMENTO GÉOGRAPHIQUE. — PELLA, *v. de Macédoine.* — TYR, *cap. de la Phénicie.* — GRANIQUE, *petit fleuve d'Asie-Mineure.* — CYDNUS, *riv. au S.-E. de l'Asie-Mineure.* — TARSE, *anc. cap. de la Cilicie.*

Lecture

I

1. Alexandre fut un illustre conquérant : aujourd'hui encore, pour désigner un grand capitaine, on dit : *c'est un Alexandre.* Le roi de Macédoine qui porta ce nom naquit à Pella (Carte p. 11. — N.), en 356 avant Jésus-Christ.

2. *Philippe,* son père, lui fit donner une éducation digne de sa naissance : il le confia au plus savant homme de l'époque, au philosophe **Aristote** qui ne lui apprit pas seulement tout ce que l'on savait alors, mais qui lui enseigna aussi à gouverner les hommes, et qui composa pour lui un *Traité sur l'art de régner.* Jeune encore, Alexandre lisait avec passion le célèbre poème d'Homère, l'*Iliade*,* où sont décrits les exploits des Grecs contre les Asiatiques, où le siège de Troie est raconté avec les détails les plus propres à inspirer l'amour de la guerre et le patriotisme.

Bien avant d'avoir l'âge d'homme, Alexandre se signalait par son adresse, par sa présence d'esprit, par son courage; par son adresse quand il parvenait seul à réduire *Bucéphale*, un cheval indomptable; par sa présence d'esprit quand il recevait, en l'absence de son père, des ambassadeurs Perses; par son courage quand il triomphait, à la bataille de Chéronée*, des meilleures troupes grecques.

ALEXANDRE LE GRAND, fils de Philippe de Macédoine et d'Olympia, né à Pella en 356 avant J.-C., reçut les leçons d'Aristote. Après avoir conquis l'Asie jusqu'à l'Indus, fondé plus de 70 villes, répandu la langue et la civilisation de la Grèce, il mourut à Babylone en 323 av. J.-C., victime de ses excès : il n'avait que 33 ans.

3. A vingt ans, Alexandre était roi : après avoir battu et soumis les Grecs révoltés, il formait le projet de conquérir toute l'Asie, de détruire l'empire des Perses qui avaient si souvent fait la guerre aux Grecs,

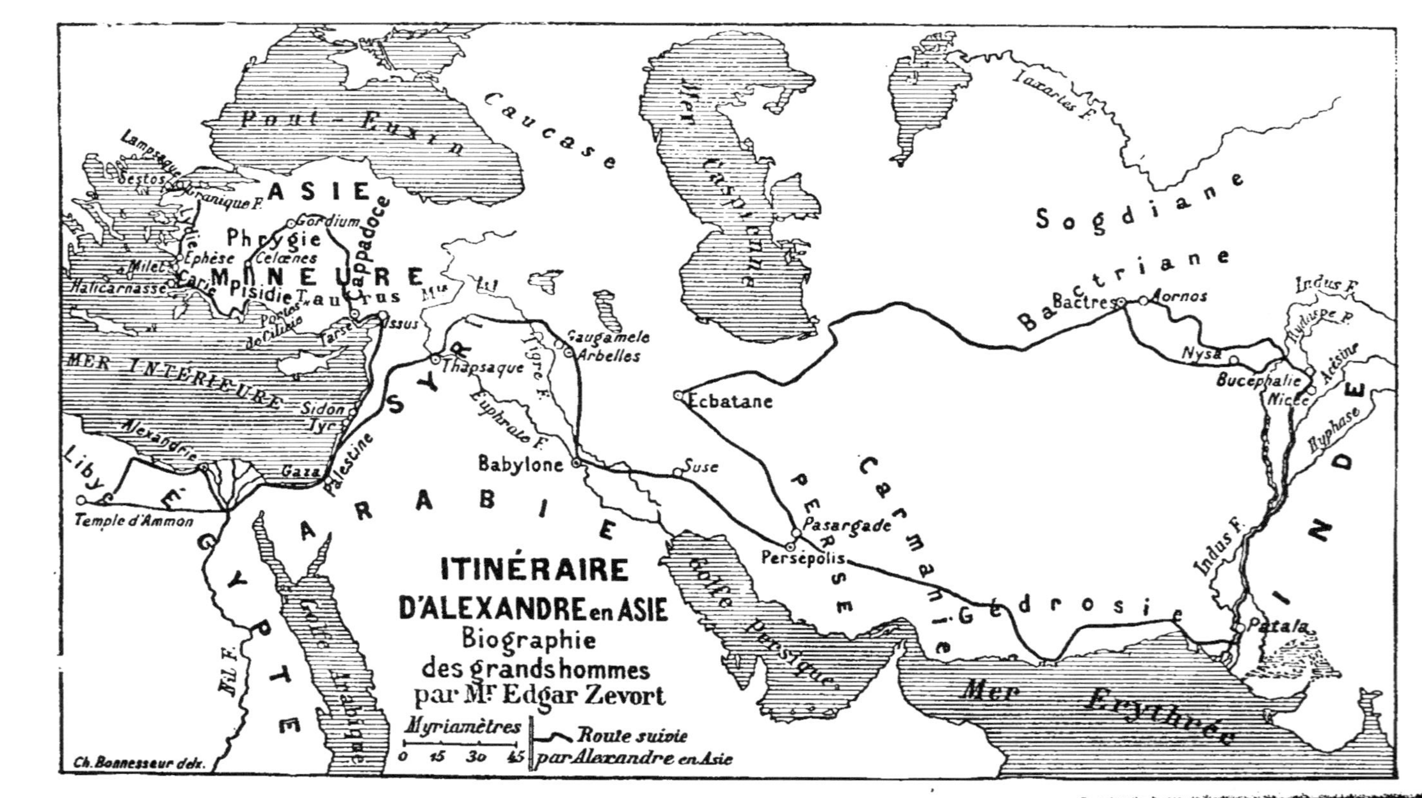

ITINÉRAIRE
D'ALEXANDRE en ASIE
Biographie
des grands hommes
par Mr Edgar Zevort
Myriamètres
0   15   30   45
Route suivie
par Alexandre en Asie
Ch. Bonnesseur delt.
Pont - Euxin
Caucase
ASIE
MINEURE
Phrygie
Cappadoce
Gordium
Celænes
Ephèse
Milet
Carie
Halicarnasse
Pisidie
Taurus
Portes
de Cilicie
Tarse
Issus
Mts
Iu
Thapsaque
Tigre F.
Gaugamèle
Arbelles
SYRIE
Euphrate F.
Babylone
Suse
MER INTÉRIEURE
Sidon
Tyr
Alexandrie
Palestine
Gaza
Liby
Temple d'Ammon
ÉGYPTE
Nil F.
Golfe Arabique
ARABIE
Mer Caspienne
Iaxartes F.
Sogdiane
Bactriane
Bactres
Aornos
Indus F.
Nysa
Hydaspe F.
Bucéphalie
Nicée
Acésine
Hyphase
Ecbatane
PERSE
Pasargade
Persépolis
Carmanie
Gédrosie
Golfe Persique
INDE
Indus F.
Patala
Mer Erythrée

il voulait encore imposer à ces Perses la civilisation des Grecs.

Il quitte la Macédoine en 334, avec 30,000 fantassins, 4,500 cavaliers, de l'argent et des vivres pour un mois. Les Perses, quand ils envahissaient la Grèce, si petite, réunissaient les soldats par centaines de mille; Alexandre, pour soumettre un puissant empire, emmenait une poignée d'hommes; mais Alexandre avait son génie, l'audace de ses vingt-deux ans, les meilleurs soldats du monde et l'espérance. Comme on le voyait, au moment de partir, distribuer à ses amis tout ce qu'il possédait : *Que gardez-vous pour vous-même?* lui demanda-t-on. *L'espérance,* répondit-il.

II

4. En moins de cinq ans, de 334 à 329, Alexandre avait gagné trois grandes victoires, emporté des villes comme Tyr, comme Gaza, battu *Darius,* le puissant roi des Perses, et établi la domination des Grecs sur toute l'Asie. (Carte p. 20.)

5. L'histoire d'Alexandre a été glorieuse jusqu'à ce moment : s'il fût mort à cette époque, il eût laissé la réputation d'un grand conquérant et d'un grand homme ; il vécut sept années de trop. Il semble que ses triomphes l'aient comme enivré, qu'il se soit pris lui-même pour un dieu, et qu'il se soit cru tout permis. Orgueil, débauche, cruauté, aucun vice ne lui répugne ; il n'a gardé aucun souvenir des leçons de son maître Aristote. Il fait périr, il frappe lui-même ses meilleurs amis, ses plus dévoués serviteurs. **Clitus** qui lui a sauvé la vie au passage du Granique, Clitus, son meilleur conseiller, a osé élever la gloire de Philippe au-dessus de celle d'Alexandre : plein de rage et d'orgueil, Alexandre se précipite sur Clitus et le tue d'un coup d'épée. **Parménion,** le meilleur lieutenant d'Alexandre, est assassiné par son ordre, parce que son fils *Philotas* a été mis à mort pour avoir conspiré et qu'Alexandre redoute que le père ne veuille venger le fils. Le philosophe **Callisthène**, disciple d'Aristote, avait accompagné Alexandre en Asie; il refusa de reconnaître la divinité du conquérant : on le jeta dans une cage de fer, on le traîna à la suite de l'armée et on le mit à mort.

6. Tous ces crimes ont terni la gloire d'Alexandre.

ALEXANDRE ET SON MÉDECIN PHILIPPE

Alexandre, atteint d'une fièvre violente, qui menace ses jours, est sauvé par son médecin Philippe, qu'on lui disait vendu à son ennemi.

Ce prince périt lui-même, en 323, victime de ses excès, à la suite d'un festin où il avait voulu rendre raison à tous ses convives. De Babylone, on conduisit ses restes à Memphis, en Égypte (C. p. 65. — S.); plus tard, on les transporta dans Alexandrie, la grande ville fondée par lui. (Carte p. 20. — O.)

7. Un beau trait de générosité et de confiance honora le jeune roi; en 333, il s'était jeté, couvert de

sueur, dans les eaux glacées du Cydnus, à Tarse (C. p.20.—O.); saisi d'une fièvre violente, il faillit périr. Son médecin, Philippe, lui avait préparé une potion : au moment où il allait la prendre, il reçut une lettre de Parménion qui lui dénonçait Philippe comme vendu à Darius. Alexandre lut la lettre et, en même temps qu'il la tendait à Philippe, avala la potion. Le lendemain il était sauvé.

ARISTOTE. — Né en Macédoine, en 384 av. J.-C., Aristote était fils d'un médecin ; il passa vingt ans à Athènes, où il entendit les leçons de Platon. Chargé, en 343, de faire l'éducation d'Alexandre, il revint plus tard à Athènes, où il enseigna durant treize ans, quitta cette ville où on l'accusait d'impiété, comme Socrate, et se retira à Chalcis, où il mourut en 322. Aristote est le plus grand savant et le plus grand philosophe de l'antiquité.

8. *On trouve dans la vie d'Alexandre d'autres traits qui indiquent une grande âme; cette âme, formée par un maître tel qu'Aristote, fut gâtée par la prospérité et la toute-puissance.*

RÉSUMÉ BIOGRAPHIQUE A APPRENDRE PAR CŒUR

1. **Alexandre, né en 356 av. J. C. était le fils du roi de Macédoine** *Philippe.*

2. **Pendant sa jeunesse Alexandre fait preuve d'adresse, de présence d'esprit et de courage.**

3. **A vingt ans Alexandre entreprend de soumettre les Perses.**

4. **De 334 à 329 Alexandre renverse l'empire des Perses.**

5. **Alexandre est un homme d'un génie puissant, mais pendant ses dernières années, il se montre**

orgueilleux et débauché, indigne élève d'Aristote, et commet crime sur crime.

6. Alexandre meurt en 323, victime de ses excès.

7. En 333, Alexandre malade fait preuve de générosité et de confiance à l'égard de son médecin Philippe, qu'on lui disait vendu à Darius; il avale une potion qui le sauve.

8. Alexandre était gâté par la prospérité et la toute-puissance.

EXERCICES ORAUX OU ÉCRITS

1. A quelle époque naquit Alexandre, et de qui était-il fils? — 2. Comment se signala-t-il dans sa jeunesse? — 3. Dites quelle fut l'entreprise d'Alexandre à l'âge de vingt ans? — 4. Ne renverse-t-il pas un empire et à quelle époque? — 5. A-t-il gardé le souvenir des préceptes de son maître Aristote? — 6. Dites de quelle manière il mourut et l'année de sa mort? — 7. Citez son acte de générosité à l'égard de Philippe? — 8. Comment oublia-t-il les bons exemples d'Aristote?

DÉMOSTHÈNES (385-322)

MEMENTO GÉOGRAPHIQUE. — CHÉRONÉE, *Thèbes*, *v. de Béotie*. (Ne pas la confondre avec Thèbes *aux cent portes*, en Égypte). — CALAURIE, *îlot à l'E. de l'Argolide.*

Lecture

I

1. Démosthènes, le plus grand des orateurs grecs, naquit près d'Athènes, en 385 avant Jésus-Christ; son père était armurier, et avait acquis, dans cette profession, une grande fortune. Malheureusement, il mourut en 378, et sa fortune fut gaspillée par deux de ses cousins et par un de ses amis, qu'il avait chargés de l'administrer et d'élever ses deux enfants : Démosthènes, âgé de sept ans, et une sœur plus jeune.

2. Le futur orateur reçut pourtant une éducation complète, et il était déjà fort instruit quand il sen-

tit s'éveiller sa vocation pour l'éloquence, en entendant l'orateur *Callistrate*. A Athènes, où toutes les affaires se traitaient sur la place publique, les orateurs avaient naturellement une grande influence, et c'est du côté de l'éloquence que se tournaient les ambitions des jeunes gens les mieux doués.

3. Démosthènes eut fort à faire pour devenir un orateur écouté ; il eut à triompher de défauts qui le firent huer par les Athéniens, la première fois qu'il voulut parler sur l'*Agora*. Il avait, en effet, l'haleine trop courte, et sa prononciation était embarrassée, presque bégayante. Son exemple peut être proposé à tous ceux qui désespèrent trop vite de leurs propres forces. On raconte qu'il passa plusieurs mois dans un souterrain, occupé à recopier *Thucydide,* une moitié

DÉMOSTHÈNES. — Le plus grand des orateurs grecs, né près d'Athènes en 385, mort en 322 av. J.-C. Il triompha d'une sorte de bégaiement en s'exerçant à parler avec des cailloux dans la bouche, au bruit des flots de la mer. Dans sa lutte avec Philippe et les Macédoniens, il fut le représentant du parti national contre l'étranger. Démosthènes s'empoisonna pour ne pas tomber vivant aux mains d'Antipater.

de la tête rasée pour s'interdire toute possibilité de se montrer en public dans un pareil état.

4. C'est en 356 qu'il prononça, avec un plein succès, son premier discours. Du coup il fut salué grand orateur ; mais il ne fut salué grand patriote, reconnu comme un des chefs de la démocratie athénienne, qu'en 352, lorsqu'il commença contre la Macédoine ce duel célèbre qui devait se prolonger trente années.

5. En 351, ce sont les projets ambitieux du roi Philippe que dénonce Démosthènes dans sa première *Phi-lippique**; à partir de ce jour, pas une année ne se passe sans qu'il signale à ses concitoyens les dangers que court leur indépendance, sans qu'il leur montre les progrès du roi de Macédoine, ses ruses, ses perfidies, et enfin ses préparatifs menaçants. Philippe, en effet, prend les armes, les Athéniens ont ouvert

DÉMOSTHÈNES PARLANT SUR L'AGORA

La place de l'Agora à Athènes était le lieu ordinaire des assemblées du peuple.

les yeux trop tard : ils sont vaincus à Chéronée, en 338, et Démosthènes ne peut que les consoler de leur défaite dans le magnifique discours funèbre qu'il consacre aux Athéniens morts à Chéronée. (Carte p. 11. — O.)

II

6. A la mort de Philippe, Démosthènes se sent renaître à l'espérance : il croit que la Grèce et Athènes vont reconquérir leur liberté ; cette espérance fut courte : la ligue formée contre la Macédoine fut rompue par Alexandre, la ville de Thèbes (Béotie) fut détruite, et un pardon dédaigneux fut accordé aux Athéniens.

7. Il y avait à Athènes des orateurs du parti macédonien, comme *Eschine :* ils pensèrent que le moment était favorable pour attaquer Démosthènes. Eschine

MORT DE DÉMOSTHÈNES

Démosthènes s'empoisonne dans le temple de Neptune, pour ne pas tomber aux mains d'Antipater.

dénonça devant le peuple Ctésiphon, qui avait fait rendre un décret attribuant à Démosthènes une couronne d'or en récompense de son patriotisme. C'est en réponse à Eschine que Démosthènes prononça son admirable discours *Sur la couronne*. Ce discours eut un plein succès : Eschine, vaincu, fut exilé.

8. Démosthènes avait remporté sa dernière victoire ; lui-même dut quitter Athènes peu de temps après, victime des calomnies de ses ennemis. Il n'y

rentra qu'après la mort d'Alexandre, en 323, et, toujours patriote, il essaya encore une fois de soulever Athènes et les autres cités grecques contre la Macédoine : sa voix eut encore de l'écho, mais la fortune trahit les Grecs, ils furent vaincus à Cranon par Antipater, et Démosthènes, pour ne pas tomber aux mains du vainqueur, se retira dans l'île de Calaurie (C. p. 11. — C.) Quand les soldats d'Antipater approchèrent de son refuge, il pénétra dans le temple de Neptune, s'assit sur l'autel du dieu et s'empoisonna.

9. Un écrivain de notre siècle, *Lamennais*, a tracé ce portrait de Démosthènes : « On dirait le torse d'Hercule ; dans tous les membres de ce corps on sent couler une vie énergique ; ses muscles tendus se gonflent et palpitent ; un souffle plus qu'humain bruit profondément dans sa vaste poitrine. Le colosse se meut, lève le bras, et avant même qu'il ait frappé, nul ne doute que la victoire puisse être indécise. »

10. *Il est impossible de lire ces lignes sans penser au grand orateur que la France a perdu en 1882, à* **Léon Gambetta.** *Ajoutons, pour compléter la ressemblance, que* **Démosthènes** *lui aussi fut* « **patriote avant tout** ».

RÉSUMÉ BIOGRAPHIQUE A APPRENDRE PAR CŒUR

1. Démosthènes, le plus grand des orateurs grecs, naquit en 385 av. J.-C.

2. A Athènes toutes les affaires se traitaient sur la place publique.

3. Démosthènes, avant de devenir un grand orateur, eut à triompher de ses défauts naturels.

4. Démosthènes prononce son premier discours en 356 av. J.-C.

5. Démosthènes attaque Philippe de Macédoine dans ses *Philippiques*.

6. Démosthènes pousse les Athéniens à prendre les armes contre Alexandre.

7. Démosthènes prononce le discours *Sur la couronne* en réponse à Eschine.

8. Les Athéniens sont vaincus par les Macédoniens et Démosthènes, pour ne pas tomber entre leurs mains, s'empoisonne.

9. Démosthènes fut un orateur et un patriote comme Gambetta.

EXERCICES ORAUX OU ÉCRITS

1. Quelle est la date de la naissance de Démosthènes? — **2.** Où se traitaient les affaires à Athènes? — **3.** Avant de devenir orateur, Démosthènes n'eut-il pas d'obstacles à surmonter? — **4.** En quelle année prononce-t-il son premier discours? — **5.** Qui attaque-t-il dans ses *Philippiques?* — **6.** Contre qui soulève-t-il les Athéniens? — **7.** Quel discours prononce-t-il en réponse à Eschine? — **8.** Comment meurt Démosthènes, et à la suite de quel fait? — **9.** Auquel de nos orateurs peut-on comparer Démosthènes?

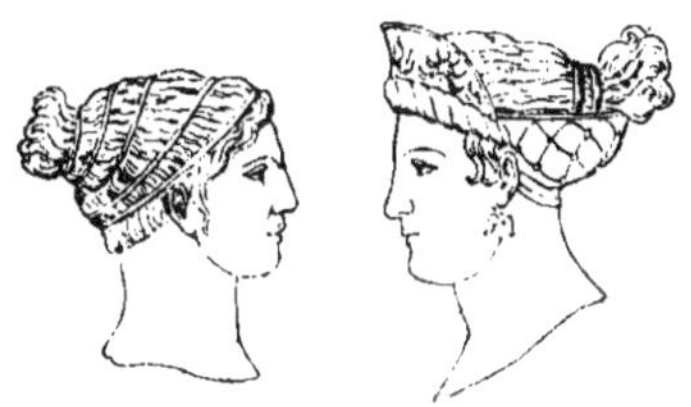

COIFFURES DE FEMMES GRECQUES

CHAR ROMAIN (char de triomphe).

Les chars romains qui servaient dans les cérémonies publiques, les jeux et les combats étaient appelés *biges*, *triges* ou *quadriges*, selon qu'ils étaient traînés par deux, trois ou quatre chevaux. Le char ordinaire était à deux roues, fermé par le devant ; le char de triomphe à quatre roues, ouvert par le devant.

HISTOIRE ROMAINE

Biographies : ANNIBAL — CICÉRON — VIRGILE — AUGUSTE CONSTANTIN

ANNIBAL (247-183 AVANT JÉSUS-CHRIST) (1)

MEMENTO GÉOGRAPHIQUE. — SAGONTE, *port d'Espagne au S. de l'Èbre.* — GAULE CISALPINE, *région au N. de l'Italie.* — TÉSIN, TRÉBIE, *affluents du Pô.* — APENNINS, *montagnes qui traversent l'Italie du N.-O. au S.-E.* — ARNO. *fl. de Toscane, baigne Florence et Pise.* — ÉTRURIE, *anc. contrée de l'Italie, aujourd'hui Toscane.* — LAC DE LA TRASIMÈNE (*de Pérouse), dans l'Étrurie.* — CANNES, *v. d'Italie (Apulie).* — CAPOUE, *anc. cap. de la Campanie.* — MÉTAURE, *affluent de l'Adriatique.* — ZAMA, *v. d'Afrique, au S.-O. de Carthage.* — BITHYNIE, *anc. contrée au N.-O. de l'Asie-Mineure.*

Lecture

1

1. Annibal que Napoléon Ier, un bon juge en pareille matière, considérait comme le plus grand homme de

---

(1) Chacune des biographies sera lue plusieurs fois, les *résumés biographiques* seront seuls appris par cœur.

guerre de l'antiquité, naquit à Carthage en 247 avant
Jésus-Christ. Il appartenait à une illustre famille,
celle des *Barca,* célèbre par sa rivalité avec la famille
des *Hannon.* Les Barca étaient partisans de la guerre,
les Hannon étaient partisans de la paix ; les Barca
comptaient sur la guerre pour affaiblir Rome, l'ennemie de Carthage ; les Hannon
croyaient que Carthage ne pouvait
se développer que par la marine et
le commerce. (Carte p. 32. — S.)

2. En 238 avant Jésus-Christ, trois
ans après la fin de la première
guerre punique*, les Barca firent
décider qu'**Amilcar**, père d'Annibal,
serait chargé de conduire une expédition en Espagne. Annibal, qui
n'avait pas neuf ans, supplia son
père de l'emmener en Espagne ;
Amilcar y consentit, après avoir
emmené son fils dans un temple,
et lui avoir fait jurer, sur l'autel des
dieux, une haine éternelle aux Romains. On attribue à ce serment so-
lennel la longue haine qu'Annibal
voua aux Romains : elle dura jusqu'à son dernier jour.

ANNIBAL (d'après un buste
du musée de Naples). —
Célèbre général cartha-
ginois, né en 247 avant
J.-C., mort en 183. Dès
l'âge de neuf ans, Annibal
jurait une haine éternelle
aux Romains. Après avoir
remporté sur eux de
grandes victoires, il fut
vaincu à Zama, par Sci-
pion l'Africain.

3. C'est en Espagne, dans une lutte de dix-sept
années contre les habitants de ce pays, sous les ordres
de son père, puis d'**Asdrubal**, son beau-frère, qu'Annibal fit ses premières armes : il se distingua tellement qu'en 221, à la mort d'Asdrubal, les troupes lui
décernèrent le commandement en chef. Dès lors,
il ne songea plus qu'à tenir la promesse faite à son
père. Il avait formé le projet de porter la guerre en
Italie. Pour rendre cette guerre inévitable, il assiégea
la ville de Sagonte, alliée des Romains, il s'en empara
et, après avoir réuni une nombreuse armée, il fran-

chit les Pyrénées, traversa la Gaule, arriva au pied
des Alpes, les escalada au milieu d'immenses diffi-

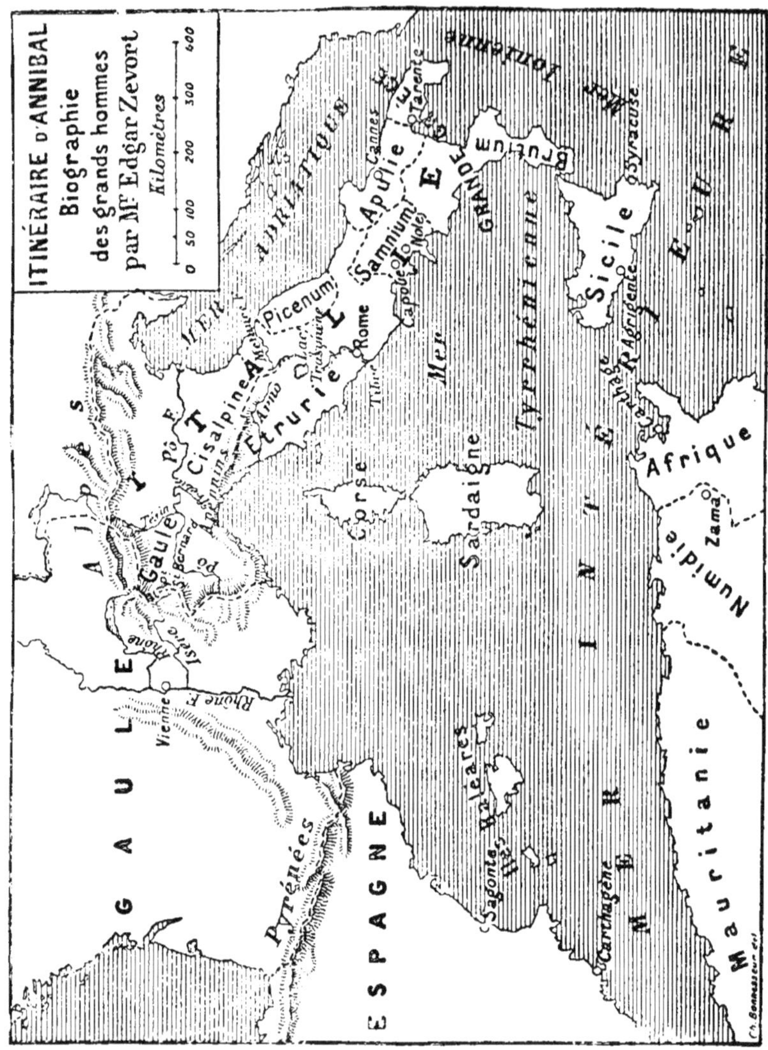

cultés et arriva dans la Gaule Cisalpine. Dans cette
marche de cinq mois, il avait perdu près de la moitié
de son armée. Les Romains avaient bien essayé de

l'arrêter au passage du Rhône : il avait réussi à leur échapper. (Carte p. 32. — N.)

II

4. Dans la Cisalpine Annibal rencontra, le long du Tésin, affluent du Pô, une armée romaine commandée par le consul *Scipion :* il la battit, franchit le Pô, heurta sur la Trébie, affluent de la rive droite de ce fleuve, une autre armée que commandait l'autre consul et l'écrasa comme la première. Ces deux victoires le mirent en possession de toute la Gaule cisalpine et lui permirent de faire entrer dans son armée les courageux habitants de ce pays, ennemis de Rome qui venait à peine de les soumettre. (Carte p. 32. — N.)

5. En 217, Annibal franchit l'Apennin qui le séparait de l'Étrurie, entra dans cette province, franchit difficilement les marais formés par l'Arno et arriva enfin dans la partie fertile de l'Étrurie. Il avait perdu un œil dans cette marche pénible. (Carte p. 32. — E.)

6. Une troisième armée romaine, commandée par **Flaminius**, l'attendait près du lac Trasimène (Carte p. 32. — E.) : par d'habiles manœuvres, il l'enveloppa et la battit complètement. La bataille avait été si acharnée qu'un tremblement de terre qui eut lieu ce jour-là passa inaperçu des deux armées.

7. Les Romains confièrent alors le commandement à un général prudent, **Fabius**, surnommé le *Temporiseur*. Fabius comprit qu'avec un adversaire aussi rusé qu'Annibal, aussi prompt à profiter des moindres fautes, il fallait se garder de livrer de grandes batailles. Il se contenta de suivre d'assez près l'armée d'Annibal, la harcelant, lui enlevant ses traînards, l'empêchant de se ravitailler. Ce système était excellent; mais les Romains, habitués à gagner des batailles, s'en accommodaient mal. On ordonna aux consuls **Varron** et **Paul Émile** d'attaquer Annibal. A *Cannes* s'engagea une grande bataille où l'armée romaine, forte de 80,000 hommes, fut exterminée : 60,000 hommes succombèrent dans les plaines de Cannes en 216. Annibal, après ce glorieux succès, alla s'emparer de Capoue, dans la Campanie. (Carte p. 32. — E.)

III

SOLDAT ROMAIN SOUS LES ARMES

Le soldat romain sous les armes porte le casque, le bouclier, l'épée et la lance ; il est chaussé de brodequins, revêtu d'une courte tunique, sous la cuirasse, et d'un manteau de guerre. Les jambes sont nues, de la cuisse au mollet.

8. Si Carthage comprenant ses véritables intérêts, avait envoyé des renforts à Annibal, si elle avait montré pour la conquête autant de patriotisme que Rome en montra pour la défense, la guerre eût été terminée après la bataille de Cannes et c'en était peut-être fait de la puissance romaine. Mais c'était la faction des Hannon qui dominait alors à Carthage ; elle redoutait Annibal, *surtout Annibal vainqueur,* plus peut-être que les Romains, et elle empêcha que l'on fît rien pour lui. A peine lui envoya-t-on quelques secours insignifiants avec lesquels il resta treize ans encore en Italie, luttant sans trêve contre les Romains qui se fortifiaient de jour en jour, autant qu'il s'affaiblissait.

9. Les événements auraient peut-être changé de face s'il avait pu opérer sa jonction avec son frère *Asdrubal* qui partit d'Espagne à la tête d'une armée importante et essaya de le rejoindre. Arrêté sur le Métaure (C. p. 32. — E.), par le consul Néron, Asdrubal fut battu et tué ; sa tête coupée fut envoyée par le vainqueur au camp d'Annibal qui s'écria à cette vue : « *Je reconnais bien là la fortune de Carthage.* »

10. La fortune de Carthage subit cinq ans plus tard, en 202, une atteinte plus funeste encore. Un jeune général romain, **Scipion l'Africain**, le fils de celui qui avait été vaincu au Tésin, porta la guerre

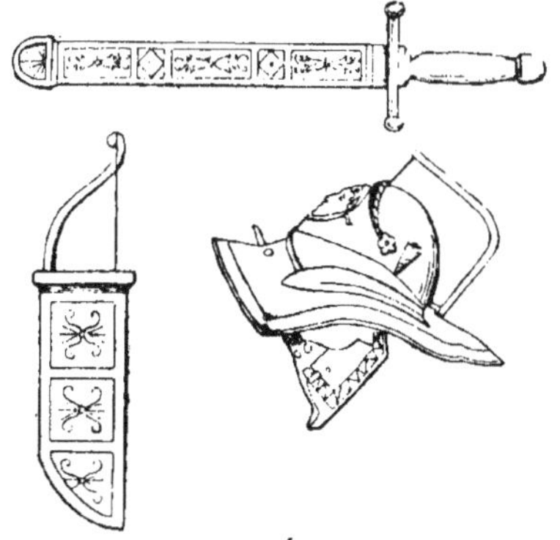

ARMES ROMAINES : Épée, Arc, Casque.

en Afrique. Carthage rappela Annibal. Avant de quitter l'Italie, il fit élever, dans un temple de Junon, une colonne sur laquelle il grava toutes ses victoires et fit égorger tous les mercenaires italiens qui refusèrent de le suivre. C'est à Zama (Carte p. 32. — S.), à 150 kilomètres au sud-ouest de Carthage, que se livra la dernière bataille de la seconde guerre punique : les éléphants qu'Annibal avait placés en tête de son armée furent effrayés par le son des trompettes et les cris des Romains ; rendus furieux par les traits dont ils étaient criblés, ils jetèrent un grand désordre dans les rangs des Carthaginois, qui laissèrent 20,000 hommes sur le champ de bataille et autant

PUBLIUS CORNÉLIUS SCIPION, surnommé l'AFRICAIN, né en 235, mourut en 183 av. J.-C. Il battit les Carthaginois en Espagne et Annibal lui-même en Afrique, à Zama. Accusé par le vieux Caton d'abandonner pour les mœurs grecques les vieilles mœurs romaines, il se retira dans une petite ville de Campanie, où il passa ses derniers jours dans les travaux champêtres et l'étude des lettres.

de prisonniers aux mains de Scipion.

11. Annibal vaincu rentra dans Carthage qu'il avait quittée trente-cinq années auparavant et décida ses concitoyens à accepter les dures conditions des Romains. Dès lors son histoire offre un moindre intérêt; après avoir essayé de réparer les maux de la guerre et de susciter de nouveaux ennemis aux Romains, il rencontra dans sa patrie, avide de repos, une

BATAILLE DE ZAMA

Les éléphants effrayés par le son des trompettes et par les cris des Romains,
jetèrent un affreux désordre dans les rangs carthaginois.

telle opposition qu'il dut s'exiler. Il se retira auprès du roi de Syrie *Antiochus*, puis auprès du roi de Bithynie *Prusias :* poursuivi jusque-là par la haine des Romains, il s'empoisonna en 183, pour ne pas tomber vivant entre les mains de ses mortels ennemis.

12. *Son vainqueur, Scipion l'Africain, mourut la même année, aussi mal récompensé des glorieux services qu'il avait rendus à sa patrie.*

RÉSUMÉ BIOGRAPHIQUE A APPRENDRE PAR CŒUR

1. Annibal, de la famille des Barca, naquit à Carthage en 247 av. J. C.

2. Annibal, à neuf ans, jure une haine éternelle aux Romains.

3. En 219 Annibal porte la guerre en Italie.

4. Annibal remporte deux grandes victoires sur le Tésin et sur la Trébie.

5. Annibal perd un œil en traversant les marais de l'Arno.

6. Annibal triomphe au lac Trasimène.

7. A Cannes, Annibal inflige un grand désastre aux Romains. Après ce glorieux succès, il va s'emparer de Capoue.

8. Carthage, jalouse, ne soutient pas Annibal victorieux.

9. Asdrubal, frère d'Annibal, est battu sur le Métaure.

10. Annibal lui-même est battu à Zama, en Afrique.

11. Annibal s'empoisonne chez le roi de Bithynie, Prusias, en 183 av. J.-C.

12. Scipion l'Africain meurt la même année qu'Annibal.

EXERCICES ORAUX OU ÉCRITS

1. Dans quelle ville naquit Annibal, et en quelle année? — 2. Que jure-t-il, à l'âge de neuf ans? — 3. Où porte-t-il la guerre en 219? — 4. Où remporte-t-il deux victoires? — 5. Comment Annibal perdit-il un œil? — 6. Que fait-il au lac Trasimène? — 7. Que fait-il à Cannes? — 8. Annibal victorieux est-il soutenu par Carthage? — 9. Qu'arrive-t-il à Asdrubal? — 10. Qu'arrive-t-il à Annibal en Afrique? — 11. Dites comment il meurt et à quelle époque? — 12. Scipion l'Africain a-t-il survécu longtemps à son adversaire?

CICÉRON (106-43).

MEMENTO GÉOGRAPHIQUE. — RHODES, *île et v. sur la côte S.-O. de l'Asie-Mineure.* — SICILE, *grande île au S. de l'Italie.* — GAETE, *port de l'Italie sur la mer Tyrrhénienne.*

Lecture

I

1. Cicéron (*Marcus Tullius*) fut le plus grand orateur romain, comme **Démosthènes** avait été le plus grand des orateurs grecs. Il naquit près de Naples dans le petit bourg d'Arpinum, qui fut aussi la patrie d'un autre Romain célèbre, de **Marius.** Élevé par le plus célèbre orateur et par le plus célèbre jurisconsulte de son temps, Cicéron posséda de très bonne heure toutes les connaissances qui étaient alors nécessaires à un homme public. A vingt-six ans il plaidait sa première cause civile, à vingt-sept ans sa première cause criminelle, et il fit preuve dans cette dernière circonstance d'un véritable courage, car son client, *Roscius,* était accusé par deux créatures du dictateur **Sylla,** alors tout-puissant. Cicéron jouait sa tête en s'attaquant aux créatures de Sylla. Après ce succès, bien que sa réputation fut déjà faite, Cicéron voulut compléter son éducation; il se rendit en Grèce, à Athènes; puis à Rhodes (Carte p. 11. — S.-E.), où il vécut intimement avec le célèbre rhéteur **Apollonius.** Un jour,

CICÉRON. — Le plus éloquent des orateurs romains, naquit en 107 avant J.-C. Il fut mis à mort par ordre d'Antoine, et sa tête fut clouée en face de la tribune d'où, tant de fois, il avait fait entendre sa voix éloquente.

chez Apollonius, Cicéron parla avec tant d'éloquence que tous les auditeurs furent émerveillés et lui adressèrent leurs compliments. Un seul resta triste et muet. Comme Cicéron s'en étonnait : « *Hélas*, dit le Grec, *il ne restait à la Grèce que la supériorité de l'éloquence et tu vas la transporter à Rome.* »

2. Il revint en effet à Rome et sa vie politique commença : il fut d'abord *questeur*, c'est-à-dire trésorier et payeur public en Sicile (C. p. 32), où il put constater toutes les exactions, tous les pillages commis par le préteur **Verrès**, gouverneur de la province, qui avait traité les Siciliens comme

SYLLA. — Né à Rome en 136, mort en 78 avant J.-C., questeur de Marius, en 107, propréteur d'Asie en 91, vainqueur de Mithridate en 87, dictateur perpétuel en 81. Ses luttes contre Marius ensanglantèrent Rome et l'Italie. Après avoir commis les plus affreuses spoliations, il abdiqua tout à coup la dictature et rentra dans la vie privée. On plaça sur son tombeau cette épitaphe caractéristique : *Aucun homme n'a fait plus de bien à ses amis, et plus de mal à ses ennemis.*

des vaincus et s'était enrichi à leurs dépens. Cicéron attaqua Verrès devant le peuple, il prononca les discours connus sous le nom de *Verrines*, et Verrès dut s'exiler sans attendre la fin du procès.

II

3. Cicéron fut ensuite *édile* et chargé, à ce titre, de l'approvisionnement et des jeux de Rome ; puis *préteur*, c'est-à-dire juge. Après la préture, on pouvait aspirer au *consulat* qui était la plus haute des magistratures ; Cicéron la brigua en même temps que **Catilina**, un jeune patricien couvert de dettes, perdu de crimes : Cicéron fut élu. Catilina, pour se venger de cet échec, voulut faire une révolution à Rome ; il se préparait à la guerre quand Cicéron l'attaqua en plein Sénat et lança contre lui, contre ses complices, les admirables discours appelés *Catilinaires*. Forcé de quitter Rome, Catilina fut tué les armes à la main et Cicéron qui avait sauvé la République obtint le beau titre de *père de la Patrie* (63 av. J.-C.).

MARIUS (CAIUS). — Fameux général romain, né à Arpinum en 153, mort en 86 avant J.-C. Il s'illustra en Afrique contre Jugurtha et sauva l'Italie par ses victoires sur les Teutons et les Cimbres (102 et 101). Il fut sept fois consul ; sa rivalité avec Sylla divisa Rome en deux partis tour à tour maîtres de la ville qu'ils ensanglantèrent et dépeuplèrent par les proscriptions.

4. Cette époque est la plus belle de la vie politique de Cicéron ; durant ses dix-neuf dernières années, il ne sut pas rester à la hauteur du rôle qu'il avait joué en 63. Peu de temps après son triomphe, accusé par le tribun Clodius d'avoir fait périr sans jugement les complices de Catilina, il était exilé de Rome, sa maison était brûlée et ses biens confisqués. Il fut rappelé au bout de dix-huit mois et le Sénat vint à sa rencontre aux portes de Rome.

5. **Clodius** ayant été tué par **Milon** dans une rixe, Cicéron composa en faveur du meurtrier un discours admirable. Ce discours ne fut pas prononcé, mais il fut envoyé à Milon alors exilé à Marseille : « *Si Cicéron*

avait parlé ainsi, dit Milon, *je ne mangerais pas de si bonnes figues à Marseille.* »

6. Pendant les troubles provoqués par la rivalité de César et de Pompée, Cicéron se rangea d'abord du côté de Pompée et du Sénat; il se rapprocha de César après sa victoire à Pharsale, ce qui ne l'empêcha pas d'applaudir au meurtre du dictateur. Cicéron vieilli, ne retrouva les belles inspirations de sa jeunesse

LE SÉNAT VINT, AUX PORTES DE ROME, A LA RENCONTRE DE CICÉRON

qu'en l'an 43, quand il signala **Antoine**, le lieutenant de César, comme un autre ennemi public. Les beaux discours qu'il prononça à cette occasion ont été appelés les *Philippiques**, en souvenir des discours de Démosthènes. Antoine se vengea lâchement, il fit poursuivre le grand orateur par ses soldats : atteint par eux à Gaëte (Carte p. 48), où il avait une villa, Cicéron attendit la mort sans manifester la moindre défaillance. On lui coupa la main et la tête. Par ordre d'Antoine, la tête sanglante du grand orateur fut clouée en face de la tribune aux harangues qui avait tant de fois entendu sa voix éloquente.

7. *Les Romains n'ont pas eu de plus admirable orateur; ils n'ont pas eu non plus d'écrivain comparable à Cicéron; ses écrits philosophiques, ses traités sur l'éloquence, ses lettres sont, comme ses plaidoyers, des modèles inimitables.*

RÉSUMÉ BIOGRAPHIQUE A APPRENDRE PAR CŒUR

1. Cicéron, né en 106 av. J.-C., se distingue comme avocat.

2. Cicéron établit solidement sa réputation d'orateur en plaidant contre Verrès.

3. Devenu consul, Cicéron déjoue la conspiration de Catilina et est surnommé *le Père de la Patrie.*

4. Cicéron est exilé de Rome, puis rappelé au bout de dix-huit mois.

5. Cicéron se range du côté des républicains contre César, puis contre Antoine qui le fait mettre à mort.

6. Cicéron a été un grand orateur et un grand écrivain.

EXERCICES ORAUX OU ÉCRITS

1. A quelle époque naquit Cicéron? — comment se distingua-t-il? — 2. Comment établit-il sa réputation d'orateur? — 3. Devenu consul, que fait Cicéron et quel surnom lui donne-t-on? — 4. D'où Cicéron est-il exilé? — 5. Cicéron ne devient-il pas l'ennemi de César et d'Antoine? — 6. Cicéron était-il orateur?

VIRGILE (70-19 AVANT JÉSUS-CHRIST).

MEMENTO GÉOGRAPHIQUE. — MANTOUE, *ville du N. de l'Italie, dans le bassin du Pô.* — CRÉMONE, *ville d'Italie sur le Pô.* — BRINDES (*Brindisi*), *ville à l'extrémité S.-E. de l'Italie.* — POUZZOLES, *port près de Naples.*

Lecture

1. Virgile que l'on a appelé le *prince des poètes latins,* naquit près de Mantoue (Carte p. 79. — E.), en 70 avant Jésus-Christ. On ne sait quelle profession exerçait son père. Mais sans doute son fils a pris, dans les champs paternels, sa passion pour la campagne. A sept ans, Virgile était envoyé à Crémone (C. p. 79. — C.), où il recevait une excellente éducation ; à seize ans, il prenait la robe virile, ce qui veut dire qu'il passait de l'enfance à la jeunesse, et allait à Mantoue, puis à Naples où il étudiait toutes les sciences alors connues : médecine, physique et philosophie, sans négliger la poésie. C'est, en effet, à cette époque et à son séjour à Naples que se rapporte la composition de quelques petits poèmes qui lui sont attribués.

2. Virgile avait vingt-sept ans quand il commença à publier, en 41 av. Jésus-Christ, les poésies pastorales appelées *Eglogues* ou *Bucoliques* : c'est un recueil de morceaux inspirés par l'amour de la campagne et de la vie champêtre, où l'on retrouve plus d'une allusion aux événements contem-

VIRGILE.— Le plus grand des poètes latins, naquit à Andes, près de Mantoue, en 70 av. J.-C. Son père était cultivateur. Virgile composa des poésies pastorales appelées les *Bucoliques*, un poème sur l'agriculture, les *Géorgiques*, et un grand poème consacré à la gloire de Rome, l'*Enéide*, dont le héros était *Enée*, que les Romains regardaient comme leur ancêtre. Virgile mourut à Brindes, l'an 19 av. J.-C.

porains. C'est ainsi que Virgile y exprime délicatement sa reconnaissance envers Octave qui lui avait fait rendre son petit patrimoine de Mantoue, occupé par les soldats, pendant les guerres civiles qui désolaient alors l'Italie.

3. Il faut placer à cette époque l'intimité qui s'établit entre Virgile et Mécène, le principal conseiller d'Octave, et aussi entre Virgile et le poète Horace : l'affection que se portaient mutuellement ces grands hommes ne se démentit jamais.

4. Virgile avait achevé ses *Bucoliques* en 37 avant Jésus-Christ. Il commença immédiatement les *Géorgiques*, composées, dit-on, sur le conseil de Mécène, dans le but de faire aimer l'agriculture à tous les soldats que la guerre civile avait répandus en Italie.

5. Après les *Géorgiques*, l'*Enéide*, œuvre capitale de Virgile, qui l'occupa pendant les dix dernières années de sa vie, fut un poème en l'honneur de Rome, un monument consacré à sa gloire. Ce sont les exploits d'Énée, dont la tradition faisait l'ancêtre des Romains, que Virgile a chantés dans l'*Enéide*.

HORACE, célèbre poète latin, né 65 ans avant J.-C., mort à l'âge de 57 ans. — Après avoir essayé de la vie militaire en servant avec le grade de *tribun des soldats* dans l'armée de Brutus, Horace, dont le génie poétique commençait à s'éveiller, fut présenté à Mécène qui en fit son ami, et le présenta à son tour à l'empereur Auguste. — Mécène, en mourant, écrivit à Auguste : « *Souvenez-vous d'Horace comme de moi-même.* » Horace a laissé entre autres poésies remarquables, un chef-d'œuvre de bon goût et de bon sens : l'*Art poétique*, qu'imita Boileau.

6. Un voyage fait par le poète en Grèce affaiblit sa santé déjà ébranlée, et il mourut au retour, à Brindes (C. p. 48. — C.) en 19 avant Jésus-Christ. Son corps fut ramené à Naples et on l'ensevelit sur le chemin de Pouzzoles où l'on voit encore son tombeau.

7. Les Romains comparaient l'*Enéide* à l'*Iliade* d'Homère. Virgile n'était pas de cet avis, puisqu'il avait demandé dans son testament que l'*Enéide* fût brûlée. Heureusement cette dernière volonté du poète ne fut pas respectée.

8. *Virgile fut grand, non seulement par son humilité, par la douceur et la bienveillance de son caractère,* *mais aussi par son amour si vrai pour la vie des champs : aucun Romain n'a mieux senti ni mieux*

UNE SCÈNE DE L'ÉNÉIDE

Dans l'*Énéide*, une des œuvres les plus remarquables de Virgile, le poète raconte les exploits d'Énée qui, selon les traditions, est un ancêtre des Romains.

rendu le charme secret de la nature que nos poètes modernes ont si bien compris.

RÉSUMÉ BIOGRAPHIQUE A APPRENDRE PAR CŒUR

1. Virgile, né en 70 av. J.-C., reçut à Crémone, à Mantoue, à Naples une excellente éducation.

2. Virgile compose les *Bucoliques*, poésies inspirées par l'amour de la nature.

3. Virgile est lié d'amitié avec le poète Horace et avec Mécène, le conseiller d'Auguste.

4. Virgile compose les *Géorgiques* où il célèbre la vie des champs.

5. Virgile compose l'*Énéide* où il célèbre les glorieuses destinées de Rome.

6. Virgile meurt à Brindes au retour d'un voyage en Grèce.

7. Virgile, avant de mourir, avait ordonné de brûler l'*Énéide*.

8. Virgile a bien compris le charme secret de la nature.

EXERCICES ORAUX OU ÉCRITS

1. Où naquit Virgile ? reçut-il une bonne éducation ? — 2. Quelles sont les poésies que lui inspire l'amour de la nature ? — 3. Quels sont les contemporains dont il est l'ami ? — 4. Dans quelles poésies célèbre-t-il la vie des champs ? — 5. Quelle est celle où il célèbre les destinées de Rome ?— 6. Où meurt Virgile ?— 7. Qu'avait-il ordonné que l'on fît après sa mort ? — 8. Dites ce que Virgile avait surtout compris ?

AUGUSTE (64 AVANT J.-C., 14 APRÈS J.-C.).

MEMENTO GÉOGRAPHIQUE. — Nole, *v. de la Campanie voisine du Vésuve.* — Philippes, *v. de l'ancienne Macédoine.* — Germanie, *ancien nom de l'Allemagne.*

Lecture

I

1. Né à Rome(1), en 64 avant Jésus-Christ, **Auguste** était fils de *Caïus Octavius*, et lui-même fut connu d'abord sous le nom d'**Octave**. Il était d'une famille riche, et avait César pour grand-oncle. Son père mourut quand il n'avait que quatre ans. Sa mère, *Attia*, lui fit donner la meilleure éducation; il en profita merveilleusement, et quand il eut quinze ans, César, alors tout-puissant, le choisit comme fils adoptif, et lui permit de porter, comme les sénateurs,

---

(1) Rome était une ville d'une étendue médiocre, avec de vastes faubourgs. On a évalué sa population à 1,200,000 habitants, dont moins de 300,000 dans l'enceinte murée. Auguste divisa Rome en 14 régions et y établit une petite police pour les incendies et pour la garde de nuit.

une large bande de pourpre à sa robe. Il l'emmena en Espagne, où il allait combattre contre les partisans de Pompée, et enfin il l'envoya en Grèce, pour y achever son éducation.

2. Quand Octave apprit que César avait été assassiné, il revint immédiatement à Rome et, malgré les larmes de sa mère, réclama l'héritage de son père adoptif. A peine âgé de vingt ans, Octave faisait déjà preuve d'une fermeté et d'une volonté rares. Ce n'était pas seulement le parti républicain qu'il avait à redouter en se déclarant l'héritier de César : c'était aussi **Antoine**, le plus habile lieutenant de César, qui n'entendait pas se laisser dépouiller par un enfant.

AUGUSTE. — Caius, Julius, César, Octavien, connu d'abord sous le nom d'*Octave* et plus tard sous celui d'*Auguste*, naquit à Rome en 64 avant J.-C. Il hérita de Jules César, son oncle, battit Antoine à Actium en 31 avant J.-C., resta le seul maître de l'Empire, adopta Tibère et mourut à Nole, en Campanie, l'an 14 après J.-C. Il avait soixante-seize ans.

3. Cet enfant, avec une dissimulation au-dessus de son âge, ne laissa rien paraître de ses sentiments pour Antoine, qu'il détestait, et il se rapprocha de Cicéron, qui avait une grande influence sur le Sénat. Quand Antoine eut quitté Rome, Octave accompagna les consuls qui marchaient contre lui, et profita de la victoire qu'ils remportèrent. Les consuls avaient péri dans la lutte : Octave envoya 400 soldats qu'il avait gagnés à prix d'or demander pour lui-même la

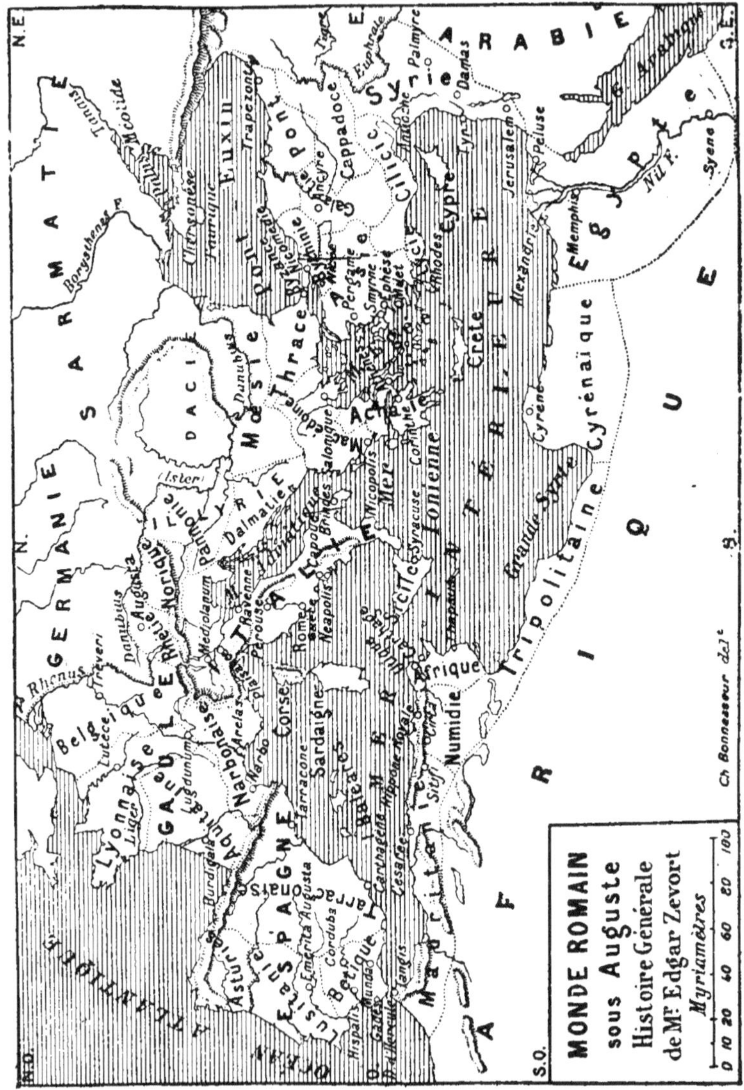

Les limites extrêmes du monde romain, sous Auguste, étaient : l'océan Atlantique, le
Rhin, le Danube, la mer Noire, l'Euphrate et le Sahara. Le monde romain comprenait
tout le bassin de la Méditerranée que les Romains appelaient *notre mer*.

dignité consulaire. Le Sénat répondit tout d'une voix

qu'Octave était trop jeune. Un soldat, montrant alors son épée, s'écria : *Si vous ne la lui accordez pas, ceci la lui donnera.*

II

4. Octave revint, en effet, à Rome, à la tête de son armée, et se fit proclamer consul, au mépris des lois. Le Sénat était vaincu ; mais il restait à triompher d'Antoine qui s'avançait sur Rome avec dix-sept légions, et des républicains qui occupaient toutes les provinces de l'empire. **Octave** s'entendit d'abord avec **Antoine** : tous deux formèrent, avec un autre romain ambitieux, **Lépide**, l'alliance connue sous le nom de *triumvirat**, par laquelle ils se promettaient d'abord de se débarrasser de leurs ennemis personnels, et ensuite de lutter ensemble contre les républicains. Ils commencèrent par leurs ennemis personnels. Octave abandonna *Cicéron,* qu'il appelait son père, à la vengeance d'Antoine ; celui-ci abandonna son oncle, *Lucius César,* à la vengeance d'Octave ; Lépide laissa de même égorger son propre frère, *Paulus.* Outre ces illustres victimes, on fit périr, à Rome et dans toute l'Italie, tous les citoyens dont on convoitait les biens : cette triste époque est celle des proscriptions ; Octave s'y souilla de sang. *Il fut le seul,* dit un historien romain, *qui ne pardonna pas.*

5. Les triumvirs marchèrent ensuite contre les républicains, qu'ils battirent à Philippes, en Macédoine (Carte p. 11. — N.) (42 ans avant Jésus-Christ). Octave, dit-on, se cacha pendant le combat et apparut après la victoire, pour ordonner le supplice des prisonniers.

6. Octave et Antoine, après la victoire de Philippes, se partagèrent le monde romain, et, pendant les dix années qui suivirent, cherchèrent mutuellement à s'entre-détruire. Octave, plus froid, plus politique, devait triompher dans cette lutte : la bataille navale d'Actium, où Antoine et la reine d'Égypte **Cléopâtre** furent vaincus par **Agrippa**, l'amiral d'Octave, laissa celui-ci seul maître de l'empire. Antoine et Cléopâtre se tuèrent pour ne pas tomber entre ses mains.

7. *Octave* reçut du Sénat le nom d'**Auguste** qui était réservé aux dieux, et les dernières années de sa vie et de son gouvernement effacèrent les premières : *Auguste fit oublier Octave.* Le sanglant proscripteur montra de la modération ; il pardonna au conspirateur *Cinna*, détruisit la liberté, mais donna au monde l'ordre et la paix. Les guerres furent rares sous son règne, et une seule fut désastreuse : celle où *Varus* fut massacré par *Arminius*, en Germanie (Carte page 48. — N.), avec trois légions romaines, neuf ans après Jésus-Christ. « *Varus, Varus, rends-moi mes légions,* » s'écriait souvent Auguste dans son désespoir.

8. Auguste embellit Rome de magnifiques monuments, et put se vanter de laisser, construite en marbre, une ville qu'il avait trouvée construite en briques. A l'instigation de *Mécène,* son habile conseiller, il accorda une faveur marquée aux grands écrivains, aux grands poètes de son temps, à *Virgile,* à *Horace,* et ces poètes ont protégé sa mémoire devant la postérité.

9. **Auguste** *mourut à Nole* (C. p. 32. — E.), *l'an 14 après Jésus-Christ, dans sa soixante-seizième année.* Un historien résume ainsi tout son caractère : *Tête froide, cœur insensible, âme timide.*

RÉSUMÉ BIOGRAPHIQUE A APPRENDRE PAR CŒUR

1. Auguste, qui s'appela d'abord *Octave,* était le petit-neveu de César.

2. Octave revendique l'héritage de César.

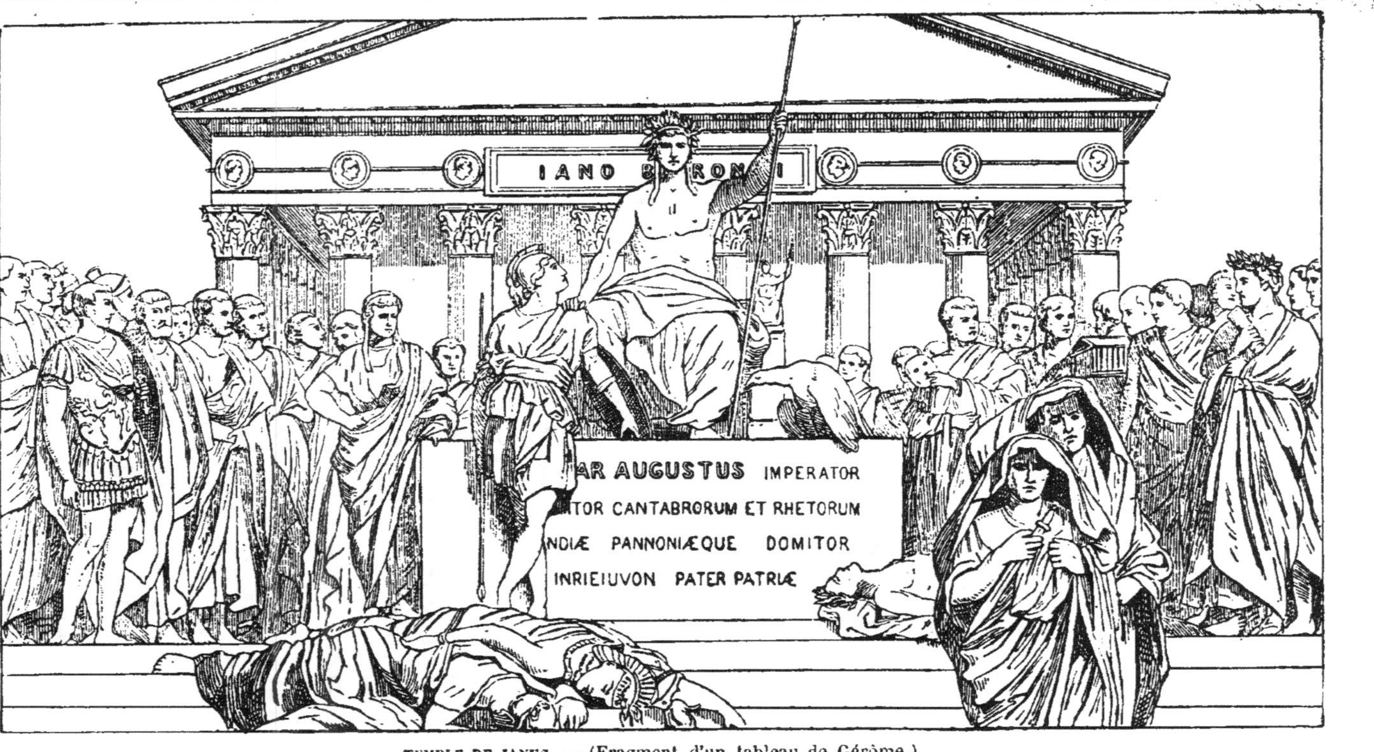

TEMPLE DE JANUS. — (Fragment d'un tableau de Gérôme.)

3. Octave bat Antoine et se fait donner de force le consulat.

4. Octave, avec Antoine et Lépide, forme le second triumvirat et autorise les proscriptions.

5. Octave et Antoine battent les républicains à Philippes.

6. Octave bat Antoine et Cléopâtre à Actium.

7. Octave, devenu *Auguste,* gouverne avec sagesse et modération.

8. Auguste embellit Rome et protège les écrivains.

9. Auguste meurt en 14 après J.-C.

EXERCICES ORAUX OU ÉCRITS

1. Comment s'appela tout d'abord Auguste, était-il parent de César? — 2. Quel est l'héritage qu'il revendique? — 3. Comment obtient-il le consulat? — 4. Avec qui forme-t-il le second triumvirat, et que permet-il? — 5. Où Octave et Antoine battent-ils les républicains? — 6. Où Octave bat-il Antoine et Cléopâtre? — 7. Que fait Octave devenu Auguste? — 8. Que fait-il à Rome et qui protège-t-il? — 9. En quelle année meurt-il?

CONSTANTIN (274-337)

MEMENTO GÉOGRAPHIQUE. — DACIE, *anc. contrée sur la rive du Danube.* — NICOMÉDIE, *v. de Bithynie.* — TRÈVES, *v. très ancienne de la Prusse rhénane, sur la Moselle.* — SUSE, *v. d'Italie dans un défilé des Alpes.* — TIBRE, *fleuve qui arrose Rome.* — NICÉE, *v. de Bithynie.* — BYZANCE, *anc. nom de Constantinople.* — VÉRONE, *v. d'Italie arrosée par l'Adige.*

Lecture

I

1. **Constantin** naquit dans la Dacie (C. p. 48. — N.-E.), en 274. Il était fils du général **Constance**, surnommé *Chlore,* c'est-à-dire *le Pâle,* qui devint plus tard empe-

reur. Son éducation fut toute militaire. En 292, quand Constance fut associé à l'Empire, Constantin fut appelé à Nicomédie (C. p. 48. — E.), à la cour de l'empereur Dioclétien. Chargé de combattre les Perses et les Égyptiens, il se comporta bravement. L'empereur Galère ayant succédé à Dioclétien, Constantin rejoignit Constance en Gaule, et, en 306, après la mort de son père, il fut proclamé empereur par les soldats.

2. L'empire romain avait alors plusieurs chefs; Constantin, au lieu de se mêler à leurs querelles et à leurs luttes, ne songea qu'à bien gouverner la Bretagne (les îles Britanniques actuelles), la Gaule et l'Espagne qui étaient sous son commandement. Il ne fut en guerre que contre les Franks qui occupaient la rive droite du Rhin; il les battit, s'empara de leurs principaux chefs et les fit dévorer par des lions, dans l'amphithéâtre de Trèves (C. p. 48. — N.-O.), au

CONSTANTIN contribua à l'établissement du christianisme dans le monde romain. Il fit transporter le siège de l'empire à Byzance. Cette ville fut appelée *Constantinople*, du nom de *Constantin*.

milieu d'un grand concours de peuple. Romains et Gaulois étaient avides de ces cruels spectacles que la civilisation a heureusement supprimés.

3. Lorsque Constantin fut menacé dans la possession de la Gaule par **Maxence**, qui régnait en Italie, il marcha hardiment contre son adversaire. On raconte qu'un jour il aperçut dans le ciel une croix lumineuse avec ces mots : « *Tu vaincras par ce signe* », et que cette apparition le décida à embrasser la foi chrétienne. Il est certain que Constantin, depuis son arrivée en Gaule, s'était montré tolérant pour les

BATAILLE DE CONSTANTIN (d'après Raphaël). — Constantin, provoqué par Maxence, qui régnait à Rome, franchit les Alpes et dispersa les troupes de son ennemi à Turin, Suse, Vérone et Brescia. Maxence, battu, prit la fuite et se noya dans le Tibre.

chrétiens : il comprit de quel secours leur appui serait pour sa cause et il encouragea leurs espérances.

4. Après avoir franchi les Alpes, emporté Suze, Milan et Vérone (C. p. 79. — O.), écrasé deux corps d'armée sur sa route, il arriva sur le Tibre, près du pont Milvius, où Maxence l'attendait avec toutes ses troupes. Maxence fut tué, ses troupes furent écrasées, et la *Victoire du pont Milvius,* en 312, fut à la fois celle de Constantin et du christianisme.

II

5. Des églises furent bâties, les évêques furent protégés, les ecclésiastiques reçurent des privilèges ; enfin, en 313, l'*Edit de Milan* accorda une entière tolérance aux chrétiens qui n'avaient cessé d'être persécutés pendant trois siècles.

6. Douze ans plus tard, trois cent dix-huit évêques, réunis en concile, à Nicée (C. p. 48. — E.), rédigèrent le *Credo,* symbole de la foi catholique.

7. Constantin protégeait les chrétiens, sans avoir renoncé lui-même au paganisme ; il resta toute sa vie grand pontife, et ne reçut le baptême qu'à son lit de mort. S'il accorda durant tout son règne des faveurs aux chrétiens, s'il adoucit la législation romaine, en interdisant de mutiler les esclaves, d'exposer les enfants, en supprimant les combats de gladiateurs, il resta lui-même superstitieux, cruel, et fit périr son fils *Crispus,* sa femme *Fausta,* et beaucoup d'autres personnes, faussement accusées. Après sa victoire sur Maxence, il avait déjà fait égorger les deux fils de l'empereur vaincu ; après sa victoire sur un autre rival, *Licinius,* en 323, il traita de même le jeune Licinius qui n'avait pas douze ans.

8. Constantin n'a donc pas mérité le titre de *Grand* que lui ont accordé des historiens complaisants. Il fut un habile politique, mais un homme perfide et cruel, peu accessible aux sentiments de justice et d'humanité.

9. L'événement le plus important de son règne, après l'Édit de Milan, fut la translation à Byzance du siège de l'empire (330). *Byzance* fut appelée *Constantinople*, c'est-à-dire la ville de Constantin : on y appela

CONSTANTINOPLE, aujourd'hui capitale de la Turquie, se nommait anciennement *Byzance* et fut appelée *Constantinople,* du nom de Constantin, en 330 après J.-C.

les plus nobles et les plus riches familles ; on y fit venir les plus habiles artistes en les chargeant d'embellir de superbes monuments la nouvelle capitale ; on dépouilla de leurs chefs-d'œuvre toutes les villes de la Grèce, pour en orner la résidence des empereurs.

10. En même temps, Constantin créa une noblesse nouvelle, rendit son pouvoir absolu et soumit tout ce qui l'approchait aux règles d'une sévère étiquette. L'empereur fut comme un dieu invisible, comme une idole enfermée au fond de son palais. Quand il se montrait en public, Constantin portait une robe tissée d'or, un diadème orné de pierres précieuses, des colliers, des bracelets, et des perles sur sa chaussure.

11. *Ce fastueux empereur avait pourtant le goût et le génie de la guerre : il mourut à Nicomédie, en 337, au moment de marcher contre le roi des Perses, Sapor II.*

RÉSUMÉ BIOGRAPHIQUE A APPRENDRE PAR CŒUR

1. Constantin, né dans la Dacie, en 274, est proclamé empereur dans la Gaule, en 306.

2. Constantin gouverne sagement et réduit les Franks révoltés.

3. Constantin se montre tolérant pour les chrétiens.

4. Constantin bat Maxence qui favorisait les païens.

5. Constantin rend l'*Édit de Milan* en faveur des chrétiens.

6. Le Concile de Nicée, en 325, rédige le *Credo*.

7. Constantin resta toujours cruel et superstitieux.

8. Constantin n'a pas mérité le titre de *Grand*. Il fut un habile politique, mais un homme perfide et cruel.

9. Constantin a fait de Constantinople la capitale de l'empire.

10. Constantin a rendu le pouvoir plus absolu.

11. Constantin est mort en 337, au moment de marcher contre les Perses.

EXERCICES ORAUX OU ÉCRITS

1. Où naquit Constantin, et quand fut-il nommé empereur? — 2. Comment gouverne Constantin? — 3. Que fait-il pour les chrétiens? — 4. Pourquoi Constantin bat-il Maxence? — 5. Quel est l'édit rendu par Constantin et en faveur de qui? — 6. Que fait le Concile de Nicée? — 7. Devenu chrétien, quel fut le caractère de Constantin? — 8. A-t-il mérité le titre de Grand? — 9. Quelle ville devint la capitale de l'empire? — 10. Que fit-il du pouvoir? 11. Quand et comment mourut-il?

VAISSEAU DE GUERRE

La *trirème*, grand vaisseau de guerre des anciens, se manœuvrait à la rame et en avait trois rangs superposés; la *galère*, qui succéda à la trirème, était plus longue, plus étroite et allait à la rame et à la voile. Les *liburnes*, bâtiments à voile et à rames, empruntaient leurs noms des *Liburniens*, peuple de la Dalmatie.

HISTOIRE DU MOYEN AGE

Biographies : VERCINGÉTORIX — MAHOMET — CHARLEMAGNE
— DANTE — DUGUESCLIN — JEANNE DARC — GUTENBERG
— BAYARD.

VERCINGÉTORIX (80-46 av. J.-C.). (1)

MEMENTO GÉOGRAPHIQUE. — GENABUM, *aujourd'hui
Orléans, sur la Loire.* — AVARICUM, *aujourd'hui Bourges, v.
très ancienne dans l'Aquitaine 1re.* — GERGOVIE, *ancienne
v. forte de la Gaule, située sur le mont Gergovin.* — ALÉSIA,
ancienne ville, aujourd'hui dans le dép. de la Côte-d'Or.

Lecture

I

1. Après la guerre de 1870-1871, un artiste français, M. Chartrousse, a eu l'heureuse idée de représenter **Jeanne Darc** et **Vercingétorix** sous ce titre :
Les Martyrs de la Patrie.

Ce fut, en effet, un martyr de la patrie, que Vercingétorix, ce brave soldat de l'indépendance nationale, aux prises avec la conquête romaine.

2. Au moment où **César** commença la conquête de
la Gaule, **Vercingétorix** était un grand et fier jeune

---

(1) Chacune des biographies sera lue plusieurs fois; les *résumés biographiques*
seront seuls appris par cœur.

homme, aux yeux clairs, aux longs cheveux fauves, à la longue moustache tombante. Son père, *Celtill*, chef de la plus puissante famille de l'Auvergne, avait été accusé d'aspirer à la tyrannie et condamné à mort.

C. D° d'après Millet

VERCINGÉTORIX. — Célèbre défenseur de l'indépendance gauloise, appartenait à une illustre famille du pays des Arvernes (Auvergne).

3. Vercingétorix, aussi riche, aussi influent que son père, pouvait être d'un puissant secours pour les Romains. Aussi César essaya-t-il de se faire un instrument du jeune Gaulois : ses avances furent repoussées et lorsque la ville de Genabum (*Orléans*), (V. carte, p. 62), sur la Loire, eut massacré sa garnison romaine, Vercingétorix appela aux armes toute la population de l'Auvergne et marcha contre les légions romaines qui tenaient leurs quartiers d'hiver dans le nord de la Gaule.

Mais César était un terrible adversaire : sans laisser aux Gaulois le temps de s'organiser, il reprend la ville de Genabum et, s'avançant au sud de la Loire, menace la capitale des Bituriges, Avaricum (*Bourges*), (Voir carte, p. 62), qui était alors une des plus grandes villes de la Gaule.

4. Vercingétorix inspire aux Gaulois une résolution héroïque : qu'ils incendient tout le pays, qu'ils réduisent en cendres leurs villes et leurs villages pour opposer un désert à l'armée romaine.

5. Ce conseil énergique fut suivi : il aurait pu assurer le salut de la Gaule, si Vercingétorix n'avait cru devoir épargner Avaricum. Cette ville, après une glorieuse résistance, fut emportée d'assaut; ses habitants furent massacrés ; ses ressources rendirent l'abondance à l'armée romaine.

II

6. Après la perte d'Avaricum, Vercingétorix se retira dans l'Auvergne, suivi par César qui vint mettre le siège devant Gergovie (*près Clermont-Ferrand*) (C. p. 62). Cette forte place, un vrai nid d'aigles, au milieu des rochers, résista aux plus furieux assauts.

7. César, vaincu, remonta vers le nord, poursuivi et décimé par les cavaliers de Vercingétorix. Si les

CÉSAR (Jules). — Grand homme de guerre, orateur et écrivain distingué, né à Rome en l'an 100 avant Jésus-Christ. Fit ses premières armes en Asie au siège de Mitylène. Tribun du peuple, puis questeur provincial, il fut envoyé en Espagne. En se rendant à son poste, il s'arrêta dans un village des Alpes : « *J'aimerais mieux, dit-il, être le premier dans cette bicoque que le second dans Rome* ». César entreprit la conquête de la Gaule; les Gaulois malgré d'héroïques efforts furent vaincus après huit campagnes. Le Sénat redoutant son ambition voulut lui enlever ses légions. César marche sur Rome et s'empare de l'Italie en moins de 60 jours. Investi par le Sénat de la Dictature perpétuelle, César est maître absolu de la République. Il se disposait à aller dompter les Parthes quand il périt assassiné en plein Sénat à l'âge de 56 ans (44 av. J.-C.)

Gaulois avaient continué cette poursuite, sans livrer de bataille, se contentant de harceler et d'affamer l'ennemi, le sort de la guerre pouvait changer. Malheureusement, Vercingétorix, fier de ses derniers succès, commandant à près de 100,000 hommes, accepta la lutte et fut complètement défait après un combat acharné.

8. Forcé de se renfermer dans Alésia (*Alise-Sainte-Reine*, Côte-d'Or) (V. p. 62), pressé par la famine,

Vercingétorix était bientôt forcé de se livrer aux Romains. Il vint noblement jeter ses armes aux pieds du vainqueur.

9. César fit figurer Vercingétorix dans son triomphe à Rome, et en 46 (av. J.-C.), après six années de captivité, il l'envoya au supplice.

10. Le héros de l'indépendance gauloise fut, **avant**

tout, un patriote ; il fut aussi un habile capitaine qui sut pratiquer la seule tactique capable de faire échec aux Romains. La faute qu'il a commise à Avaricum, il faut l'attribuer à sa bonté, à la pitié qu'il éprouva pour les Bituriges. Quand il se rendit, à Alésia, il obéit au même sentiment de pitié pour les braves, enfermés avec lui dans la ville.

11. Ce héros était un noble cœur : à tous ces titres il reste

Après la bataille d'Alésia, Vercingétorix, voulant épargner ses compagnons, résolut de se rendre. Monté sur son plus beau cheval, il se rendit seul au camp de César, et jeta ses armes aux pieds du conquérant.

l'une des grandes physionomies de notre histoire.

La mémoire de Vercingétorix, de ce brave et malheureux défenseur de l'indépendance gauloise, est restée justement célèbre dans notre pays.

RÉSUMÉ BIOGRAPHIQUE A APPRENDRE PAR CŒUR

1. Vercingétorix personnifie la Gaule aux prises avec la conquête romaine.

2. Issu d'une famille riche et puissante, il était fils du Gaulois Celtill.

3. Vercingétorix, jeune encore, repousse les avances de César et appelle aux armes les populations de l'Auvergne.

4. Après la prise de Genabum (Orléans), Vercingétorix inspire aux Gaulois la résolution de détruire les villes et les villages devant l'armée romaine.

5. Malgré son courage, il ne peut empêcher Avaricum (Bourges) de tomber aux mains de César.

6. Vercingétorix se retire à Gergovie (près Clermont-Ferrand) et résiste aux assauts des Romains.

7. Vercingétorix poursuit César vers le nord, mais est défait après un combat acharné.

8. Pressé par la famine dans Alésia (Alise-Sainte-Reine), et voulant épargner ses compagnons, il rend ses armes à César.

9. Après avoir servi au triomphe de Jules César à Rome, Vercingétorix est égorgé en 46 av. J.-C.

10. Vercingétorix fut un vrai patriote ; on ne peut attribuer ses fautes qu'à sa pitié pour ses concitoyens.

11. Ce noble cœur est une des grandes figures de notre histoire. Sa mémoire est restée justement célèbre dans notre pays.

EXERCICES ORAUX OU ÉCRITS

1. Que personnifie Vercingétorix ? — 2. De qui était-il le fils ? — 3. Que fit-il pour répondre aux avances de Jules César ? — 4. Quelle est la résolution qu'inspira Vercingétorix aux Gaulois ? — 5. Put-il empêcher la prise d'Avaricum ? — 6. Où se retira Vercingétorix ? — 7. Jusqu'où poursuit-il Jules César ? —8. Pourquoi se rend-il à Alésia ? — 9. Comment Vercingétorix est-il mort ?—10. A quoi peut-on attribuer les fautes de ce patriote ?—11. Vercingétorix n'est-il pas un de nos héros Devons-nous conserver sa mémoire ?

MAHOMET (570-632)

MEMENTO GÉOGRAPHIQUE. — La Mecque, *v. sainte des Musulmans, dans l'Arabie.* — Médine, *v. d'Arabie, au N. de la Mecque.*

LE MONDE CONNU DES ANCIENS. — Les points extrêmes du monde connu des anciens étaient : au nord, l'île de Thulé (Islande); au sud, l'île de Taprobane (Ceylan); à l'ouest les colonnes d'Hercule (détroit de Gibraltar); à l'est, la Sérique (Chine). Dans l'opinion des anciens, la Terre, immobile au centre du système solaire, était entourée d'un immense fleuve qu'ils appelaient le *fleuve Océan*.

Lecture

I

1. Mahomet, naquit à La Mecque, vers l'an 570 après Jésus-Christ. Son père, **Abdallah**, qui appartenait à la tribu des *Koreischites* *, ne lui laissa pour tout héritage qu'une esclave et cinq chameaux. Élevé par les soins de son grand-père et, après la mort de celui-ci, par son oncle, qui se livrait au commerce, le jeune Mahomet eut l'occasion de faire de fréquents voyages avec les caravanes qu'il accompagnait dans l'intérieur de l'Arabie ou sur les frontières de la Syrie. (C. p. 65. — C.).

2. A vingt-cinq ans, il épousa une veuve riche, nommée *Khadidja :* la fortune de sa femme lui permit de renoncer au commerce, à la conduite des caravanes, et de consacrer plusieurs années à la prière et aux méditations religieuses. C'est pendant cette période de sa vie qu'il conçut le projet de régénérer les Arabes, en corrigeant leurs mœurs barbares, en les arrachant à l'idolâtrie, en faisant de La Mecque le centre religieux et la capitale politique du pays. L'idée de lancer les Arabes régénérés sur les États voisins ne lui vint que plus tard, après ses premiers succès.

MAHOMET.— Orphelin de bonne heure, Mahomet fut d'abord conducteur de caravanes, puis il épousa une riche veuve et employa ses loisirs à méditer sur toutes les religions. En 610. il prêcha et fit des disciples dans sa famille. Il mourut à Médine, le 6 juin 632.

3. Mahomet avait plus de quarante ans quand il commença à prêcher sa doctrine. Il se retirait souvent dans une grotte solitaire pour se livrer à la méditation. Un jour, après avoir séjourné dans cette grotte plus longtemps que de coutume, il dit à Khadidja : *L'ange Gabriel* m'est apparu, il m'a appelé l'apôtre de Dieu, et il m'a ordonné d'annoncer à mes frères les vérités qu'il m'a révélées.*

Khadidja ne douta pas que son époux fût un prophète inspiré de Dieu ; le jeune *Ali*, cousin de Ma-

LA CAABA DE LA MECQUE

La Caaba fut ainsi nommée à cause de sa forme cubique. Elle a été reconstruite au XVIIe siècle : c'est un simple oratoire placé au milieu d'un vaste espace entouré de galeries : la porte revêtue d'ornements d'or et d'argent ne s'ouvre que deux ou trois fois chaque année. C'est dans la Caaba que se trouve la fameuse pierre noire que les musulmans viennent baiser avec le plus grand respect.

LÉGENDE. — 1. Gouttière d'or. — 2. Voile de la Caaba qu'on renouvelle tous les ans. — 3. Porte de la Caaba, devant laquelle on dresse un escalier aux jours de pèlerinage, six fois par an. — 4. Pierre noire sacrée.

homet ; *Saïd*, son esclave, le crurent aussi et devinrent, avec des personnages plus importants, comme *Abou-Bekre* et *Othman*, les prédicateurs de la nouvelle doctrine religieuse.

II

4. Dans un repas auquel Mahomet avait convoqué

tous ses parents, il exposa ses projets et demanda qui voulait être son lieutenant ; le jeune **Ali** se présenta en s'écriant : *Prophète, c'est moi qui serai cet homme, et si quelqu'un te résiste je lui casserai les dents, je lui arracherai les yeux, je lui fendrai le ventre, je lui briserai les jambes.* « Voici mon frère, mon envoyé et mon calife, dit gravement Mahomet, respectez-le et obéissez-lui ». Ali n'avait que dix ans ; sa raison et sa foi étaient certainement au-dessus de son âge, car ceux des Arabes qui croyaient en Mahomet eurent confiance en Ali. Quand le prophète commença à prêcher contre les idoles de la Caaba, qui était le temple de La Mecque, les *Koreischites,* gardiens de la Caaba, le persécutèrent et le forcèrent à se réfugier dans la petite ville d'Yathreb ; de ce jour Yathreb reçut le nom de *Médine,* c'est-à-dire la ville du prophète.

5. Le 16 juillet 622, date de l'entrée de Mahomet à Médine, est le point de départ de l'ère des musulmans, qui appellent l'année 622 l'année de *l'hégire*,* c'est-à-dire de la fuite (1).

6. Mahomet fit de nombreux prosélytes* à Médine : les habitants de cette ville, jaloux de ceux de La Mecque, embrassèrent la nouvelle religion qui reçut un commencement d'organisation : c'est à cette époque, en effet, que Mahomet établit, à l'imitation du carême chrétien, le jeûne appelé *ramadan,* et qu'il ordonna à ses fidèles de se tourner, à l'heure de la prière, non plus vers Jérusalem (C. p. 65.—C.), mais vers la Caaba de La Mecque. C'est également à cette époque qu'il donna sa fille *Fatime* en mariage à Ali, et que lui-même épousa *Aiescha,* fille d'Abou-Bekre.

7. En 624, la lutte s'engagea entre les habitants de La Mecque et ceux de Médine, que commandait Maho-

---

(1) L'année arabe étant plus courte que la nôtre, la différence entre l'ère musulmane et l'ère chrétienne est de plus de 622 ans. Notre année 1887 correspond à l'an 1304 de l'hégire.

met; vainqueur une première fois, vaincu l'année suivante, Mahomet remporta un succès décisif en 627 : avec 3,000 de ses partisans, il dispersa 10,000 hommes rassemblés par les Koreischites et conquit le droit de faire solennellement le pèlerinage de La Mecque.

8. Enfin, le 12 janvier 630, il s'emparait de cette ville, renversait toutes les idoles de la Caaba et se proclamait le chef religieux et politique des Arabes. Son empire s'étendait déjà sur toute l'Arabie ; ses lieute-

DERNIÈRE PRÉDICATION DE MAHOMET DANS LA MOSQUÉE DE MÉDINE

« Je vous recommande la douceur avec les pauvres et les orphelins, le respect de vos serments, la haine de la médisance et du vol. »

nants avaient même attaqué les puissants empires voisins des Perses et des Grecs (Carte p. 65).

III

9. En 632, Mahomet avait 63 ans. Sentant sa fin approcher, il se fit porter à la mosquée de Médine, monta en chaire et prononça ces paroles :

Si quelqu'un a lieu de se plaindre que je l'aie maltraité de corps, voici mon dos, qu'il me le rende sans crainte. Si j'ai blessé la réputation de quelqu'un, qu'il me traite de la même manière. Si j'ai pris de l'argent à quelqu'un, je suis prêt à le lui restituer à l'instant.

On lui réclama trois drachmes : il les fit donner en disant : *Il est bien plus facile de supporter la honte dans ce monde que dans l'autre.*

10. Le *Coran*, recueil des prédications de Mahomet, contient toute sa doctrine religieuse, appelée l'*Islam*, c'est-à-dire la soumission à la volonté de Dieu. Mahomet croyait à un seul Dieu, qu'il appelait *Allah*, et grâce à lui les Arabes ont renoncé à l'idolâtrie. Mahomet, qui saluait les petits enfants, qui montrait une grande tendresse de cœur pour les femmes et les faibles, a fait renoncer les Arabes à leurs coutumes les plus barbares. Avant lui, les pères auxquels il naissait des filles, et qui n'étaient pas assez riches pour les élever, les faisaient enterrer vives; cette atroce coutume, condamnée par Mahomet, disparut. La femme fut relevée de sa condition par le prophète, qui disait : *Le paradis est aux pieds des mères.*

11. *Mahomet a donc rendu de grands services aux Arabes. D'un peuple à moitié sauvage, perdu dans une presqu'île inconnue, de l'Asie, il a fait une race forte et croyante, qui a soumis une partie du monde, qui a répandu sa religion et sa civilisation sur les trois quarts de l'Asie, sur l'Afrique septentrionale et sur une partie de l'Europe.* Il y a aujourd'hui dans le monde à peu près autant de musulmans que de chrétiens et autant de *mosquées*, c'est-à-dire de lieux où l'on se prosterne, qu'il y a d'églises.

RÉSUMÉ BIOGRAPHIQUE A APPRENDRE PAR CŒUR

. 1. Mahomet, né à La Mecque en 570, fut d'abord conducteur de caravanes.

2. Mahomet épouse Khadidja et s'adonne à la méditation religieuse.

3. A quarante ans Mahomet commence à prêcher sa doctrine.

4. Ali devient le lieutenant de Mahomet qui quitte La Mecque.

5. L'année 622 date de la fuite de La Mecque est l'année de l'*hégire*.

6. Mahomet, à *Médine*, organise sa religion.

7. Mahomet lutte avec succès contre les habitants de La Mecque.

8. En 630 Mahomet rentre dans La Mecque et purifie la *Caaba*.

9. Mahomet meurt à Médine en 632.

10. La doctrine de Mahomet est contenue dans le *Coran*.

11. Mahomet a civilisé les Arabes.

EXERCICES ORAUX OU ÉCRITS

1. Où naquit Mahomet et qu'était-il tout d'abord? — 2. Qui épouse-t-il et à quoi s'adonne-t-il? — 3. Que fait-il à l'âge de quarante ans? — 4. Quel fut son lieutenant? — 5. Que se passe-t-il en l'année 622? — 6. Dans quelle ville, Mahomet organise-t-il sa religion? — 7. Contre qui lutte-t-il? — 8. Dites ce que fit Mahomet en 630? — 9. Donnez la date de sa mort? — 10. Dans quel livre est contenue sa doctrine? — 11. Quel service a-t-il rendu aux Arabes?

CHARLEMAGNE (742-814)

MEMENTO GÉOGRAPHIQUE. — Lippe, *affluent du Rhin*. — Verden, *v. du Hanovre*. — Attigny, *chef-lieu de cant. des Ardennes, sur l'Aisne*. — Roncevaux, *village de la Navarre espagnole, dans les Pyrénées*. — Theiss, *affluent de la rive gauche du Danube*. — Aix-la-Chapelle, *ville de la Prusse rhénane, entre la Meuse et le Rhin*.

Lecture

I

1. Charlemagne, c'est-à-dire *Charles le Grand*, était fils de *Pépin le Bref*, roi des Franks. On ne sait au juste ni où il naquit, ni où se passa son enfance. Sa vie n'est bien connue qu'à partir de l'année 768, date de la mort de son père et de son avènement à la royauté, qu'il partagea d'abord avec son frère *Carloman*. La mort de Carloman, en 771, le laissa seul maître du pouvoir.

2. Charlemagne commença immédiatement la *lutte contre les Saxons*, qu'il devait poursuivre pendant plus de trente ans. Païens, barbares, rebelles à la civilisation, les Saxons étaient les ennemis naturels des Franks; passionnés pour la vie indépendante qu'ils menaient dans les épaisses

CHARLEMAGNE (d'après un tableau du palais d'Aix-la-Chapelle).

forêts de la Germanie, ils opposèrent aux armes de

Charlemagne, une résistance acharnée. Le roi des Franks voulait à la fois les soumettre et les convertir, menant de front la conquête religieuse et la conquête militaire, il élevait dans leurs pays des forteresses et des monastères.

3. Dans une première expédition, en 772, Charlemagne détruit la principale idole des Saxons, que l'on appelait l'*Irmensul*;* pendant les deux années suivantes, c'est au delà des Alpes qu'il va combattre : il détruit la monarchie des Lombards en Italie (Carte p. 74).

4. En 775, il s'avança dans la Saxe jusqu'aux sources de la Lippe, affluent du Rhin (Carte page 74. — N.), ravageant tout sur son passage et forçant tous les Saxons qu'il rencontrait à recevoir le baptême.

5. Comme **Vercingétorix** avait été le héros de la guerre d'indépendance contre les Romains, le Saxon **Witikind** fut le héros de la guerre d'indépendance contre les Franks. Après chaque défaite, il se retirait dans le Danemark où il se préparait à une nouvelle résistance : dès que la grosse armée de Charlemagne avait repassé le Rhin, il reprenait les armes, massacrait les prêtres et les garnisons des Franks disséminées dans le pays. En 782, Charlemagne, pour venger ces massacres, envahit la Saxe et, arrivé à Verden, fit décapiter 4,500 guerriers saxons. Ce système d'extermination continua pendant trois ans. Witikind consentit enfin à recevoir publiquement le baptême, à Attigny, en 785 : Charlemagne fut son parrain (C. p. 74.— N.).

II

6. Pour réduire définitivement la Saxe, Charlemagne dut la dépeupler : ses populations les plus belliqueuses furent transportées en Gaule et remplacées par des Franks.

7. Pendant cette guerre terrible, Charlemagne avait lutté aussi contre les Arabes, au sud de son royaume et s'était avancé en Espagne, jusqu'à l'Èbre ; il avait battu plusieurs chefs arabes et avait repris le chemin de la Gaule : le gros de son armée traversa les Pyrénées sans difficulté, mais l'arrière-garde, enveloppée

près la bataille de Fontanet, près Auxerre, LOTHAIRE fut forcé de signer le *Traité de Verdun* (843), par lequel l'empire d'Occident, fondé par Charlemagne, fut partagé en trois royaumes : la *Lotharingie*, la *Germanie* et la *France*.

par les montagnards basques, fut détruite à *Roncevaux* ; c'est là que périt le célèbre **Roland**, neveu de Charlemagne (C. p. 74. — S.-O.)

8. Charlemagne eut encore à lutter contre les peuples païens des bords de l'Elbe, qu'il soumit ; contre les Avares, peuple de race *hunnique**, qu'il alla forcer dans leur camp retranché, situé entre la Theiss et le Danube; contre les Lombards et les Grecs du sud de l'Italie (C. p. 74. — E.)

9. On a fixé à cinquante-trois le nombre des expéditions conduites par Charlemagne ou par ses lieutenants. Ces expéditions portèrent de la Baltique à l'Èbre, en Espagne, et de l'océan Atlantique à la mer Adriatique, les limites de son empire, presque aussi grand que celui des Romains (C. p. 74.)

10. Charlemagne avait toujours été l'allié des papes, qu'il avait défendus contre les Lombards et les Grecs.

Le jour de Noël de l'an 800, il entendait la messe à Rome dans l'église Saint-Pierre; le pape **Léon III** s'approcha de lui, lui plaça la couronne sur la tête et le proclama *empereur d'Occident*. Le peuple applaudit et Charlemagne devint ainsi le successeur, le continuateur des anciens empereurs romains.

Il se montra digne de ce titre en organisant son vaste empire, en y faisant régner la paix, en habituant tous les peuples qui lui étaient soumis à accepter les ordres et les lois qu'il leur envoyait de son palais d'*Aix-la-Chapelle* (C. p. 74. — N.)

C'est dans cette ville, située non loin du Rhin et d'où il pouvait surveiller la Saxe, qu'il fixa sa résidence.

C'est là qu'il attira les savants de toutes les parties de son empire, car Charlemagne n'était pas un soldat grossier et ignorant, comme la plupart de ses prédécesseurs.

III

11. Il comprenait l'importance de l'étude; il voulait que ceux qui l'entouraient, non seulement les prêtres et les moines, mais les comtes, les ducs, les guerriers devinssent plus instruits; lui-même apprit à lire; il essaya aussi d'apprendre à écrire, malgré les difficultés qu'offrait ce travail à sa rude main, plus habituée à l'épée qu'à la plume.

12. Charlemagne ne se contenta pas de fonder, dans son palais d'Aix-la-Chapelle, une *académie**, c'est-à-dire une réunion de savants, il créa des écoles auprès des églises, auprès des monastères, et il aimait à les visiter lui-même.

13. Un jour, dans une de ces écoles, on lui dit que

PALAIS D'AIX-LA-CHAPELLE (d'après un document original).

les enfants des familles pauvres travaillaient avec ardeur, mais que ceux des familles nobles et riches étaient paresseux. Il félicita les pauvres de leurs succès, et il dit sévèrement aux riches : *Quant à vous, enfants délicats et efféminés, je ne fais nul cas de votre naissance et de votre beauté; retenez bien que si vous ne vous hâtez pas de réparer votre négligence passée, vous n'obtiendrez jamais rien du roi Charles.*

14. Charlemagne mourut à Aix-la-Chapelle en 814 ; il fut un grand guerrier et un habile administrateur ; il comprit toute l'importance de l'étude; il sut préférer un pauvre instruit à un riche ignorant. *L'histoire présente bien peu d'hommes qu'on puisse comparer au grand roi des Franks.*

RÉSUMÉ BIOGRAPHIQUE A APPRENDRE PAR CŒUR

1. Charlemagne, de 768 à 771, partage le pouvoir avec son frère Carloman.

2. Les Saxons, païens et barbares, sont les ennemis naturels des Franks.

3. Charlemagne commence la lutte contre les Saxons, en 772.

4. Après 23 ans d'une glorieuse résistance, Witikind, chef des Saxons, reçoit le baptême.

5. Charlemagne a dû dépeupler la Saxe, pour la soumettre.

6. Roland, neveu de Charlemagne, périt à Roncevaux.

7. Charlemagne soumit les Avares, entre la Theiss et le Danube.

8. L'empire de Charlemagne s'étendait de la Baltique à l'Èbre et de l'Atlantique à l'Adriatique.

9. Le pape Léon III couronna Charlemagne empereur d'Occident en l'an 800.

10. Charlemagne fit régner l'ordre et la paix dans son empire.

11. Charlemagne comprenait l'importance de l'étude et honorait les savants.

12. Charlemagne fonda une académie et des écoles.

13. Charlemagne félicitait les pauvres laborieux et grondait les riches paresseux.

14. Charlemagne mourut en 814 à Aix-la-Chapelle.

EXERCICES ORAUX OU ÉCRITS

1. Que fait Charlemagne de 768 à 771 ? — 2. Quels sont les ennemis naturels des Franks ? — 3. Contre qui commence-t-il la lutte en 772 ? — 4. Quel est le chef des Saxons qui reçoit le baptême ? — 5. Quel est le moyen employé par Charlemagne pour soumettre la Saxe ? — 6. Qu'était Roland et où meurt-il ? — 7. Où Charlemagne soumet-il les Avares ? — 8. Donnez les limites de son empire ? — 9 Que fit le pape Léon III ? — 10. Que fit régner Charlemagne dans son empire ? — 11. Charlemagne comprenait-il l'importance de l'étude ? — 12. Quelles furent les fondations de Charlemagne ? — 13. Comment encourageait-il à s'instruire ? — 14. En quelle année mourut Charlemagne, et dans quelle ville ?

DANTE (1265-1321)

MEMENTO GÉOGRAPHIQUE. — FLORENCE, *anc. cap. de la Toscane, sur l'Arno.* — AREZZO, *v. de Toscane, au S.-E. de Florence.* — PISE, *v. sur l'Arno.* — RAVENNE, *v. d'Italie, au N. de Rome.* — PADOUE, *ville de la Vénétie.* — TYROL, FRIOUL, *pays au N. de l'Italie.*

Lecture

I

1. Dante Alighieri naquit à Florence (C. p. 79. — S.-E.) d'une famille noble. Il perdit de bonne heure son père; sa mère, nommée *Bella,* fit son éducation avec l'aide de *Brunetto Latini* qui était l'un des hommes les plus savants de l'époque. Sous cette double direction, **Dante** se livra sérieusement à l'étude et apprit tout ce que l'on pouvait savoir de son temps, sans négliger la musique et la peinture, pour lesquelles les Italiens ont toujours eu le goût le plus vif. Agé de vingt-quatre ans, il combattit dans les rangs des Florentins, qui étaient en guerre avec les habitants d'Arezzo et avec ceux de Pise, il fit bravement

Le Pô prend sa source au mont Viso, dans les Alpes, et tombe dans la mer Adriatique, après un cours de 650 kilomètres. Dans la vallée du Pô ont été livrés plus de combats et de batailles que dans aucune autre région de l'Europe.

son devoir ; après la victoire, il épousa une jeune fille noble *Gemma Donati*. Ambitieux de jouer un rôle politique dans sa ville natale, Dante, sans être ni médecin ni apothicaire, se fit inscrire sur le registre des médecins et des apothicaires, parce qu'il fallait, en vertu d'une loi de 1282, faire partie d'une corporation pour aspirer aux fonctions de *prieur* ou de *seigneur :* les nobles eux-mêmes étaient soumis à cette obligation.

DURANTE ALIGHIERI, appelé par abréviation DANTE, né en 1265, à Florence, fit partie en 1300 du conseil suprême de sa ville natale, fut exilé en 1302 et passa les dix-neuf dernières années de sa vie dans diverses villes d'Italie, surtout à Vérone et à Ravenne. C'est à Ravenne qu'il mourut en 1321. Son chef-d'œuvre, le poème appelé *Divine Comédie*, comprend trois parties : *l'Enfer, le Purgatoire et le Paradis.*

2. Investi de pouvoirs extraordinaires pour faire cesser les troubles qui agitaient Florence. (C. p. 79. — S.), Dante, exila hors du territoire de la république également les chefs du parti des Blancs et ceux du parti des Noirs ; Blancs et Noirs étaient toujours en lutte. Dante crut qu'il suffisait de les éloigner pour rétablir l'ordre. Ils s'éloignèrent, en effet, mais pour bien peu de temps. Avec l'appui du pape **Boniface VIII**, de **Charles de Valois**, frère du roi de France *Philippe le Bel,* et de 1,200 hommes d'armes, les Noirs rentrèrent dans Florence, qui devint leur proie, persécutèrent les Blancs et incendièrent leurs maisons. Celle de Dante ne fut pas épargnée ; il avait été envoyé en ambassade à Rome, pour essayer de ramener Boniface VIII à la cause des Blancs ; en son absence, son palais fut brûlé ; lui-même, en 1302, fut frappé de deux sentences, l'une d'exil et d'a-

mende, l'autre de mort : par cette dernière il était condamné à être brûlé vif. Alors commence dans la vie de Dante une douloureuse période : on le trouve successivement à Vérone, à Padoue; peut-être même fit-il le voyage de Paris; on le voit dans le Tyrol, dans le Frioul, à Ravenne (Carte p. 79); plusieurs fois il essaya de rentrer dans sa patrie, mais ceux qui avaient été mis en possession de ses biens s'opposèrent à son rappel. En 1315, il aurait pu obtenir son retour en se déclarant coupable : il s'y refusa, ne voulant pas se déshonorer.

3. C'est pendant cet exil immérité qu'il éprouva, comme il le dit lui-même, *combien est amer le pain des autres et combien c'est un pénible chemin que de gravir et descendre l'escalier d'autrui*. Il vécut ainsi vingt ans, éloigné de sa femme, à laquelle on ne permit pas de le rejoindre, et de six enfants qu'elle lui avait donnés, et c'est en exil qu'il mourut, à Ravenne, le 14 septembre 1321.

4. Les Florentins, qui l'avaient tenu si rigoureusement en exil, lui élevèrent un monument en 1830 et une statue en 1865, pour le sixième anniversaire séculaire de sa naissance, qui fut l'occasion d'une cérémonie solennelle.

II

5. Le poème de Dante s'appelle la *Divine Comédie,* il se divise en trois parties : l'*Enfer*, le *Purgatoire* et le *Paradis*. Dante, reprenant et développant un sujet que Virgile avait traité dans son *Énéide*, nous montre un vivant chez les morts et c'est par Virgile qu'il se fait guider dans l'*Enfer* et le *Purgatoire;* arrivé au seuil du *Paradis* il prend pour conductrice une femme, *Béatrice Portinari,* qui avait été associée à ses jeux d'enfants, qui était morte à vingt-cinq ans et dont il conserva pieusement le souvenir.

4.

6. La *Divine Comédie* est surtout remarquable par la pureté, par l'éclat, par la poésie de la langue. Dante a mérité d'être appelé l'*Homère du christianisme*. Il a mérité aussi d'être considéré comme un des auteurs de l'unité politique de l'Italie, parce qu'il a travaillé, plus que personne, à l'unité du langage national.

7. Parmi les passages les plus connus de son poème

LA BARQUE DU DANTE (d'après un tableau de Delacroix).

Dans son poème de l'*Enfer*, Dante s'est mis lui-même en scène descendant aux enfers guidé par Virgile. Pendant qu'il traverse le Styx, il est effrayé par les ombres des morts qui viennent assaillir la barque de Caron.

il faut citer l'inscription suivante placée à l'entrée de l'enfer : « *O vous qui entrez, laissez toute espérance.* » Les épisodes les plus célèbres sont ceux de Farinata degli Uberti, et d'Ugolin. *Farinata degli Uberti,* chef de la faction gibeline, à Florence, fut chassé en 1250 et passa dix ans hors de sa patrie. Dante le met en scène et se fait prédire par lui son propre exil.

8. *Ugolin,* un des tyrans les plus cruels de l'Italie, fut encore plus malheureux que cruel. Il trahit ses compatriotes, les Pisans, et leur fit perdre une grande bataille pour mieux les dominer. Il gouverna par la terreur, jusqu'au jour où il fut renversé par une conspiration qu'avait formée l'archevêque de Pise *Roger Ubaldini*, en 1288. Fait prisonnier avec deux de ses fils et deux de ses petits-fils, Ugolin fut enfermé avec eux dans une tour dont les clefs furent jetées dans l'Arno (C. p. 79. — C.) Les malheureux y moururent de faim; Ugolin périt le dernier, après avoir essayé de se nourrir de ses enfants. La tour fut appelée *Tour de la Faim*. Dante représente Ugolin dévorant la tête d'Ubaldini, comme un homme affamé qui dévore du pain, comme un chien qui s'acharne sur un os.

9. *Dante, pour être intervenu dans les troubles de la république florentine, passa toute sa vie en exil : estimons-nous heureux de vivre dans un temps et dans un pays où les bons citoyens n'aient pas à redouter un pareil sort.*

RÉSUMÉ BIOGRAPHIQUE A APPRENDRE PAR CŒUR

1. Dante Alighieri naquit à Florence en 1265; il fut élevé par sa mère et par le savant Brunetto Latini.

2. Dante, mêlé aux troubles qui agitaient Florence, fut exilé en 1302.

3. Dante mourut en exil, à Ravenne, en 1321.

4. Les Florentins ont élevé à Dante un monument et une statue 500 ans après sa mort.

5. Le poème de Dante s'appelle la *Divine Comédie.*

6. Dante a été appelé l'*Homère du Christianisme.*

7. Dante a mis cette devise à l'entrée de son enfer : *O vous qui entrez, laissez toute espérance.*

8. *Ugolin,* **le père qui dévore ses enfants, a été placé par Dante, dans l'enfer.**

9. La vie de Dante nous apprend que les troubles civils font le malheur des meilleurs citoyens.

EXERCICES ORAUX OU ÉCRITS

1. Où naquit Dante Alighieri, et par qui fut-il élevé? — 2. En quelle année fut-il exilé? — 3. Où mourut-il? — 4. Dites qui lui a élevé un monument et combien de temps après sa mort? — 5. Comment s'appelle son poème? — 6. Comment a-t-on appelé Dante? — 7. Quelle est la devise que Dante mit à l'entrée de son enfer? — 8. Qu'est-ce que Ugolin et où Dante l'a-t-il placé? — 9. Que nous apprend la vie de Dante?

BERTRAND DUGUESCLIN (1314-1380).

MEMENTO GÉOGRAPHIQUE. — La Mothe-Broons, *chef-lieu de canton des Côtes-du-Nord, arr. de Dinan.* — Rennes, *chef-lieu du dép. d'Ille-et-Vilaine.* — Dinan, *sous-préfecture des Côtes-du-Nord.* — Bretagne, *anc. prov. de France, cap. Rennes.* — Cocherel, *hameau du dép. de l'Eure, arr. d'Évreux.* — Évreux, *chef-lieu du dép. de l'Eure.* — Auray, *chef-lieu de canton du Morbihan, arr. de Lorient.* — Espagne, *État de l'Europe méridionale, cap. Madrid.* — Castille, *l'un des anc. royaumes d'Espagne.* — Galles (principauté de), *partie de l'Angleterre à l'O., v. pr. Swansea.* — Navarette, *bourg de la prov. de Burgos (Espagne).* — Bordeaux, *chef-lieu de la Gironde.* — Chateauneuf-de-Randon, *chef-lieu de canton de la Lozère, arr. de Mende.* — Gévaudan, *anc. pays de France, dans le Bas-Languedoc, chef-lieu Mende.* — Bayonne, *chef-lieu d'arr. des Basses-Pyrénées.* — Calais, *chef-lieu de canton du Pas-de-Calais.* — Guyenne, *prov. de l'anc. France au S.-O.* — Saint-Denis, *chef-lieu de canton de la Seine, à 6 kilom. de Paris.*

Lecture

I

1. Bertrand Duguesclin naquit en 1314 ou 1320, au château de la Mothe-Broons, près de Rennes. (V.C. p. 96). Il sortait d'une vieille, mais assez pauvre maison de Bretagne, dont il était l'aîné de dix enfants.

2. Son enfance avait été singulièrement turbulente. Il n'était pas aimé de ses parents à cause de sa laideur et de son caractère intraitable, et, si l'on ajoute foi aux histoires de son temps, il était revêche, batailleur, disgracieux et, dit la chronique : « *Le plus laid qu'il y eût de Rennes à Dinan.* »

3. Il n'avait de goût que pour les armes, laissant de côté les livres ; il se plaisait à courir les villages voisins, assemblait les enfants, les partageait en troupes, les mettait aux prises et se battait lui-même avec tant d'acharnement qu'il sortait souvent de la mêlée couvert de sang et les habits en lambeaux.

4. A seize ans, Duguesclin désirait ardemment prendre part aux tournois. Un jour une occasion se présenta pour lui de signaler sa valeur. Il y avait un tournoi à Rennes ; sa famille s'y rendit, après l'avoir enfermé en punition d'un méfait. Irrité, il s'échappa par la fenêtre au moyen de ses draps de lit qu'il roula en corde, et une fois libre, il courut emprunter chez un de ses parents un cheval et une armure, puis se rendit au tournoi comme combattant. Après avoir vaincu plu-

DUGUESCLIN (Bertrand), connétable de France, sous Charles V, naquit à la Mothe Broons près de Rennes en 1320, chassa les Anglais du Poitou, de la Saintonge, de l'Auvergne, de la Guyenne et mourut au siège de Châteauneuf de Randon en 1380.

sieurs chevaliers, il est proclamé vainqueur. Son père, qui ne le reconnaissait pas, se présente pour le combattre, le jeune homme baisse sa lance et s'incline en signe de respect. Dans une dernière rencontre, son casque lui est enlevé, son père le reconnaît alors, se précipite vers lui et serre dans ses bras ce fils qui doit être la gloire de la Bretagne.

5. A la tête d'une petite troupe de soldats dévoués, il faisait une guerre impitoyable aux Anglais, se rendant aussi redoutable par ses stratagèmes que par son courage. Un jour, déguisé en bûcheron, il pénètre dans un de leurs châteaux, mais à peine sous la porte il laisse tomber sa charge de bois de manière à empêcher de refermer, et sortant une hache, il se met à frapper, et avec l'aide de ses compagnons s'empare du château.

6. Sa haine des Anglais l'attacha d'abord, dans la guerre de Bretagne, à Charles de Blois, et il repoussa les Anglais commandés par le duc de Lancastre. En 1359, on le voit au service de Charles V, à la tête d'une compagnie d'archers.

II

7. Brave et rusé, Duguesclin « ce mauvais garçon »

ENFANCE DE DUGUESCLIN.

Duguesclin allait provoquer les petits paysans des environs à se battre avec lui, ou bien il organisait de petites guerres. Il fut la terreur des enfants de son âge avant d'être celle des Anglais.

fut bientôt remarqué et devint un capitaine avisé, sachant choisir son temps et prendre ses avantages, habile à se garder et à surprendre l'ennemi.

8. Il inaugura le règne de Charles V par la *bataille de Cocherel*, près d'Evreux, où il battit le roi de Navarre **Charles le Mauvais** (1364).

C'est grâce à sa tactique s'il fut vainqueur ; simulant la fuite, il entraîna dans la plaine l'ennemi fortement établi sur une colline, et, se retournant brusquement, la bataille fut facilement gagnée. Les Français vainqueurs s'asseyaient triomphalement à des tables couvertes de mets que les ennemis avaient préparées pour forcer les Français affamés à tenter une attaque qu'ils croyaient facile à repousser.

9. Mais quelques mois après il fut moins heureux. Charles de Blois ne voulant pas suivre ses conseils à la *bataille d'Auray*, en Bretagne (29 septembre 1364) (V. C. p. 96), la bataille fut perdue. Charles de Blois périt en combattant et Duguesclin fait prisonnier par un capitaine anglais, Jean Chandos.

10. Sorti de captivité, **Charles V** lui confia la mission

ENTREVUE DE DUGUESCLIN AVEC LE PRINCE NOIR.

« Monseigneur, le roi de Castille en payera bien la moitié et le roi de France le reste. D'ailleurs, si ce n'était pas assez, il n'y pas une fileuse en France qui ne veuille filer une quenouille pour m'aider à payer ma rançon. »

de conduire les Grandes Compagnies en Espagne. Les **Grandes Compagnies** étaient des bandes nombreuses et redoutables de gens de guerre, autrefois au service de la France ou de l'Angleterre, qui se consolaient de n'avoir plus de solde ni d'emploi, en mettant au pillage les campagnes qu'ils rencontraient.

11. A l'aide de ces compagnies, Duguesclin renversa le roi de Castille, *Pierre le Cruel*, et rétablit **Henri de Transtamare** qui prit le nom de *Henri II*. Mais Pierre le Cruel implora le secours du prince de Galles, le prince **Noir**, fils du roi d'Angleterre, contre son frère.

Duguesclin fut battu et fait prisonnier par lui à Navarette en 1367 et emmené en captivité à Bordeaux.

12. Un jour que le prince de Galles était en gaîté, il fit venir son prisonnier et lui dit : « *Comment vous trouvez-vous, Bertrand ? — A merveille, Dieu merci,* répliqua-t-il. *Comment ne serais-je pas bien? Depuis que je suis ici, je me trouve le premier chevalier du monde. On dit partout que vous me craignez, que vous n'osez me mettre à rançon.* »

13. L'Anglais, piqué au vif, répondit : «*Si vous croyez que c'est pour votre bravoure que nous vous gardons, vous vous trompez, Messire Bertrand; je ne vous crains point. Et la preuve, c'est que je vous permets de fixer vous-même le prix de votre rançon. Vous serez libre dès qu'elle sera payée.* »

14. Duguesclin offrit **cent mille francs**; et comme le prince de Galles s'étonnait de la somme en disant : « *Mais c'est une rançon de roi que vous m'offrez là!* » Duguesclin ajouta : «*Monseigneur, le roi de Castille en payera bien la moitié et le roi de France le reste. D'ailleurs, si ce n'était pas assez, il n'y a pas une fileuse en France qui ne veuille filer une quenouille pour m'aider à payer ma rançon.* »

III

15. Duguesclin, à qui furent dus en partie les succès de la fin du règne de Charles V, mourut le 13 juillet 1380, au siège de la petite ville de Châteauneuf-de-Randon en Gévaudan. Les clés de la place assiégée furent apportées sur son cercueil par le gouverneur anglais. « *Voici, dit-il, les clés de la ville dont le roi d'Angleterre m'a confié la défense; je les rends au plus* *preux chevalier qui ait vécu depuis cent ans passés.* »

Le *Maréchal de Sancerre,* qui avait succédé à Duguesclin, voulut que l'ennemi rendît cet hommage au vaillant capitaine.

16. Les Anglais, qui avaient été maîtres des trois quarts de la France, ne possédaient plus, à la mort de Duguesclin, que Bordeaux, Bayonne et Calais. En 1377, Charles V mit cinq armées sur pied et les Anglais perdirent cent trente-quatre villes en Guyenne, la Bretagne fut soumise par *Olivier de Clisson.*

C'est à la patience, à la discipline, à l'effort qu'ils firent sur eux-mêmes que les Français durent ce retour de fortune.

Charles V, Duguesclin, Clisson, avant de conduire leurs soldats au combat, les avaient habitués à escarmoucher, à laisser les Anglais s'épuiser en brûlant et ravageant le pays plat. « *Sire,* disait Clisson à Charles V, *vous n'avez que faire d'employer vos gens contre ces enragés, laissez-les se fatiguer eux-mêmes ; ils ne vous mettront pas hors de votre héritage avec toutes ces fumières.* » C'est grâce à ce système que la plupart des provinces qui étaient soumises à l'Angleterre se soulevèrent contre l'envahisseur et redevinrent françaises.

17. Charles V fit inhumer Duguesclin à Saint-Denis ; en 1370, le roi l'avait nommé *connétable,* c'est-à-dire chef de toutes les forces militaires du royaume.

18. Ce « *mauvais garçon* » était devenu un rude chevalier, *rude à l'Anglais,* mais *doux au Français et au paysan, aussi bien qu'au soldat.* — Il disait qu'*en temps de guerre les gens d'Église, les femmes, les enfants et le pauvre peuple n'étaient pas des ennemis.*

Ce brave soldat était chéri de tous ses compagnons d'armes : c'est qu'il avait des sentiments bien rares à cette époque, où les gens de guerre étaient habitués à tous les excès.

La postérité n'a pas été plus ingrate que ses contemporains. Duguesclin est resté populaire.

RÉSUMÉ BIOGRAPHIQUE A APPRENDRE PAR CŒUR.

1. Bertrand Duguesclin, né en 1314 ou 1320, près de Rennes, était l'aîné de dix enfants.

2. Peu aimé de ses parents pour son caractère intraitable, il était, dit la chronique : « *le plus laid qu'il y eût de Rennes à Dinan.* »

3. Duguesclin n'avait de goût que pour les armes, jouait avec ses camarades à la guerre, tantôt battant, tantôt battu.

4. A seize ans il se signale déjà dans un tournoi à Rennes. Après avoir vaincu plusieurs chevaliers il est proclamé vainqueur; il refuse de jouter avec son père qui se présente pour le combattre et qui ne le reconnaît pas.

5. Duguesclin était redouté des Anglais autant pour son audace que pour son courage. Un jour, déguisé en bûcheron, il s'empare d'un de leurs châteaux en empêchant de fermer la porte.

6. Sa haine des Anglais l'attacha d'abord à Charles de Blois dans la guerre de Bretagne. En 1359 il passe au service de Charles V.

7. Duguesclin, « ce mauvais garçon », fut bientôt remarqué et devint le meilleur capitaine de Charles V.

8. En 1364 il bat Charles le Mauvais, roi de Navarre, à Cocherel. Simulant la fuite, il entraîne ainsi à sa poursuite l'ennemi fortement établi sur une colline et le bat alors facilement.

9. Peu de temps après, Duguesclin fut fait prisonnier à la bataille d'Auray, où Charles de Blois périt en combattant.

10. Sorti de captivité, il emmène en Espagne les Grandes Compagnies, bandes nombreuses de gens de guerre sans emploi qui dévastaient la France.

11. Duguesclin, à la tête de ces Grandes Compagnies, rétablit Henri de Transtamare roi de Castille, mais le prince Noir, fils du roi d'Angleterre, arrive au

secours du roi détrôné, Pierre le Cruel, et bat Duguesclin à Navarette en 1367.

12. Un jour le prince de Galles le fit venir et lui dit : « *Comment vous trouvez-vous, Bertrand ? — A merveille, Dieu merci,* répliqua-t-il. *Comment ne serais-je pas bien ? Depuis que je suis ici, je me trouve le premier chevalier du monde. On dit partout que vous me craignez, que vous n'osez me mettre à rançon.* »

13. Le prince répondit : « *Si vous croyez que c'est pour votre bravoure que nous vous gardons, vous vous trompez, messire Bertrand ; je ne vous crains point. Et la preuve, c'est que je vous permets de fixer vous-même votre rançon. Vous serez libre dès qu'elle sera payée.* »

14. Duguesclin offrit cent mille francs; le prince de Galles, étonné, lui dit : « *Mais c'est une rançon de roi que vous m'offrez là !* » Bertrand ajouta : « *Il n'y a pas une fileuse en France qui ne veuille filer une quenouille pour m'aider à payer ma rançon.* »

15. Duguesclin mourut le 13 juillet 1380, au siège de Châteauneuf-de-Randon. Le gouverneur anglais apporta les clefs sur son cercueil : « *Au plus preux chevalier qui ait vécu depuis cent ans passés.* »

16. Les Anglais ne possédaient plus que Bordeaux, Bayonne et Calais. En 1377, Olivier de Clisson leur enleva la Bretagne. Les Français durent leurs succès à leur patience, à leur discipline. Les soldats étaient habitués à escarmoucher, laissant les Anglais s'épuiser en brûlant le pays plat : « *Sire,* disait Clisson, *vous n'avez que faire d'employer vos gens contre ces enragés, laissez-les se fatiguer eux-mêmes; ils ne vous mettront pas hors de votre héritage avec toutes ces fumières.* »

17. Duguesclin fut inhumé à Saint-Denis; en 1370 Charles V l'avait nommé connétable.

18. Duguesclin était *rude à l'Anglais,* mais *doux au Français et au paysan aussi bien qu'au soldat.*

Chéri de tous ses compagnons d'armes, la postérité n'a pas été plus ingrate que ses contemporains. Duguesclin est resté populaire.

EXERCICES ORAUX OU ÉCRITS

1. Où et quand naquit Duguesclin? De quelle famille sortait-il? — 2. Quelle fut son enfance? Esquisser un portrait de Duguesclin. — 3. Quel était le penchant de Duguesclin? — 4. Raconter comment il prit part à un tournoi? — 5. Pourquoi etait-il redouté des Anglais? — 6. Sous les ordres de qui se battait-il? — 7. Que devint Duguesclin? — 8. Quelle fut la première victoire qu'il remporta pour Charles V? — 9. Fut-il aussi heureux en Bretagne? — 10. Où emmena-t-il les Grandes Compagnies? Qu'était-ce que les Grandes Compagnies? — 11. Racontez son expédition en Espagne. — 12. Dites ce que Duguesclin répondit au prince de Galles qui lui demandait de ses nouvelles? — 13. Quelle fut la réponse du prince de Galles? — 14. Quelle fut la somme offerte par Duguesclin et sur qui comptait-il pour la payer? — 15. Comment mourut Duguesclin? — 16. Qu'arriva-t-il en 1377? — 17. Où fut inhumé Duguesclin? — 18. Pourquoi ce brave soldat était-il chéri de ses compagnons d'armes?

JEANNE DARC, née à Domrémy (Vosges), le 6 janvier 1412, brûlée vive à Rouen le 30 mai 1431.

JEANNE DARC (1412-1431).

MEMENTO GÉOGRAPHIQUE. — Domrémy, *village de la vallée de la Meuse, arr. de Neufchateau (Vosges).* — Vaucouleurs, *chef-lieu de canton de la Meuse.* — Chinon, *chef-lieu d'arr. d'Indre-et-Loire.* — Blois, *v. sur la Loire, chef-lieu du dép. de Loir-et-Cher.* — Orléans, *chef-lieu du dép. du Loiret.* —

Reims, *chef-lieu d'arr. du dép. de la Marne.*— Jargeau, *chef-lieu de cant. du Loiret.* — Beaugency, *chef-lieu de cant. du Loiret.*— Troyes, *chef-lieu du dép. de l'Aube.* — Chalons, *chef-lieu du dép. de la Marne.* — La Charité, *chef-lieu de canton de la Nièvre.* — Compiègne, *chef-lieu d'arr. de l'Oise.* — Rouen, *chef-lieu du dép. de la Seine-Inférieure.*

Lecture

I

1. Jeanne Darc naquit le 6 janvier 1412, au village de Domrémy (C. p. 96), dans la vallée de la Meuse, sur les frontières de la Champagne et de la Lorraine. Fille de **Jacquot Darc**, paysan aisé, elle n'apprit pourtant ni à lire ni à écrire ; mais elle fut élevée par sa mère **Isabelle Romée** dans les sentiments d'une piété profonde. Jusqu'à l'âge de treize ans elle vécut au milieu des travaux des champs, montrant, dès son jeune âge, beaucoup de tendance à la mélancolie, aimant à rêver, écoutant avec plaisir le son des cloches, et croyant, avec tous ses contemporains, que le royaume de France, occupé par les Anglais, en proie à toutes les horreurs de la guerre, et perdu par une femme **(Isabeau de Bavière),** devait être sauvé par une jeune fille.

2. Forte de cette croyance, elle alla trouver **Robert de Baudricourt,** commandant de Vaucouleurs (C. p. 96), pour qu'il la fît conduire au roi. Elle se disait envoyée par Dieu pour délivrer le royaume des Anglais, pour faire sacrer Charles VII et pour le mettre en possession de son trône.

3. Au mois de février 1429 elle partit de Vaucouleurs pour Chinon (C. p. 96), où se trouvait alors Charles VII : accompagnée de son frère et de quelques hommes d'armes, elle fit à cheval, en costume de guerre, un périlleux voyage de 150 lieues, ranimant tous les courages et disant à ceux qui doutaient : « *Dieu qui me conduit me fera le chemin libre jusqu'au Dauphin.* » (Le roi portait ce titre tant qu'il n'avait pas été sacré).

4. A Chinon, Jeanne est admise auprès du roi :

« *Gentil dauphin*, lui dit-elle, *le roi du ciel m'a envoyée pour vous secourir, s'il vous plaît me donner gens de guerre. Par grâce divine et force d'armes je ferai lever le siège d'Orléans et vous mènerai sacrer à Reims.*»

5. Après de longues hésitations, après avoir soumis Jeanne à de nombreux interrogatoires, **Charles VII** la

JEANNE DARC A CHINON

Reçue à la Cour, Jeanne Darc reconnaît de suite le roi qui se dissimulait parmi les courtisans et, s'approchant de lui, lui demande des gens de guerre en lui promettan de faire lever le siège d'Orléans et de le faire sacrer à Reims.

mit enfin à la tête d'une troupe armée. Partie de Blois (C. p. 96) le 25 avril, Jeanne arriva le 29 avril près d'Orléans (C. p. 96), que les Anglais serraient de près. Le jour même elle pénétrait presque seule dans la ville. On devine avec quel enthousiasme elle fut accueillie : il semblait que tous les malheureux assiégés vissent Dieu lui-même.

6. Rejointe par la petite armée qu'elle avait précédée dans Orléans, Jeanne emporta successivement les bastilles que l'ennemi avait élevées autour de la place et détermina la retraite. Blessée au cou par un trait d'arbalète, Jeanne fut sauvée par le dévouement d'un capitaine français qui l'empêcha de tomber aux mains des Anglais.

II

7. C'est le 8 mai qu'*Orléans* fut délivré, et chaque année, depuis cette époque, les habitants ont célébré solennellement la fête de la délivrance.

8. C'était la délivrance de tout le pays et non pas seulement d'une ville. Après ce succès l'enthousiasme est dans le cœur des Français, le désespoir dans le cœur de leurs ennemis. Jeanne n'a pas seulement sauvé une ville, elle

JEANNE DARC au siège d'Orléans.

a ranimé le patriotisme et préparé la libération du territoire.

9. La première partie de sa tâche étant accomplie, elle voulut que l'on se rendît immédiatement à Reims (C. p. 96) pour le sacre. Le roi et ses conseillers préférèrent continuer la lutte contre l'Anglais démoralisé, et Jeanne assista à la prise de *Jargeau* (C. p. 96), à la prise de *Beaugency* (C. p. 96) et au glorieux combat de *Patay*.

10. C'est alors seulement que l'on se dirigea vers Reims; il fallut emporter d'assaut la ville de *Troyes* (C. p. 96) occupée par une garnison anglaise; Châlons (C. p. 96) se rendit sans coup férir; le 16 juillet

on entrait dans Reims et, le lendemain, le roi était sacré en présence de Jeanne. Pendant toute la cérémonie, elle fut debout près de l'autel, tenant à la main son étendard de combat, *qui*, disait-elle, *avait été à la peine et qui méritait bien d'être à l'honneur.*

III

11. A partir de ce moment Jeanne a-t-elle moins de confiance dans sa mission? Comprend-elle, avec son remarquable bon sens, que son œuvre est terminée et qu'elle n'a plus qu'à retourner à Domrémy pour garder les troupeaux de son père? On peut le croire. Elle se sent comme dépaysée au milieu des hommes d'armes; elle n'a plus seule, comme à Orléans, la direction suprême de la guerre et son prestige diminue à la suite de quelques échecs. Elle reçut une seconde blessure, sans gravité, sous les murs de Paris. Autre échec contre La Charité (C. p. 96) que l'armée royale ne put emporter, et qui fut abandonnée après 40 jours de siège.

12. Enfin le 23 mai 1430, Jeanne enfermée dans Compiègne (C. p. 96) qu'assiègent les Anglais, veut faire une sortie : abandonnée des siens, elle tombe aux mains d'un

JEANNE DARC sur le bûcher.

seigneur bourguignon, Jean de Luxembourg, qui la livre aux Anglais pour 10,000 francs d'or. C'est alors que commence son martyre.

13. Enfermée dans la grosse tour de Rouen (Carte, page 96), insultée par ses gardiens, elle fut, à partir du 9 janvier 1431, soumise à des interrogatoires réitérés qui montrèrent, en même temps que la perfidie des juges, la sublime naïveté, la grandeur d'âme et la présence d'esprit de la victime.

14. Cet inique procès, conduit par l'évêque de Beauvais, **Pierre Cauchon**, vendu aux Anglais, se termina par une condamnation. Déclarée hérétique, sorcière, relapse, Jeanne fut brûlée vive le 30 mai 1431.

15. Aucune gloire, dans notre histoire, n'est plus pure que celle de cette pauvre fille des champs, naïve et ignorante, qui n'eut pour guide que son patriotisme, pour lumière que sa foi. La pitié pour le royaume de France qui fait saigner son cœur lui donne le courage dans les combats, l'ardeur qui se communique et entraîne les hommes à la victoire. Sa foi en Dieu et son amour pour la France, lui dictent les admirables réponses de son procès qui déroutent et confondent ses juges.

— Dieu hait-il les Anglais? lui disait-on.

— *« De l'amour ou haine que Dieu a pour les Anglais et ce qu'il fait de leurs âmes, je n'en sais rien, mais je sais bien qu'ils seront mis hors de France, sauf ceux qui y périront. »*

On lui demandait si elle croyait être en état de grâce :

« Si je n'y suis, Dieu veuille m'y mettre. Si j'y suis, Dieu veuille m'y tenir. »

16. Jamais la France n'a été mieux aimée ni mieux défendue que par la bergère de Domrémy. Aucun de ses enfants ne lui fait plus d'honneur; aucun n'a plus mérité les hommages et la reconnaissance nationale.

17. Charles VII *n'avait rien fait pour sauver l'héroïque jeune fille à laquelle il devait sa couronne : quinze ans après seulement il provoqua la revision du procès. C'est le 7 juillet 1456, à Rouen, que fut prononcée la réhabilitation de Jeanne Darc.*

RÉSUMÉ BIOGRAPHIQUE A APPRENDRE PAR CŒUR

1. Jeanne Darc, fille de Jacquot Darc, naquit à Domrémy le 6 janvier 1412.

2. Jeanne demande au commandant de Vaucouleurs de la faire conduire auprès du Dauphin.

3. Revêtue du costume de guerre, elle fait 150 lieues pour aller trouver le roi à Chinon.

4. Elle demande à Charles VII des gens de guerre pour faire lever le siège d'Orléans.

5. A la tête d'une petite troupe, Jeanne Darc pénètre dans Orléans assiégé par les Anglais.

6. Blessée à l'attaque d'une bastille elle est sauvée par un capitaine français.

7. Le 8 mai, elle délivre Orléans.

8. Par cette victoire Jeanne Darc sauve la ville, ranime le courage et le patriotisme français.

9. Jeanne Darc assiste aux prises de Jargeau, de Beaugency et au combat de Patay.

10. Après avoir emporté Troyes et Châlons, la cour se rend à Reims où Charles VII est sacré. Jeanne se tenait debout près de l'autel, son étendard à la main.

11. Jeanne voit son prestige diminuer après deux échecs. Sous Paris, elle est légèrement blessée.

12. Le 23 mai 1430, abandonnée des siens devant Compiègne, elle tombe aux mains de Jean de Luxembourg qui la livre aux Anglais pour 10,000 fr. d'or.

13. Jeanne Darc enfermée dans une tour à Rouen est soumise à de perfides interrogatoires.

14. Son procès, conduit par l'évêque Cauchon, se termine par sa condamnation à mort. Elle fut brûlée vive, à Rouen, le 30 mai 1431.

15. La gloire de Jeanne Darc, cette humble et

héroïque fille des champs, est la plus pure de notre histoire.

16. Aucun des enfants de la France ne lui fait plus d'honneur et ne mérite davantage la reconnaissance nationale.

17. Charles VII, qui devait tout à Jeanne Darc, n'a rien fait pour la sauver; ce n'est que quinze ans après qu'il provoque la revision de son procès et qu'il la fait réhabiliter.

EXERCICES ORAUX OU ÉCRITS

1. Où naquit Jeanne Darc?— 2 Qu'allat-elle demander au commandant de Vaucouleurs ? — 3. Comment Jeanne se rendit-elle à Chinon ?— 4. Que demandait-elle au roi? Dans quel but ? — 5. D'où part Jeanne Darc, pour pénétrer dans Orléans ? — 6. Où est-elle blessée et par qui fut-elle sauvée ? — 7. Quand Orléans fut-il délivré? — 8 Quel résultat eut cette victoire en France? — 9. A quelles batailles assiste encore Jeanne Darc ?— 10. Où et quand Charles VII fut-il sacré? Où se tenait Jeanne Darc?— 11. Son prestige ne s'affaiblit-il pas? N'est-elle pas encore blessée?—12. Où Jeanne Darc fut-elle prise? Par qui ? Pour combien fut-elle livrée aux Anglais? — 13. Où fut-elle emprisonnée? — 14. Par quoi se termine son procès ? Comment mourut-elle ? — 15. La gloire de Jeanne n'est-elle pas une des plus grandes? — 16. N'a-t-elle pas droit à la reconnaissance nationale? — 17. Le roi a-t-il essayé de la sauver? Ne la fit-il pas réhabiliter?

GUTENBERG (1400-1468)

MEMENTO GÉOGRAPHIQUE. — *Mayence, v. d'Allemagne, sur la rive g. du Rhin. — Strasbourg, v. d'Alsace, sur l'Ill, affluent de la rive g. du Rhin.— Angers, chef-lieu du départ. de Maine-et-Loire, sur la Maine.*

Lecture

I

1. Gutenberg, l'inventeur de l'imprimerie, naquit à Mayence en 1400, d'une famille noble; on ne sait rien de sa jeunesse. Vers 1420, il quittait la ville de Mayence et allait s'établir à Strasbourg (Carte p. 74). Selon toute vraisemblance il était déjà préoccupé des études et des recherches qui devaient le conduire à sa grande découverte.

2. En 1436, il formait avec trois autres Strasbourgeois, une société pour l'exploitation de procédés secrets qu'il avait inventés; trois ans après il eut un procès avec ses associés qui lui disputaient sans doute son invention; il continua à perfectionner seul ses procédés, sans les révéler, et en 1445 ou 1446 il retournait à Mayence.

3. Gutenberg, à cette époque, connaissait déjà :

1° La gravure sur bois;

2° L'art d'imprimer avec des caractères mobiles en bois;

3° La fonte des caractères métalliques;

4° La presse, sorte de cadre, dont les pièces étaient maintenues par des vis.

C'est à Strasbourg que ces connaissances avaient été acquises et la ville de Strasbourg a été bien inspirée en chargeant un illustre statuaire, **David d'Angers** de faire la statue en bronze de Gutenberg; mais c'est à Mayence que fut utilisée pour la première fois l'invention de Gutenberg.

4. Il était, en effet, revenu dans sa ville natale; il y avait continué ses travaux, multiplié ses essais, et, comme beaucoup d'autres inventeurs, il s'y

GUTENBERG, né à Mayence vers 1400, établi à Strasbourg de 1420 à 1444, publia vers 1457, à Mayence, une *Bible* dite à 42 lignes et mourut vers 1468.

était ruiné. Aussi, en 1450, fut-il forcé de s'associer avec deux riches Mayençais, **Fust** et **Schœffer**, qui mirent leur argent à sa disposition, mais qui exigèrent de lui, quelques années plus tard, l'abandon de tout son matériel : se trouvant alors en possession des presses de Gutenberg, et de son secret, ils imprimèrent de leur côté, pendant que Gutenberg imprimait du sien.

II

5. On suppose qu'ils reproduisirent de petits ouvrages sur des planches de bois, et que Gutenberg imprima une bible connue sous le nom de *Bible aux quarante-deux lignes*. Mais il est impossible d'attribuer avec quelque certitude ce premier livre imprimé à Gutenberg, parce que l'ouvrage ne porte pas son nom. Il était noble, et un noble, à cette époque, eût cru se déshonorer en faisant le travail d'un ouvrier.

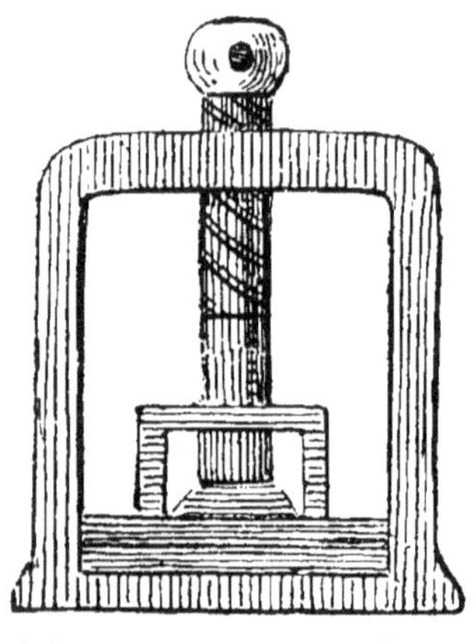

PRESSE TYPOGRAPHIQUE DU TEMPS DE GUTENBERG.

6. En résumé, la vie de Gutenberg est peu connue. On sait seulement qu'il obtint, vers 1465, une petite pension de l'archevêque de Mayence et qu'il mourut trois ans après.

7. Le mérite de Gutenberg n'est pas d'avoir inventé la gravure sur bois : elle était connue avant lui et employée pour les cartes à jouer. Sa vraie gloire est d'avoir trouvé : 1° les lettres fondues mobiles, qui permettent d'imprimer plus vite, de changer les mots mal écrits en changeant les lettres, et 2° la presse qui retient ces lettres. Une fois dans leur cadre il n'y a plus qu'à les appliquer sur une feuille de papier blanc après les avoir enduites d'encre, et l'on a une page imprimée.

Ces deux découvertes, qui ont fait tant de progrès depuis quatre cents ans, constituent ce que l'on appelle aujourd'hui la *typographie.*

8. Avant Gutenberg, on n'avait que des *manuscrits,* c'est-à-dire des ouvrages écrits à la main d'un bout à l'autre, sur des peaux appelées *parchemins* ou sur du papier et qui coûtaient fort cher; depuis Gutenberg, le livre, imprimé sur du papier qui est fait avec des chiffons, a remplacé le manuscrit; il coûte très bon marché, il est à la portée des plus

UNE IMPRIMERIE MODERNE

L'imprimerie a fait, depuis Gutenberg, des progrès que l'on peut qualifier de merveilleux. Les lettres péniblement gravées par Gutenberg ont été remplacées par des lettres parfaitement régulières et fondues en quelques secondes; la presse en bois a été remplacée par des presses mécaniques qui peuvent livrer jusqu'à 20,000 exemplaires d'un journal à l'heure.

petites bourses, et en répandant partout les idées des savants, il favorise le développement de la science et de la civilisation.

9. *La vie de Gutenberg, si elle était plus connue, offrirait certainement un mémorable exemple de ce que peut la patience de l'homme luttant contre le désespoir, contre la mauvaise fortune, contre des concurrents déloyaux.*

RÉSUMÉ BIOGRAPHIQUE A APPRENDRE PAR CŒUR

1. Né vers 1400 à Mayence, Gutenberg **vient s'établir** à Strasbourg vers 1420.

2. De 1420 à 1445, Gutenberg étudie les procédés qui doivent le conduire à sa grande découverte.

3. En 1445 Gutenberg connaît la gravure sur bois, la mobilisation des caractères sur bois, la fonte des caractères métalliques et la presse à vis.

4. Gutenberg, revenu à **Mayence**, s'associe **avec** Fust et Schœffer.

5. Gutenberg imprime peut-être la *Bible aux 42 lignes*.

6. L'archevêque de Mayence fait une petite pension à Gutenberg.

7. Gutenberg a inventé les lettres fondues mobiles et la presse typographique.

8. Avant Gutenberg, on n'avait que les livres écrits à la main ou manuscrits.

9. La vie de Gutenberg est un exemple de persévérance dans le travail.

EXERCICES ORAUX OU ÉCRITS

1. Où naquit Gutenberg, vers quelle année, et où se fixe-t-il en 1420? — 2. Que fait-il de 1420 à 1445? — 3. Dites les connaissances acquises par Gutenberg. — 4. Revenu à Mayence, ne prend-il pas des associés? — 5. Quel fut le premier ouvrage imprimé? — 6. Qui lui fait une pension? — 7. Qu'a inventé Gutenberg? — 8. Avait-on des livres avant Gutenberg? — 9. Que nous montre la vie de Gutenberg?

BAYARD (1476-1524).

MEMENTO GÉOGRAPHIQUE. — GRENOBLE, *chef-lieu du dép. de l'Isère.* — FORNOUE, *bourg de l'ancien duché de Parme.* — GARIGLIANO, *fleuve d'Italie qui se jette dans le golfe de Gaëte.* — AGNADEL, *ville de la Lombardie.* — RAVENNE, *ville d'Italie sur la Montone, à 6 kil. de l'Adriatique.* — BRESCIA, *v. d'Italie, chef-lieu de la prov. de Brescia.* — GUINEGATE, *vill. de l'arrondissement de Saint-Omer.* — MÉZIÈRES, *chef-lieu du dép.*

des Ardennes. — MARIGNAN, *ville de Lombardie, à 15 k. de Milan.* — LA SESIA, *riv. d'Italie qui se jette dans le Pó.*

Lecture

I

1. L'honnête homme et le brave soldat que l'on a si heureusement surnommé le *Chevalier sans peur et sans reproche* naquit au château de Bayard, près de Grenoble (C. p. 96), en 1476 : il était fils de *Pierre du Terrail*, seigneur de Bayard, et appartenait à une famille dont tous les membres s'étaient signalés par des actions d'éclat.

2. A peine âgé de douze ans, sachant lire et signer son nom, **Pierre du Terrail** (*Bayard*) devenait page du duc de Savoie, puis il passait au service du roi de France, Charles VIII ; il montrait sa bravoure, son adresse, son sang-froid dans les tournois, cette guerre en miniature, et en 1494 il faisait pour la première fois la vraie guerre dans l'expédition des Français en Italie.

BAYARD, fils de Pierre du Terrail, naquit au château de Bayard en 1476.

3. Dès lors l'histoire de **Bayard** jusqu'à sa mort n'est plus que le récit de ses exploits et aussi le récit des traits de loyauté, de grandeur d'âme qui ont été rapportés par son écuyer, *Jacques Joffrey*, sous ce titre : *La très joyeuse et très plaisante histoire composée par le loyal serviteur, des faits et gestes du bon chevalier.*

4. A la bataille de Fornoue (C. p. 79), en 1495, Bayard a deux chevaux tués sous lui et s'empare d'un drapeau ennemi.

5.

5. Quand Louis XII, en 1499, veut conquérir le Milanais, le chevalier, emporté par son ardeur, dépasse ses compagnons et entre dans Milan à peu près seul : il est fait prisonnier, mais le duc de Milan, plein d'admiration pour sa bravoure, lui rend la liberté.

6. On connaît la belle défense du pont du Garigliano (C. p. 74), par laquelle le chevalier assura le salut de toute une armée. De pareils traits sont fréquents dans la vie de Bayard ; les traits de générosité et de désintéressement, si rares à cette époque de pillage, ne le sont pas moins. Il faut citer encore, comme un témoignage du patriotisme de Bayard, la belle réponse qu'il fit à Jules II quand le pape lui offrit la charge de général en chef : « *Je n'aurai jamais que deux maîtres : Dieu dans le ciel et le roi*

FRANÇOIS Iᵉʳ ARMÉ CHEVALIER PAR BAYARD

de France sur la terre ; jamais je n'en servirai d'autre. »

7. En 1507 Bayard réduit les Génois révoltés ; en 1509 il décide le gain de la bataille d'Agnadel (C. p. 79). Blessé au siège de Brescia (C. p. 79) et transporté dans la maison d'un gentilhomme italien, il protège la femme et les filles du gentilhomme contre la violence des soldats et, à peine guéri, il va prendre part à la sanglante bataille de Ravenne (C. p. 79), en 1512. C'est dans la retraite qui suivit cette bataille que Bayard, avec 36 hommes, arrêta, pendant deux heures, l'armée ennemie.

II

8. Nous le retrouvons ensuite dans la Navarre, dans l'Artois, à Guinegate (C. p. 96), où il est fait prisonnier, à Marignan (C. p. 79), où François Ier voulut être armé chevalier de sa main. Après avoir frappé sur l'épaule du roi, à genoux devant lui, Bayard baisa son épée en disant : *Tu es bien heureuse, ma bonne épée, d'avoir, à un si puissant roi, donné l'ordre de la chevalerie, et tu seras, comme relique, gardée et sur toutes autres honorée.*

MORT DE BAYARD

Le connétable de Bourbon vient voir Bayard qui, avant de mourir, lui reprocha sa trahison envers la France.

9. Quand l'armée de Charles-Quint envahit la Champagne, Bayard se refusa à évacuer Mézières (C. p. 153) que ses compagnons trouvaient trop faible et voulaient abandonner. « *Il n'y a pas de place faible*, disait-il, *où il y a des gens de cœur.* Si les vivres nous manquent nous mangerons nos chevaux. » Les 100,000 soldats de Charles-Quint ne purent venir à bout d'une place défendue par de pareils hommes, ils levèrent le siège. Bayard, considéré comme le sauveur de la France, fut reçu à Paris en triomphateur.

10. Ce fut le dernier succès du brave chevalier; en 1524, chargé du commandement de l'arrière-garde de la retraite de l'armée française, forcé d'obéir aux ordres de Bonnivet qui lui avait assigné une position détestable, il reçut une blessure mortelle au passage de la Sésia. On le plaça sous un arbre, la face tournée du côté de l'ennemi : *Ne lui ayant jamais tourné le dos*, disait-il, *je ne veux pas commencer à la fin de ma vie*. Le **connétable de Bourbon**, qui avait trahi la France, vint à passer devant lui.

— *Ah! messire Bayard*, s'écria-t-il, *dans quel piteux état je vous vois!*

— *Je ne suis point à plaindre, Monseigneur*, répondit **Bayard**. *C'est de vous qu'il faut avoir pitié, vous qui portez les armes contre votre prince, votre patrie et vos serments.*

11. L'ennemi fit rendre les honneurs funèbres au plus brave des Français; la France considéra sa **perte** comme un deuil national, et le roi eut plus d'une fois l'occasion de déplorer la mort prématurée du chevalier sans peur et sans reproche.

RÉSUMÉ BIOGRAPHIQUE A APPRENDRE PAR CŒUR

1. Bayard, surnommé le chevalier sans peur et sans reproche, est né au château de Bayard, près de Grenoble, en 1476.

2. Bayard, d'abord page du duc de Savoie, passe au service du roi de France Charles VIII, et fait ses premières armes dans l'expédition d'Italie.

3. La vie et les exploits de Bayard ont été écrits par son écuyer Jacques Joffrey.

4. A la bataille de Fornoue, Bayard a deux chevaux tués sous lui et s'empare d'un drapeau ennemi.

5. Bayard entre à Milan presque seul. Fait prisonnier, il est rendu à la liberté par le duc de Milan qui admire sa bravoure.

6. Bayard défend seul le pont du Garigliano et assure le salut de l'armée.

7. Blessé au siège de Brescia, et à peine guéri, il prend part à la bataille de Ravenne. Dans la retraite il arrête, pendant deux heures, l'armée ennemie.

8. Bayard se bat dans l'Artois, la Navarre, à Guinegate, à Marignan, où François Ier est armé chevalier par lui.

9. Par son patriotisme, Bayard relève le courage des habitants de Mézières et Charles-Quint est forcé de lever le siège. Bayard est reçu à Paris en triomphateur.

10. Blessé au passage de la Sésia, Bayard reproche au connétable de Bourbon sa trahison envers la France.

11. Bayard reçut de ses ennemis les honneurs funèbres. Sa mort fut un deuil national.

EXERCICES ORAUX OU ÉCRITS

1. Où naquit Bayard? De qui était-il fils? — 2. Où Bayard fit-il ses premières armes? — 3. Qui a écrit la vie de Bayard? — 4. Que fit Bayard à la bataille de Fornoue? — 5. Bayard n'entra-t-il pas presque seul dans une ville du Milanais? Que fit le duc de Milan? — 6. Parlez de la défense du pont du Garigliano? Que refusa-t-il au pape Jules II? — 7. Dans quelles expéditions se distingua-t-il en 1507 et 1509? Où fut-il blessé? Que fit-il pendant la retraite qui suivit la bataille de Ravenne? — 8. Où Bayard se bat-il? Quel événement signala la bataille de Marignan? — 9. Comment Bayard força-t-il Charles-Quint à lever le siège de Mézières? Comment fut-il reçu à Paris? — 10. Où Bayard mourut-il? Quelles sont ses dernières paroles au connétable de Bourbon? — 11. Bayard ne fut-il pas honoré par ses ennemis et pleuré par ses compatriotes?

HISTOIRE DES TEMPS MODERNES

Biographies : CHRISTOPHE COLOMB — RAPHAEL — VASCO DE GAMA — MAGELLAN — MICHEL-ANGE — BERNARD PALISSY — SHAKESPEARE — GALILÉE — POUSSIN — TURENNE — CORNEILLE — CONDÉ — PAPIN — PIERRE-LE-GRAND — VOLTAIRE — COOK — LA PÉROUSE.

CHRISTOPHE COLOMB (1436-1506) (1)

MEMENTO GÉOGRAPHIQUE. — PAVIE, *v. forte d'Italie, sur le Tessin, à 35 kil. S. de Milan.* — TOLÈDE, *v. d'Espagne, sur le Tage.* — PALOS, *petit port au sud de l'Espagne, sur l'Océan.* — ILES LUCAYES, *archipel en avant du golfe du Mexique.* — CUBA, SAINT-DOMINGUE (*Haïti,*) JAMAÏQUE, PORTO-RICO, *grandes Antilles.* — DOMINIQUE, MARIE-GALANTE, GUADELOUPE, TRINITÉ, TABAGO, *petites Antilles.* — CÔTE DE CUMANA, *golfe* DE PARIA *au N. de l'Amérique du S.* — VALLADOLID, *v. de Castille, au N. de Madrid.*

Lecture

I

1. Christophe Colomb naquit près de Gênes, en 1436. Son père, cardeur de laine, était assez riche pour l'envoyer à l'Université de Pavie, où il apprit la grammaire, le latin, la géographie et l'astronomie, A quatorze ans, en 1450, il s'embarqua, et pendant vingt-sept ans, jusqu'en 1477, il navigua dans la Médi-

(1) Chacune des biographies devra être lue à plusieurs reprises; *les résumés biographiques* seront seuls appris par cœur.

terranée jusqu'au Levant ; dans le nord-ouest de l'Europe jusqu'au Groënland ; dans l'ouest de l'Afrique jusqu'en Guinée : cette période de sa vie est à peine connue (Carte p. 123).

2. Vers 1477, il était établi à Lisbonne, où il épousait la fille d'un gentilhomme italien et il fabriquait, pour vivre, des livres d'images, des globes terrestres et des cartes géographiques. En 1484, après la mort de sa femme, il quitte Lisbonne pour aller offrir ses services à Gênes, puis à Venise (C. p. 79), et il revient en Espagne sans avoir réussi. Colomb se faisait fort, si l'on mettait à sa disposition les vaisseaux et les ressources nécessaires, de gagner les Indes en naviguant droit à l'ouest.

3. En 1485, se trouvant à la porte d'un couvent de l'Andalousie, son

CHRISTOPHE COLOMB, né vers 1436, à Gênes, découvre l'Amérique en 1492 et meurt pauvre en 1506. La Colombie, dans l'Amérique du Sud, prit le nom de ce grand homme.

fils *Diego* dans les bras, il demanda un peu de pain et l'hospitalité. Les moines l'accueillirent bien, et, après un séjour de quelques mois dans le couvent, Colomb se rendit à Cordoue où il reprit, sans doute, son ancien métier d'imagier et de fabricant de globes. Il ne fut admis en présence de *Ferdinand* et d'*Isabelle*, que lorsqu'il eut obtenu la protection de *Pedro Gonzalès de Mendoza*, cardinal

et archevêque de Tolède. Le roi et la reine s'intéres-
sèrent à son projet, mais les prélats et les savants qu'ils
chargèrent de l'examiner montrèrent moins d'enthousiasme ; ils demandèrent à Colomb comment il par-
viendrait à remonter dans notre hémisphère s'il des-
cendait dans l'autre : après bien des délais, le grand
homme vit encore son départ ajourné.

4. En 1492 seulement, dix-huit ans après qu'il avait
affirmé la possibilité d'arriver aux Indes par l'ouest,
Colomb fut rappelé par Isabelle, qui lui accorda toutes

CHRISTOPHE COLOMB DÉBARQUE EN AMÉRIQUE
Après trois mois de voyage, Christophe Colomb aborda le 12 octobre 1492 dans une
île dont il prit possession au nom du roi d'Espagne, et qu'il nomma San Salvador.

ses demandes. Le 17 avril de cette mémorable année,
fut signé un traité par lequel le roi et la reine d'Espagne nommaient l'imagier de Cordoue grand amiral,
vice-roi et gouverneur des terres qu'il découvrirait.

5. Colomb se rendit à Palos (C. p. 114. — S.-O.),
pour y préparer son départ ; trois petits vaisseaux,
à moitié pontés, que l'on appelait des *caravelles,*
furent mis à sa disposition. La *Santa-Maria* fut commandée par Colomb, la *Pinta* et la *Nina,* par les frères
Pinzon. Le vendredi 3 août 1492, on quittait Palos ; on

se dirigea sur les îles Canaries, de là, on se lança dans l'inconnu. Les seuls incidents du voyage furent l'apparition de quelques oiseaux, de quelques touffes de varech, d'un roseau encore vert; il y eut quelques tentatives de révolte de son équipage qu'effrayait cette lointaine navigation sur une mer inconnue.

6. Dans la nuit du 11 au 12 octobre, à deux heures du matin, le cri : « *Terre, terre* » retentit sur la *Pinta* qui marchait en avant des caravelles : deux heures après, Colomb, au nom du roi et de la reine d'Espagne, prenait possession d'une des îles Lucayes qu'il nomma *San Salvador*.

7. Le Nouveau-Monde était découvert; Colomb, pourtant, était persuadé qu'il avait seulement trouvé la route de l'Asie par l'ouest; mais cette erreur n'enlève rien à sa gloire.

8. Dans ce premier voyage furent relevées et nommées les îles *San Salvador, Cuba* et *Saint-Domingue, (Haïti)* (C. p. 123). Partout les Espagnols, en débarquant, prenaient possession du pays, au nom du roi d'Espagne, plantaient une croix, échangeaient avec les indigènes quelques menus objets pour de l'or et reprenaient la mer. Ils ne fondèrent cette fois d'établissement qu'à Saint-Domingue, où ils laissèrent neuf des leurs qui furent massacrés par les indigènes.

II

9. Le 15 mars 1493, à midi, Colomb était de retour à Palos : il se rendit à Barcelone où se trouvait la cour. Les populations lui rendirent les honneurs royaux; le roi l'anoblit et lui donna des armoiries avec cette devise : *A Castille et à Léon, Colomb donne un nouveau monde.*

10. Six mois après, le 25 septembre 1493, Colomb entreprenait son second voyage qui dura près de trois ans, qui fut signalé par les premières luttes des Espa-

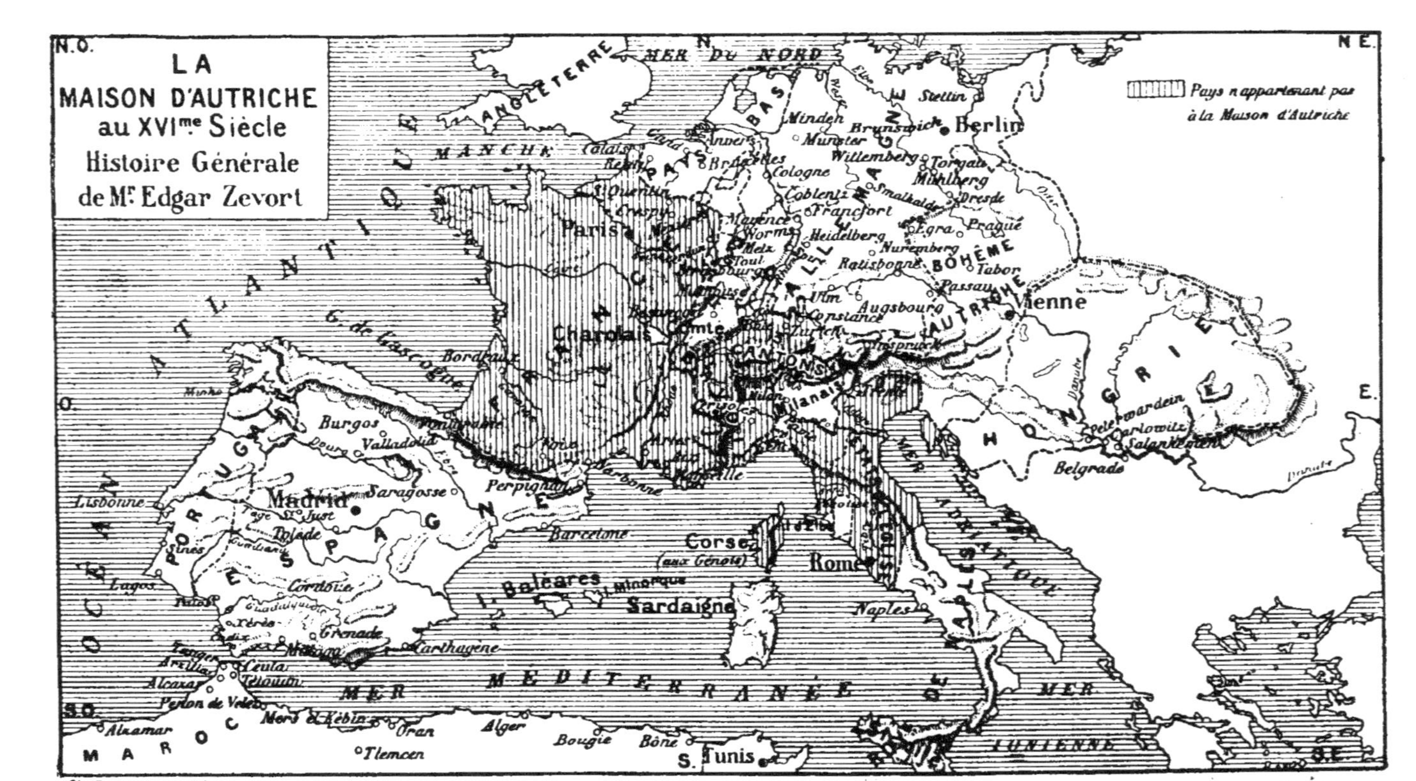

LA
MAISON D'AUTRICHE
au XVIme Siècle
Histoire Générale
de Mr Edgar Zevort
Pays n'appartenant pas à la Maison d'Autriche
N.O.
N.E.
N
O
E
S.O.
S.E.
MER DU NORD
MANCHE
ANGLETERRE
OCÉAN ATLANTIQUE
PAYS BAS
Stettin
Minden
Brunswick
Berlin
Münster
Calais
Anvers
Bruges
Willemberg
Torgau
Cologne
Mühlberg
Coblentz
Dresde
St Quentin
Francfort
Egra
Prague
Mayence
ALLEMAGNE
Worms
Heidelberg
Nuremberg
BOHÊME
Metz
Paris
Toul
Ratisbonne
Tabor
Strasbourg
Ulm
Passau
Nancy
Augsbourg
AUTRICHE
Vienne
Constance
Charolais
F. Comté
Innspruck
HONGRIE
CANTONS
G. de Gascogne
Bordeaux
Milanais
Peterwardein
Carlowitz
Salankemen
Belgrade
Danube
PORTUGAL
Minho
Burgos
Douro
Valladolid
Pampelune
Narbonne
Marseille
Lisbonne
Saragosse
Perpignan
ESPAGNE
Madrid
Tage
St Just
Tolède
Barcelone
Corse
(aux Génois)
Rome
Lagos
Cordoue
Guadalquivir
Baléares
Minorque
Sardaigne
Naples
MER ADRIATIQUE
Xérès
Grenade
Malaga
Carthagène
MER MÉDITERRANÉE
Tanger
Arzilla
Ceuta
Tetouan
Alcazar
Peñon de Velez
MER
Alzamar
Mers el Kébir
Oran
Alger
Bougie
Bône
MAROC
Tlemcen
Bougie
S. Tunis
MER TUNIENNE
Ch. Connesseur del.

gnols contre les Indiens cannibales, et par la découverte des îles *Dominique*, *Marie-Galante*, *Guadeloupe*, *Porto-Rico* et *Jamaïque*. (C. p. 123.)

11. Le 12 juin 1497, Colomb débarquait à Cadix, et ne trouvait guère que de la froideur et de l'envie chez ceux qui l'avaient tant acclamé trois années auparavant.

12. Il parvint pourtant à organiser une nouvelle expédition qui quitta l'Espagne le 30 mai 1498. C'est dans ce voyage que le grand navigateur vit, pour la première fois, la côte américaine du *Vénézuéla;* c'est également dans ce voyage qu'il fut rendu responsable des désordres de Saint-Domingue, enchaîné par l'ordre du gouverneur **Bovadilla**, et renvoyé en Espagne avec ses deux frères. Il n'eut, pour reconquérir la faveur royale, qu'à énumérer ses dernières découvertes : la *Trinité*, le *golfe de Paria*, la *Côte de Cumana*, les *îles Tabago, Cubagua, etc.* (C. p. 123.— E.)

13. Le 9 mai 1502, Colomb entreprenait son quatrième et dernier voyage; il fut assailli dans le golfe du Mexique par d'épouvantables tempêtes, passa un an dans l'île de la Jamaïque, privé de tout, abandonné par **Ovando**, le nouveau gouverneur de Saint-Domingue, et il revint en Espagne en 1504, quelques mois après la mort d'Isabelle, sa protectrice.

14. Colomb, si éprouvé dans cette dernière expédition, avait pourtant découvert la *Martinique*, les côtes du *Honduras*, du *Nicaragua*, de *Costa Rica*, de *Panama*, et le *golfe de Darien*.

15. Le roi Ferdinand, plus jaloux que reconnaissant, offrit à Colomb une petite ville de Castille en échange de ses titres et de ses dignités : Colomb préféra la misère à cet échange et mourut tristement à Valladolid, le 20 mai 1506. (C. p. 114.)

16. *Son corps fut déposé, en 1536, dans la cathédrale de Saint-Domingue. En 1795, lorsque le gouvernement espagnol céda Saint-Domingue à la France,* *il ordonna de transporter les cendres de Colomb à la Havane. Un moine substitua les cendres de Diego Colomb à celles de son frère, qui restèrent à Saint-Domingue, où elles ont été retrouvées dans le chœur de la cathédrale, le 10 septembre 1877.*

RÉSUMÉ BIOGRAPHIQUE A APPRENDRE PAR CŒUR

1. Né en 1436, embarqué en 1450, Christophe Colomb navigue pendant 27 ans.

2. Colomb se fait fort de gagner les Indes en naviguant droit à l'Ouest.

3. Des prélats espagnols déclarent le projet de Colomb irréalisable.

4. Par le traité de Santa Fé, Colomb est nommé amiral, vice-roi et gouverneur des terres qu'il découvrira.

5. Colomb s'embarque le 3 août 1492.

6. Colomb découvre l'île San Salvador le 12 octobre 1492.

7. Colomb a découvert le Nouveau-Monde, qu'il prit pour l'Asie.

8. Dans son premier voyage, Colomb a fondé un établissement à Saint-Domingue.

9. Le 15 mars 1493 Colomb est de retour en Espagne.

10. Dans un second voyage, Colomb découvre plusieurs Antilles.

11. Après ce second voyage, Colomb est accueilli froidement.

12. Dans son troisième voyage, Colomb rendu responsable des désordres de Saint-Domingue est enchaîné et renvoyé ainsi en Espagne.

13. Dans son quatrième voyage, il est chassé de Saint-Domingue.

14. Colomb a touché le continent américain dans ce dernier voyage.

15. Colomb meurt tristement en 1506 à Valladolid.

16. Les restes de Colomb ont été déposés à Saint-Domingue.

EXERCICES ORAUX OU ÉCRITS

1. En quelle année naquit Colomb, combien de temps navigua-t-il ? — 2. Comment espère-t-il gagner les Indes ? — 3. Que pensèrent les prélats espagnols des projets de Colomb ? — 4. A quels grades est-il nommé ? — 5. A quelle date s'embarque-t-il ? — 6. Quelle île découvre Colomb le 12 octobre 1492 ? — 7. Colomb ne découvrit-il pas le nouveau monde ? — 8. Quel établissement fonde-t-il dans son premier voyage ? — 9. A quelle date est-il de retour en Espagne ? — 10. Dans son second voyage fait-il des découvertes ? — 11. Quel accueil lui fait-on à son retour ? — 12. Que fait-on de Colomb dans son troisième voyage ? — 13. Dites ce qui lui arrive à Saint-Domingue dans son quatrième voyage ? — 14. Atteint-il enfin le but qu'il cherchait ? — 15. Où et comment meurt Colomb ? — 16. Que fit-on de lui après sa mort ?

RAPHAEL (1483-1520)

MEMENTO GÉOGRAPHIQUE. — Urbin, *v. d'Italie sur le Métaure.* — Pérouse, *v. d'Italie, à 136 kil. N. de Rome.*

Lecture

1. La vie de Raphaël fut courte, mais bien remplie. **Raphaël Sanzio** naquit en 1483, dans la petite ville d'Urbin, en Italie (C. p. 79. — S.-E.) Son père était peintre et poète ; il le perdit à onze ans et demi : sa mère était morte trois années auparavant ; orphelin, il fut confié aux soins de son oncle maternel, et, à l'âge de douze ans, il entra dans l'atelier du *Pérugin*, à Pérouse (C. p. 114), pour y continuer les études qu'il avait commencées dans l'atelier de son père. Lorsque Raphaël entra pour la première fois dans l'atelier du Pérugin, celui-ci augura bien de son élève ;

dès qu'il eut vu ses dessins, il prédit qu'il serait un grand artiste.

2. Raphaël passa près de huit années dans l'atelier du Pérugin. C'est pendant cet apprentissage qu'il peignit deux des tableaux que possède le Louvre : le *Saint Georges* et le *Saint Michel*.

3. En 1504, Raphaël vint s'établir à Florence (Carte page 79), où travaillaient alors deux grands peintres qui étaient dans tout l'éclat de leur gloire, **Léonard de Vinci et Michel-Ange**; il se lia d'amitié avec un moine qui était, lui aussi, un peintre remarquable, *Fra Bartolommeo,* et les deux maîtres s'enrichirent de l'échange de leurs pensées. Durant le séjour de quatre ans qu'il fit à Florence, jus-

RAPHAEL. (d'après le portrait peint par lui-même, *Musée du Louvre*).

RAPHAEL SANZIO, né à Urbin en 1483, mourut à Rome en 1520, à peine âgé de trente-sept ans. Il fut un grand architecte et un peintre admirable. Le musée du Louvre possède de Raphaël une vierge appelée *Belle Jardinière*, une *Sainte Famille*, un *Saint Michel terrassant l'Ange des ténèbres*, une *Vierge au voile*, une *Sainte Marguerite*, un *Saint Georges*, un portrait de *Jeanne d'Aragon*, etc.

qu'en 1508, Raphaël peignit entre autres toiles la *Belle Jardinière* du musée du Louvre. C'est en 1508 qu'il fut appelé à Rome par le pape *Jules II,* auquel l'avait recommandé **Bramante**, le célèbre architecte, pour participer aux travaux du Vatican*.

4. Il proposa et fit accepter à Jules II de représenter la *Religion*, la *Science*, les *Beaux-Arts* et le *Droit* dans quatre grandes peintures à fresque. Ce projet fut exécuté : la *Dispute du Saint-Sacrement*, l'*École d'Athènes*, le *Parnasse* et la *Jurisprudence,* qui ornèrent la salle du Vatican, dite de la *Signature*, furent terminés en 1511 et Raphaël fut chargé, en 1512, de décorer une seconde salle, celle d'*Héliodore*.

HÉLIODORE CHASSÉ DU TEMPLE (Fragment d'une fresque de Raphaël).

Il choisit alors dans la Bible un sujet qui était une allusion flatteuse aux exploits de Jules II. L'année suivante, ce nouveau travail était achevé avec le même succès que le premier.

5. Entre temps, il s'occupait d'autres travaux et formait une quantité d'élèves qui, de toutes les parties de l'Italie et de l'Europe, étaient venus se placer sous sa direction. On prétend que lorsqu'il se rendait de son atelier au palais des papes, il avait toujours un cortège de cinquante personnes qui l'accompagnaient et le vénéraient, non seulement comme le plus illustre, mais aussi comme le plus accueillant des maîtres.

6. Dès lors, pendant les six dernières années de sa vie, il ne put guère que préparer les dessins des tableaux qu'achevaient ensuite ses disciples. Ces travaux accablants et une vie de plaisirs, épuisaient le grand artiste; il succomba après une courte maladie, le 6 avril 1520, jour anniversaire de sa naissance : il avait trente-sept ans.

Sa mort fut un deuil public et Rome tout entière suivit ses funérailles.

7. *Pour la pureté du dessin, pour la beauté idéale des figures, pour l'harmonie de la composition aucun peintre n'a surpassé Raphaël.*

RÉSUMÉ BIOGRAPHIQUE A APPRENDRE PAR CŒUR

1. Raphaël, né à Urbin en 1483, entre dans l'atelier du Pérugin.

2. Raphaël passe huit années sous la direction du Pérugin.

3. Raphaël séjourne quatre ans à Florence en même temps que Michel-Ange, Léonard de Vinci et Bramante.

4. A Rome, Raphaël orne d'admirables peintures deux salles du Vatican.

5. Raphaël forme d'innombrables élèves.

6. Raphaël meurt à 37 ans, victime du travail et des plaisirs.

7. Raphaël est sans rival pour la perfection du dessin et la beauté des figures.

EXERCICES ORAUX OU ÉCRITS

1. Dans quelle ville naquit Raphaël, et dans quel atelier entra-t-il?—2. Sous la direction de quel maître passe-t-il huit années? — 3. Citez les artistes avec lesquels il séjourna quatre ans. — 4. Que fait-il à Rome? — 5. Raphaël eut-il des élèves? — 6. A quel âge meurt-il? — 7. Le talent de Raphaël fut-il dépassé?

VASCO DE GAMA (1469-1524)

MEMENTO GÉOGRAPHIQUE. — SINES, *petit port de l'Alemtéjo, prov. de Portugal.* — CALICUT, *port de l'Hindoustan anglais, sur la mer d'Oman.* — COCHIN, *port dans une petite île à l'extrémité S. de la côte de Malabar.*

Lecture

1. C'est à Sines, en Portugal (C. p. 114. — S.-O.), que naquit **Vasco de Gama,** en 1469. On ne sait rien de sa famille, sinon qu'elle était ancienne ; rien non plus de sa jeunesse, sinon qu'à l'âge de seize ou dix-sept ans il fut désigné pour faire partie d'une expédition dans les Indes-Orientales. Cette expédition, projetée par le roi *Jean II,* après la découverte du cap de Bonne-Espérance par *Barthélemy Diaz,* ne s'accomplit qu'en 1497, sous le règne d'*Emmanuel le Fortuné.* Il s'agissait de doubler le cap de Bonne-Espérance, de naviguer pour la première fois sur une mer inconnue et de se rendre aux Indes.

2. C'est à Vasco de Gama, âgé de vingt-huit ans, que fut confiée cette importante mission. Il partit de Lisbonne, en 1497, avec quatre bâtiments et cent soixante hommes d'équipage. Le voyage s'accomplit facilement : les Portugais ne rencontrèrent d'obstacles que sur les côtes d'Afrique et aux Indes, où les Arabes employèrent tous les moyens pour les empêcher de fonder des comptoirs. Les Arabes, maîtres de tout le commerce de la mer des Indes, craignaient, avec raison, d'être dépossédés par les nouveaux venus.

VASCO DE GAMA, illustre navigateur portugais, né en 1469, d'une famille noble, doubla le cap de Bonne-Espérance en 1497, et mourut à Cochin, vice-roi des Indes en 1524.

3. En 1499, Vasco de Gama, qui n'avait fait qu'un voyage de reconnaissance, était de retour à Lisbonne : il y fut accueilli avec enthousiasme, on le nomma amiral des Indes et comte de Vidigueira.

Trois ans après, en 1502, il entreprenait un nouveau voyage avec dix-neuf vaisseaux, châtiait sévèrement les Arabes d'Afrique, bombardait Calicut (C. p. 123. — E.) où les Portugais avaient été massacrés en son absence, et, après avoir solidement établi l'influence de son pays dans l'Inde, il revint en Portugal. Ce retour de 1503 fut bien différent du retour triomphal de 1499 : le roi fit le plus froid accueil à l'illustre marin, et on le laissa plus de vingt ans en disgrâce.

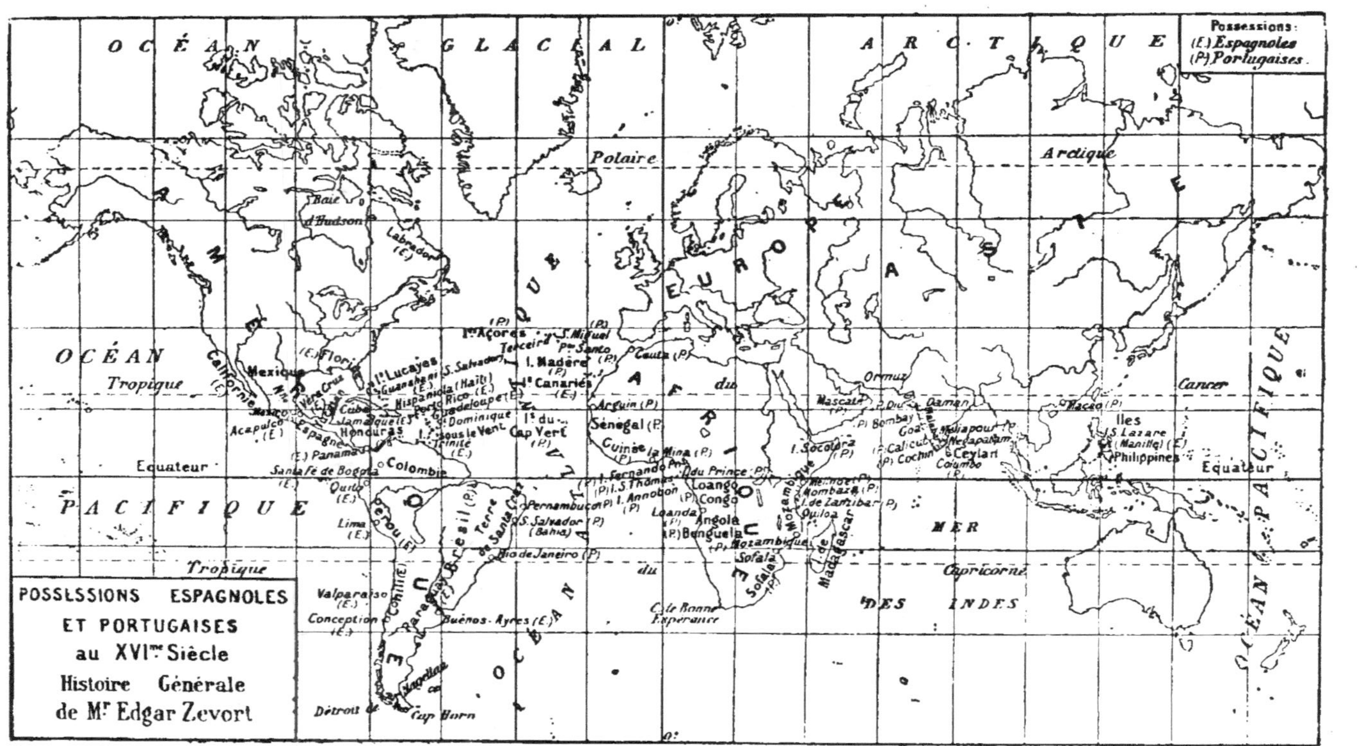

Possessions:
(E.) Espagnoles
(P.) Portugaises
OCÉAN GLACIAL ARCTIQUE
Polaire
Arctique
AMÉRIQUE
Baie d'Hudson
Labrador (E.)
EUROPE
ASIE
OCÉAN PACIFIQUE
OCÉAN
Tropique
Californie
Mexique
Vera Cruz
Mexico
Acapulco (E.)
Espagne
Honduras
Panama (E.)
Cuba
Jamaïque (E.)
I. Lucayes
Guanahani S. Salvador
Hispaniola (Haïti)
Porto Rico (E.)
Guadeloupe (E.)
Dominique
I. sous le Vent
Trinité (E.)
I. Açores (P.)
Terceira P.º Santo
S. Miguel
I. Madère (P.)
I. Canaries (E.)
Ceuta (P.)
Arguin (P.)
I.º du Cap Vert (P.)
Sénégal (P.)
Guinée
la Mina (P.)
Fernando P.º
I. S. Thomé
I. Annobon (P.)
AFRIQUE
du
Ormuz
Mascate
P. Diu
Daman
P. Bombay
Goa (P.)
Meliapour (P.)
Calicut (P.)
Negapatam
Cochin
Ceylan
Columbo (P.)
I. Socotora (P.)
Macao (P.)
Cancer
Iles
S. Lazare
(Manille) (E.)
Philippines
Equateur
Equateur
Santa fé de Bogota
Colombie
Quito (E.)
PACIFIQUE
Pérou (E.)
Lima (E.)
Brésil (P.)
Terre de Santa Cruz
Pernambuco (P.)
S. Salvador (P.)
(Bahia)
Rio de Janeiro (P.)
Loango (P.)
I. du Prince (P.)
Congo (P.)
Loanda (P.)
Angola
Benguela (P.)
Mozambique (P.)
Sofala
Menouet (P.)
Mombaza (P.)
I. de Zanzibar P.
Quiloa
Mozambique
I. de Madagascar
MER
du
DES INDES
Capricorne
Tropique
Valparaiso (E.)
Conception (E.)
Chili
Araucanie
Buénos-Ayres (E.)
Détroit de Magellan
Cap Horn
Côte Bonne
Espérance
OCÉAN ATLANTIQUE
OCÉAN PACIFIQUE
POSSESSIONS ESPAGNOLES
ET PORTUGAISES
au XVIᵐᵉ Siècle
Histoire Générale
de Mʳ Edgar Zevort

4. En 1524 seulement, le roi **Jean III** comprit qu'il y avait ingratitude à oublier plus longtemps ce glorieux serviteur du Portugal : il le nomma *vice-roi des Indes*, et lui confia le commandement d'une nouvelle expédition. C'est, dit-on, dans ce voyage, que Vasco voyant ses matelots terrifiés par un soulèvement subit de la mer, résultat d'un tremblement de terre sous-marin, leur dit avec calme : « *Ne craignez rien, la mer tremble devant nous.* »

CAMOENS, célèbre poëte portugais (1524-1579), auteur des *Lusiades*, poëme qui retrace toute l'histoire du Portugal enchâssée dans le récit des voyages de Vasco de Gama.

5. Vasco de Gama mourut à Cochin (C. p. 123. — E.), trois mois après son arrivée aux Indes.

6. Cet intrépide marin, qui suivit le premier la route des Indes, a rendu au commerce et à la navigation un service presque aussi grand que Christophe Colomb. Vasco de Gama est le héros des *Lusiades*, le poème national des Portugais, œuvre du Camoëns.

7. *Vasco de Gama, après avoir rendu de grands services à son pays, languit vingt ans dans l'inaction et la disgrâce : le roi Jean III s'est honoré en lui rendant le commandement d'une escadre.*

RÉSUMÉ BIOGRAPHIQUE A APPRENDRE PAR CŒUR

1. Vasco de Gama naît en 1469 : sa jeunesse est peu connue.

2. Avec quatre bâtiments et 160 hommes, Vasco de Gama va de Lisbonne aux Indes. Son retour fut fêté avec enthousiasme.

3. En 1502, Vasco de Gama qui a fait un second voyage aux Indes est accueilli froidement comme l'avait été Colomb à Cadix, en 1497.

4. Vingt-deux ans plus tard Vasco de Gama est renvoyé aux Indes.

5. Il y meurt en 1524.

6. Vasco de Gama est le héros des *Lusiades* de Camoëns.

7. Les nations, comme les souverains, s'honorent en récompensant ceux qui les ont glorieusement servis.

EXERCICES ORAUX OU ÉCRITS

1. Quand naquit Vasco de Gama? — 2. Comment va-t-il de Lisbonne aux Indes? — 3. Quel accueil lui fait-on après son second voyage? — 4. Au bout de combien de temps est-il renvoyé aux Indes? — 5. Y mourut-il? — 6. Camoëns parle-t-il, dans ses œuvres, de Vasco de Gama? — 7. Comment les nations reconnaissent-elles les services rendus?

MAGELLAN (1470-1521)

MEMENTO GÉOGRAPHIQUE. — Porto, *v. du Portugal, à l'embouchure du Douro.* — Amérique, *l'une des cinq parties du monde.* — Cap de Bonne-Espérance, *cap situé à l'extrémité S. de l'Afrique.* — Indes, *nom donné à deux grandes presqu'îles de l'Asie mér., l'Hindoustan et l'Indo-Chine.* — Moluques, *archipel de la Malaisie (Océanie).* — Portugal, *roy. de l'Europe mér., cap. Lisbonne.* — Espagne, *État de l'Europe mér., cap. Madrid.* — Séville, *v. d'Espagne, anc. cap. de l'Andalousie.* — Brésil, *empire de l'Amérique mér., cap. Rio-de-Janeiro.* — Sainte-Lucie, *l'une des petites Antilles.* — Saint-Julien, *baie de l'Amérique mér.* — Patagonie, *territoire au sud de l'Amérique mér.* — Feu (*Terre de*), *archipel situé au midi de l'Amérique mér.* — Pacifique (*Océan*), *entre l'Asie et l'Australie à l'O., et l'Amérique* *à l'E.* — MARIANNES (*îles*), *autrefois îles des Larrons, archipel de la Polynésie (Océanie).* — PHILIPPINES (*îles*), *archipel de la Polynésie (Océanie).* — MASSANA ET ZÉBU, *îles Philippines (Océanie).* — BORNÉO, *grande île de la Malaisie.*

Lecture

I

1. Fernando de Magalhaens, dont nous avons fait *Magellan,* appartenait à une des grandes familles du Portugal. Il naquit à Porto vers la fin du xve siècle et reçut une bonne instruction à la cour des rois Jean II et Emmanuel le Fortuné.

2. Les navigateurs de ce siècle cherchaient la route des Indes, *Christophe Colomb* **avait** découvert à l'ouest l'Amérique et *Vasco de Gama* avait, à l'est, doublé le Cap de Bonne-Espérance. (C. p. 235. — S.) C'est **Magellan** qui eut la gloire de relier les découvertes de ces deux célèbres navigateurs, c'est donc lui qui fit le premier le tour du monde.

3. Magellan fit d'abord partie de l'expédition de *François d'Alméïda,* premier vice-roi des Indes, puis avec *Albuquerque* il découvrit l'archipel des Moluques; mais de retour en Portugal il fut si mal accueilli, qu'il renonça à sa nationalité et alla offrir ses services à l'Espagne.

4. Appuyé par un personnage influent, *Juan de Aranda,* il fut présenté au roi Charles Ier, auquel il exposa avec habileté ses plans, s'engageant à conduire ses vaisseaux aux îles Moluques (C. p. 183. — O.) en passant au sud de l'Amérique. Le roi lui arma une flotte de cinq vaisseaux, à condition qu'il participerait aux bénéfices de l'expédition.

5. Magellan commandait en personne un de ces navires, la *Trinité,* son équipage comptait 260 hommes. Il partit le 20 septembre 1519 du port de Séville, San Lucar de Barraméda, sans que son équipage se doutât du projet hardi qu'il tentait d'exécuter.

6. Après trois mois de navigation, pendant lesquels le mauvais vouloir et l'insolence des capitaines des autres navires s'étaient manifestés, la flottille aborda au Brésil (C. p. 123, S. O.), dans la rade de *Sainte-Lucie*, où fut bâtie plus tard la capitale du Brésil, *Rio-de-Janeiro*.

7. Ils arrivèrent dans la baie de *Saint-Julien*, où ils résolurent de passer la mauvaise saison. C'est à ce moment qu'une insurrection éclata à bord des

MAGALHAENS (Fernando de) d'où nous avons fait MAGELLAN, naquit à Porto vers la fin du xve siècle. Ce fut le premier navigateur qui fit le tour du monde, il découvrit entre la Patagonie et la Terre de Feu le détroit qui porte son nom. il traversa l'Océan Pacifique et fut tué en combattant les naturels des îles Philippines.

navires, suscitée par leurs capitaines. Magellan, grâce à son énergie, conjura le péril, et, pour terrifier les mutins, condamna deux de leurs capitaines à un atroce supplice.

II

8. Après avoir pris possession de la *Patagonie* au nom du roi d'Espagne, Magellan mit à la voile et découvrit, le 21 octobre 1520, le détroit qui porte son nom, entre la Patagonie et la Terre de Feu. (C. p. 123.)

9. Vingt-sept jours après, Magellan déboucha dans l'océan Pacifique. La traversée dura trois mois pendant lesquels l'équipage était privé de nourriture fraîche ; de plus, une épidémie se déclara : le *scorbut*, qui fit des ravages dans la flotte.

10. Les premières îles qu'ils rencontrèrent furent nommées *îles des Larrons,* parce que les indigènes volèrent tout ce qu'ils trouvèrent à bord. Plus tard, le roi d'Espagne Philippe IV leur donna le nom d'*îles Mariannes,* en l'honneur de Marie d'Autriche, sa femme.

11. Au mois de mars 1521, Magellan découvrit les *îles Philippines*, qu'il appela *archipel de Saint Lazare.* Il convertit les rois de Massana et de Zébu au catholicisme ; en échange il leur promit sa protection contre leurs ennemis.

NAVIRE ESPAGNOL AU XVᵉ SIÈCLE

12. Un des petits rois de l'île voisine de Matam refusait de reconnaître le roi d'Espagne. Magellan arma trois chaloupes, dont il prit le commandement.

13. En combattant, Magellan fut blessé par une flèche empoisonnée, et ses compatriotes, en nombre trop faible, furent obligés de le laisser entre les mains des naturels du pays.

14. Les navires reprirent leur voyage de retour, ils passèrent par Bornéo et les Moluques. Le roi de

Portugal, craignant que Magellan n'annexât à l'Espagne les nouvelles terres découvertes, faisait rechercher ses navires sur toutes les mers pour les détruire.

15. A cette nouvelle, les Espagnols, à qui il ne restait que deux navires, se séparèrent et prirent des routes différentes pour échapper aux recherches de leurs ennemis; un seul eut le bonheur de regagner l'Espagne.

16. Vasco de Gama avait, pour ainsi dire, doublé le cap de Bonne-Espérance malgré lui. La découverte du passage qui relie l'Atlantique au Pacifique, n'est point un effet du hasard, elle est due au génie de Magellan. Ce voyage, qui lui permit de faire le premier le *tour du monde*, dura 1,124 jours.

RÉSUMÉ BIOGRAPHIQUE A APPRENDRE PAR CŒUR

1. Fernando de Magalhaens ou Magellan, issu d'une grande famille du Portugal, naquit à Porto à la fin du XVe siècle.

2. Magellan eut la gloire de relier les découvertes de Colomb et de Vasco de Gama.

3. Magellan fut d'abord sous les ordres de François d'Alméïda, mais c'est au service d'Albuquerque, vice-roi des Indes, qu'il découvre l'archipel des Moluques.

4. Présenté par Juan de Aranda au roi Charles Ier, Magellan obtient une flotte de cinq vaisseaux.

5. Magellan partit le 20 septembre 1519 du port de Séville, San Lucar de Barraméda.

6. Après trois mois d'une traversée périlleuse, la flottille arriva au Brésil dans la rade de Sainte-Lucie.

7. Arrivé dans la baie de Saint-Julien, Magellan, grâce à son énergie, se rend maître d'une insurrection qui avait éclaté à bord.

8. Magellan prend possession de la Patagonie et découvre, le 21 octobre 1520, le détroit qui porte son nom.

9. Pendant la traversée de l'océan Pacifique, qui dura trois mois, le scorbut se déclara à bord et fit des ravages dans l'équipage.

10. Les premières îles qu'ils rencontrèrent furent nommées îles des Larrons et plus tard îles Mariannes.

11. Au mois de mars 1521, Magellan découvrit les îles Philippines qu'il appela archipel de Saint-Lazare.

12. Magellan alla combattre un des rois de l'île voisine de Matam.

13. Blessé en combattant, Magellan dut être laissé aux mains de ses ennemis par ses compatriotes trop peu nombreux.

14. Les navires revinrent par Bornéo et les Moluques, poursuivis par le roi de Portugal qui voulait les détruire.

15. Pour échapper aux recherches de leurs ennemis, les deux navires prirent des routes différentes, un seul put regagner l'Espagne.

16. Magellan trouva le passage qui relie l'Atlantique au Pacifique, et fit ainsi le premier le tour du monde en 1,124 jours.

EXERCICES ORAUX OU ÉCRITS.

1. Quand naquit Magellan? Reçut-il une bonne instruction? — 2. Que cherchaient alors les navigateurs et quelle fut la gloire de Magellan? — 3. Dites quelle fut sa première découverte. — De retour en Portugal, que fit-il? — 4. A qui fut-il présenté en Espagne? — 5. A quelle époque et où Magellan s'embarqua-t-il?— 6. Où la flottille aborda-t-elle? — 7. Que se passa-t-il dans la baie de Saint-Julien? — 8. Dites quel est le détroit qu'il découvrit le 21 octobre 1520. — 9. Combien de temps dura la traversée de l'océan Pacifique, quelle est la maladie qui éclata à bord? — 10. Quelles furent les premières îles qu'ils rencontrèrent? — 11. Dites ce que fit Magellan au mois de mars 1521? — 12. Qui alla-t-il combattre? — 13. Comment mourut Magellan? — 14. Par où revinrent les navires? Qu'avait résolu le roi de Portugal? — 15. Que firent les Espagnols pour échapper à leurs ennemis? — 16. A quoi est due cette découverte? Qu'est-ce qu'elle permit?

MICHEL-ANGE (1474-1564)

MEMENTO GÉOGRAPHIQUE. — VENISE, *port au N. de
la mer Adriatique.* — BOLOGNE, *anc. ville des États de l'Église.*
— CARRARE, *v. de la prov. de Massa (Italie).*

Lecture

I

1. Michel-Ange est le plus grand artiste et le plus

MICHEL-ANGE BUONAROTTI, le plus grand sculpteur, le plus grand architecte et
l'un des plus grands peintres qui aient jamais existé, naquit en 1474, d'une noble famille
florentine, et mourut à quatre-vingt-dix ans, en 1564.

complet qui ait jamais existé : peintre, architecte,
sculpteur, poète, il a excellé dans tous les genres.

Il naquit près de Florence, le 6 mars 1475, de l'ancienne et pauvre famille des *Buonarotti*. Son père qui cultivait un petit domaine avait plusieurs enfants : les uns furent mis dans le commerce ; Michel-Ange fut envoyé dans une école de Florence pour y apprendre la grammaire. Il allait souvent voir sa nourrice, dont le mari était tailleur de pierre, et prenait grand plaisir à manier les outils de l'ouvrier. Déjà, sans doute, il s'exerçait à sculpter. Quand il eut treize ans, on le mit dans l'atelier de **Ghirlandajo**, le meilleur peintre de l'époque, et quelque temps après les débuts de Michel-Ange dans la peinture, Ghirlandajo, disait avec admiration : *Ce jeune homme en sait plus que moi.*

2. Le célèbre *Laurent de Médicis* gouvernait alors Florence : il avait fondé dans les jardins de Saint-Marc une école de sculpture où Michel - Ange fut admis.

Un jour que Laurent de Médicis visitait ses sculpteurs, il aperçut Michel-Ange en train d'achever une figure de vieux faune. L'artiste avait laissé au faune toutes ses dents. Laurent de Médicis en fit l'observation ; sans mot dire, Michel-Ange, d'un coup de maillet,

LAURENT DE MÉDICIS, surnommé LAURENT LE MAGNIFIQUE, naquit à Florence en 1448 et mourut en 1492. Après l'assassinat de son frère Julien en 1478, il continua à gouverner Florence par l'ascendant de sa fortune, de ses manières affables, de son goût éclairé pour les lettres et les arts. Son troisième fils, Jean de Médicis, fut pape sous le nom de *Léon X*.

fit adroitement sauter l'une des dents. Laurent fut

si satisfait, qu'il reçut Michel-Ange à sa table, le donna pour compagnon à son fils et lui accorda une petite pension que l'artiste envoyait à son père.

3. Michel-Ange était plein de cœur; il était aussi plein d'esprit et raillait volontiers ses camarades moins bien doués que lui. L'un d'eux, qu'il taquinait, perdit patience et lui envoya un si vigoureux coup de poing, qu'il lui brisa le nez. Il en resta défiguré.

4. Après la mort de son protecteur Laurent le Magnifique, Michel-Ange se rendit à Venise et de là à Bologne (Carte p. 79. — E.), où il passa une année, puis à Rome, où il resta six ans, de 1496 à 1501. Revenu à Florence, il exécuta le *David gigantesque* que l'on admire sur la place du Palais-Vieux. En 1505, le pape **Jules II** le rappela à Rome pour lui faire construire le tombeau qu'il se destinait. Jules II prit tant de goût pour Michel-Ange qu'il fit établir une communication entre le palais et l'atelier du peintre, qu'il allait souvent visiter.

LÉON X (d'après Raphaël).

LÉON X, troisième fils de Laurent de Médicis, fut pape en 1513, après Jules II; il protégea les lettres, vécut dans l'intimité des plus grands artistes de la Renaissance et donna son nom à son siècle. Né en 1475, à Florence, il mourut à Rome, en 1521.

II

5. Michel-Ange n'exécuta que quelques statues destinées au tombeau de Jules II, entre autres les deux captifs du Musée du Louvre ; le

pape ayant renoncé à son projet, refusa de payer les mariniers qui avaient apporté à Rome le marbre de Carrare (C. p. 79. — S.), et refusa sa porte à Michel-Ange. L'artiste, justement blessé, s'enfuit durant la nuit et revint à Florence. Le pape menaça Florence d'excommunication si Michel-Ange ne lui était rendu. On le lui renvoya comme ambassadeur de la République Florentine. En signe de réconciliation, il fit, à Bologne, une statue colossale en bronze de Jules II, qui fut malheureusement brisée par le peuple pendant les troubles de 1511. Quand Michel-Ange fut de retour à Rome, Jules II, sur le conseil de Bramante, le célèbre architecte, lui confia le soin de peindre la voûte de la chapelle appelée *Sixtine**, du pape Sixte IV. Il commença en 1508 et termina en 1512, quelques mois avant la mort de Jules II.

6. Sous le pape **Léon X**, Michel-Ange, pendant six ans, ne fut occupé qu'à surveiller l'exploitation des marbres de Carrare, destinés à reconstruire l'église San Lorenzo, de Florence.

7. Ce n'est qu'après la mort de Léon X qu'il entreprit sérieusement à Florence la construction du tombeau des Médicis; mais il fut interrompu dans cette tâche par la mission que lui confia la République de fortifier Florence : il s'en acquitta comme un véritable ingénieur, et quand la ville fut assiégée, en 1530, il la défendit comme un brave soldat.

8. Michel-Ange se remit alors au tombeau des Médicis, et sculpta la statue de Laurent le Magnifique, qu'il appela le *Penseur*, deux statues d'hommes, le *Jour* et le *Crépuscule*, et deux statues de femmes, l'*Aurore* et la *Nuit*. La statue de la Nuit était si belle, que les poètes la chantèrent, et l'un d'eux, **Strozzi**, fit en son honneur quatre vers qui sont toujours restés célèbres.

Cette statue, disait-il, *que tu vois dormir dans un si doux abandon, fut sculptée par un ange. Elle est vivante puisqu'elle dort; éveille-la si tu en doutes : elle te parlera.*

Michel-Ange répondit également en vers :

Il m'est doux de dormir et plus doux encore d'être de marbre. Tant que durent le malheur et la honte, c'est un bonheur pour moi que de ne pas voir et de ne rien sentir; ne m'éveille donc pas; de grâce! parle bas!

III

9. Le tombeau des Médicis, dans la sacristie de San-Lorenzo, à Florence, est l'œuvre la plus remarquable qu'ait jamais produite aucun sculpteur.

Du tombeau des Médicis, Michel-Ange revient à celui de Jules II, à Rome. Ce tombeau ne fut entièrement terminé qu'en 1550 : on peut le voir dans l'église de Saint-Pierre-ès-Liens. La statue de Moïse en est le principal ornement.

En même temps, Michel-Ange achevait, dans la chapelle Sixtine, la fresque représentant le *Jugement dernier,* qui est sa plus admirable peinture.

10. Tour à tour sculpteur, peintre, poète, Michel-Ange fut chargé, en 1546, par le pape

STATUE DE MOÏSE, par Michel-Ange.

Paul III, de refaire le plan de Saint-Pierre de Rome : c'est sous sa direction que le monument fut construit jusqu'en 1562; c'est sur ses dessins qu'il fut achevé en 1598. Michel-Ange est donc le véritable architecte du monument de Saint-Pierre de Rome : il a donné à l'édifice son caractère de grandeur et de majesté.

11. *Michel-Ange mourut à Rome, le 15 février 1564, à quatre-vingt-dix ans. Un monument lui fut élevé à Rome dans l'église des Saints-Apôtres, et à Florence dans l'église Santa Croce, après que le duc Cosme Ier y eût fait transporter ses cendres. Le monde n'a pas connu de plus grand artiste.*

RÉSUMÉ BIOGRAPHIQUE A APPRENDRE PAR CŒUR

1. Michel-Ange, à treize ans, entre dans l'atelier du peintre Ghirlandajo.

2. Il devient le compagnon du fils de Laurent de Médicis.

3. Michel-Ange est défiguré par un camarade.

4. Michel-Ange voyage avant d'être retenu à Rome par Jules II.

5. Après s'être brouillé et réconcilié avec Jules II Michel-Ange est chargé de peindre la chapelle Sixtine.

6. Michel-Ange, sous le pape Léon X, surveille l'exploitation des marbres de Carrare.

7. Michel-Ange fortifie et défend Florence.

8. Il achève le tombeau des Médicis, à Florence.

9. Michel-Ange commence le tombeau de Jules II, à Rome, et achève le *Jugement dernier* dans la chapelle Sixtine.

10. Architecte, Michel-Ange a dressé les plans de Saint-Pierre de Rome.

11. Le monde n'a pas connu de plus grand artiste que Michel-Ange.

EXERCICES ORAUX OU ÉCRITS

1. Que fait Michel-Ange à l'âge de treize ans ? — 2. De qui devient-il le compagnon ? — 3. Comment est-il défiguré ? — 4. Que fit-il avant d'être retenu à Rome ? — 5. Dans quels rapports est-il avec Jules II et de quoi est-il chargé ? — 6. Dites ce qu'il fait sous Léon X ? — 7. Que fait-il pour la sécurité de Florence ? — 8. Quel est le monument qu'il acheva ? — 9. Quelles sont les œuvres qu'il laisse à Rome ? — 10. Comme architecte, quels plans dresse-t-il ? — 11. Pouvez-vous citer un plus grand artiste ?

BERNARD PALISSY (1510-1590)

MEMENTO GÉOGRAPHIQUE. — La Capelle-Biron, *village du Lot-et-Garonne.* — Faenza, *v. du N. de l'Italie, près de Ravenne.* — Saintes, *chef-lieu d'arr. de la Charente-Inf.* — Ecouen, Sèvres, *chefs-lieux de c. du dép. de Seine-et-Oise.*

Lecture

I

1. C'est à La Capelle-Biron, vers 1510, que naquit **Bernard Palissy**, d'un ouvrier de ce petit bourg. Il fut son propre maître, il fit son apprentissage sans secours et sans guides, et c'est à force de persévérance, de labeur et de génie, qu'il parvint à recouvrir ses poteries d'une pâte qui, en passant au four, entrait en fusion et devenait l'*émail*. Il avait vu un vase italien de la ville de Faenza (Carte

BERNARD PALISSY, créateur de la céramique en France, célèbre par ses beaux vases de terre ornés de figures artistement sculptées. Bernard Palissy, qui fut modeste, grand savant et grand artiste, est un admirable exemple de persévérance dans le travail.

page 79. — S.-E.), d'où est venu le nom de *faïence* appliqué à certaines poteries, et c'est en voyant ce vase qu'il avait résolu de trouver un secret connu alors des seuls Italiens. Avant d'entreprendre les travaux qui devaient le conduire à cette belle découverte, Palissy avait été ouvrier dans une verrerie, puis arpenteur-géomètre. Les connaissances en peinture et en dessin qu'il acquit dans ces deux métiers lui permirent de gagner sa vie en allant de ville en ville, de province en province, voyant beaucoup, retenant beaucoup aussi, comme tous ceux qui savent voyager, et accumulant dans sa mémoire tout un trésor d'observations.

2. En 1535, après de longues pérégrinations, il s'établit à Saintes (C. p. 96. — O.), il s'y marie, et bientôt, possédé d'une idée fixe, il cherche le secret de l'émail. Il broie et mélange les matières qu'il étale ensuite sur des tessons de pots; il construit un four chez lui, il l'alimente, quand le bois vient à lui manquer, avec les étais de son jardin, avec les tables et le plancher de sa maison, il s'expose aux reproches de sa femme, aux railleries de ses voisins qui le prennent pour un fou, et après seize années de ce travail acharné, il obtient un émail blanc, admirablement beau. Mais au prix de quelles souffrances était-il arrivé à ce résultat! « *J'étais,* nous dit-il, *tout tari et desséché par* « *la chaleur du fourneau; il y avait plus d'un mois* « *que ma chemise n'avait séché sur moi.* »

3. Les peintres et les graveurs ont représenté Palissy en face de son fourneau, attendant avec anxiété le résultat de la cuisson. A aucun moment de sa vie le grand ouvrier n'a été plus grand que lorsque seul, raillé, bafoué, il a eu cette conscience de son génie, cette confiance invincible dans le résultat de ses efforts.

4. La renommée lui vint rapidement. On parla dans toute la Saintonge des plats de Palissy, de ses pièces rustiques, comme il les appelait, ornées de fruits, de coquillages, de reptiles, de poissons. Attiré à Paris par le *connétable de Montmorency,* Palissy est chargé d'orner de poteries son château d'Écouen. Tous les seigneurs de l'époque se le disputent, ils veulent lui faire embellir leurs châteaux ou leurs jardins, et la

reine mère, **Catherine de Médicis**, lui accorde, avec le titre « *d'inventeur des rustiques figulines* du roi* », un emplacement dans le sous-sol des Tuileries pour ses fourneaux.

II

5. Les chagrins et les ennuis arrivèrent à Palissy presque en même temps que les honneurs ; il avait

LE ROI HENRI III VISITE PALISSY A LA BASTILLE

« Sire, vous m'avez dit plusieurs fois que vous aviez pitié de moi, et moi j'ai pitié, à mon tour, de vous, qui avez prononcé ces mots : *Je suis contraint*. Ce n'est pas là parler en roi. »

embrassé la religion réformée, et pendant son séjour à Saintes, il n'avait échappé à la persécution que par la protection de Montmorency. Pendant la Saint-Barthélemy, il fut protégé par la situation qu'il occupait à la cour ; mais, plus tard, au milieu des fureurs de la Ligue, il fut jeté à la Bastille* en 1588, et il y mourut quelques mois après, à la fin de 1589 ou au commencement de 1590.

6. Il n'est pas certain que le roi **Henri III** ait été visiter Palissy à la Bastille; il faut pourtant rappeler les paroles que l'on a prêtées au roi et la belle réponse du prisonnier : « Mon bonhomme, dit Henri III, il y a quarante-cinq ans que vous êtes au service de ma mère et de moi; nous avons enduré que vous ayez vécu dans votre religion au milieu des feux et des massacres. Maintenant, je suis tellement pressé par ceux des Guises et par mon peuple, que je me vois contraint de vous livrer entre les mains de mes ennemis et que demain vous serez brûlé si vous ne vous convertissez. »

— Sire, répondit le *bonhomme*, je suis prêt à donner mon reste de vie pour l'honneur de Dieu. Vous m'avez dit plusieurs fois que vous aviez pitié de moi, et moi j'ai pitié, à mon tour, de vous, qui avez prononcé ces mots : *Je suis contraint*. Ce n'est pas là parler en roi, sire, et ce sont paroles que ni vous, ni les Guises, ni votre peuple ne pourront jamais me faire prononcer. Je sais mourir. »

7. Le musée de Cluny*, celui de Sèvres, une des salles du Louvre, sont remplis des chefs-d'œuvre attribués à Palissy, à ses fils *Nicolas* et *Mathurin,* ou à ses élèves. Le potier de terre n'eut pas seulement la gloire de faire une véritable révolution dans la céramique : il fut l'un des premiers savants de son siècle; il sut tout ce que l'on pouvait savoir alors de physique, de chimie, d'histoire naturelle; il écrivit des ouvrages comme la *Recette véritable,* comme les *Discours admirables,* aussi remarquables par la profondeur de la pensée et par l'étendue des connaissances que par le charme de la langue.

8. *Le travail conduit à l'immortalité plus sûrement que la naissance et que la richesse : la ville d'Agen a élevé une statue à un ouvrier potier et à un ouvrier coiffeur, à Bernard Palissy et à Jacques Jasmin.*

RÉSUMÉ BIOGRAPHIQUE A APPRENDRE PAR CŒUR

1. Bernard Palissy fut d'abord ouvrier verrier, puis arpenteur géomètre.

2. Établi à Saintes, Bernard Palissy y cherche le secret de l'émail.

3. A aucun moment de sa vie, Palissy n'a désespéré.

4. Palissy est nommé *inventeur des rustiques figulines du roi*.

5. Palissy est persécuté à cause de sa religion.

6. Palissy enfermé à la Bastille refuse d'abjurer.

7. Palissy est à la fois un artiste, un savant et un écrivain.

8. Deux agenois, Palissy et Jasmin, tous deux enfants du peuple, ont conquis l'immortalité par leur travail.

EXERCICES ORAUX OU ÉCRITS

1. Par quels métiers passa Bernard Palissy? — 2. Établi à Saintes quel but cherche-t-il à atteindre? — 3. S'est-il découragé? — 4. Quel titre lui donne-t-on? — 5. Pourquoi est-il persécuté? — 6. Abjure-t-il sa religion? — 7. Ne fut-il qu'un artiste? — 8. Palissy et Jasmin ont-ils droit à l'immortalité?

SHAKESPEARE (1564-1616)

MEMENTO GÉOGRAPHIQUE. — STRATFORD-SUR-AVON, *v. du comté de Warwick.*— JUTLAND, *anc. Chersonèse cimbrique, aujourd'hui Danemark.*

Lecture

I

1. William Shakespeare, le plus grand auteur dramatique de l'Angleterre, naquit à Stratford-sur-Avon (C. p. 148), en 1564, l'année de la mort de Michel-Ange. Il était le fils d'un propriétaire-fermier qui fut élu par ses concitoyens *bailli* de Stratford,* et qui reçut

des lettres de noblesse en 1568. William resta jusqu'à
l'âge de seize ou dix-sept ans dans la principale école
de Stratford, où il apprit le grec et le latin. Vers 1580,

WILLIAM SHAKESPEARE, le plus grand auteur dramatique de l'Angleterre, naquit à
Stratford en 1564, et mourut en 1616, le jour anniversaire de sa naissance. Shakespeare
joua lui-même dans les pièces qu'il composait, comme Molière; les plus célèbres de
ses pièces sont : *Roméo et Juliette, Henri IV, Macbeth, Hamlet.*

pour ne pas rester à la charge de son père qui avait
une nombreuse famille, il chercha à gagner sa vie et
fut tour à tour maître d'école et clerc de procureur*.
En 1582, il épousa la fille d'un propriétaire, *Anne Hat-
traway,* plus âgée que lui de huit ans : ce mariage ne

fut pas heureux, et, en 1585, William abandonnant sa femme et ses enfants, s'enfuit à Londres où il s'engagea dans une troupe de théâtre. Il joua comme acteur, il retoucha d'anciennes pièces, il en composa de nouvelles et il réussit si bien, qu'en 1588, il était devenu propriétaire d'une partie du théâtre de Blackfriars.

2. Le métier d'acteur, à cette époque, était presque considéré comme déshonorant : il exposait celui qui s'y livrait aux moqueries et au mépris des honnêtes gens. Il faut dire aussi que les acteurs justifiaient cette opinion par leur genre de vie, et Shakespeare, en particulier, n'eut pas dans sa jeunesse une existence bien exemplaire. La tentation des plaisirs faciles était grande : il y céda complètement.

Ces plaisirs ne l'empêchaient pas de produire avec une remarquable fécondité. Les œuvres qui ont fait sa gloire sont : *Roméo et Juliette* qui fut représenté vers 1593, *Richard III* vers 1595, *Henri IV* vers 1597. Il ramassa une grosse fortune et put quitter le vieux théâtre de Blackfriars qui ne jouait que pendant l'été, pour s'installer dans le théâtre du Globe qu'il avait fait construire à ses frais. En 1597, il était retourné à Stratford, avait acheté la plus belle maison de la ville et y avait installé ses vieux parents, sa femme et ses deux filles.

3. De retour à Londres, Shakespeare donna, en 1603, *Hamlet* et *Othello;* en 1605, *Macbeth;* en 1613, *Henri VIII.* Le théâtre du Globe, dont il était devenu directeur en 1607, ayant pris feu pendant la représentation de *Henri VIII,* Shakespeare abandonna la carrière dramatique et alla passer à Stratford les dernières années de sa vie. Son revenu était, par an, de 25,000 francs, qui représentent au moins, 125,000 fr. d'aujourd'hui. Sa vie fut pourtant très simple : il ne s'occupa plus que de son jardin, de ses fleurs, de ses arbres, en particulier d'un mûrier, le premier qu'on eût vu à Stratford, qui fut appelé le *mûrier de Shakespeare.*

II

4. Il mourut le 23 avril 1616, le jour anniversaire de sa naissance, et fut enterré dans la principale église de Stratford. On lui a élevé un monument dans l'abbaye de Westminster*, à Londres, en 1740, et en 1864 les Anglais ont célébré solennellement le troisième centenaire de sa naissance.

5. Shakespeare est le plus grand des auteurs dramatiques après Molière; les principaux types créés par son génie sont ceux de Falstaff dans *Henri IV,* d'Hamlet, de Macbeth, de Desdémone dans *Othello,* de Juliette dans *Roméo et Juliette.*

6. *Falstaff* est un personnage historique qui combattit les Français à la fin de la guerre de Cent ans et qui exerça des charges importantes en Angleterre. Ce n'est pas lui que Shakespeare a mis en scène dans *Henri IV* et dans les *Joyeuses commères de Windsor,* mais un Falstaff imaginaire dont il a fait un type de vieux beau, de poltron et d'ivrogne

Au large et joyeux corps gonflé de vin d'Espagne.

(A. DE MUSSET.)

Hamlet était, d'après une vieille légende, le fils d'un roi du Jutland. Ce roi aurait été assassiné par Fengo, son frère, et Hamlet, pour échapper au même sort, aurait dû contrefaire la folie. Shakespeare met en scène, outre Hamlet, sa mère qui a épousé le meurtrier Fengo; Polonius, vieux courtisan, dont la fille Ophélia est aimée d'Hamlet; et Laerte, frère d'Ophélia.

Comme Fengo, *Macbeth* est arrivé par un crime au trône d'Écosse; c'est la peinture de ses remords qui fait tout l'intérêt du drame de Shakespeare.

7. *Shakespeare, admiré et compris par ses contem-*

porains, n'a été compris et admiré par les étrangers que longtemps après sa mort. Sa gloire est désormais impérissable.

RÉSUMÉ BIOGRAPHIQUE A APPRENDRE PAR CŒUR

1. A vingt et un ans, Shakespeare abandonne son pays, sa famille, pour s'engager dans une troupe de théâtre.

2. A cette époque, le métier d'acteur était considéré comme déshonorant.

3. Shakespeare, à Londres, devient directeur du théâtre du Globe et fait fortune.

4. Shakespeare va mourir dans son pays, à Stratford, en 1616.

5. Shakespeare est le plus grand des auteurs dramatiques, après Molière.

6. *Desdémone, Juliette, Falstaff, Hamlet, Macbeth, Othello,* sont les principaux types créés par Shakespeare.

7. La gloire de Shakespeare, proclamée par les étrangers aussi bien que par les Anglais, est impérissable.

EXERCICES ORAUX OU ÉCRITS

1. Que fit Shakespeare à l'âge de vingt et un ans ? — 2. A cette époque les acteurs étaient-ils bien considérés? — 3. Shakespeare ne devient-il pas directeur d'un théâtre ?—4. Où meurt-il, et en quelle année?—5. Comme auteur dramatique, après qui peut-on le placer? — 6. Citez les principaux types créés par Shakespeare ? — 7. La gloire de Shakespeare est-elle immortelle?

GALILÉE (1564-1642)

MEMENTO GÉOGRAPHIQUE.— PISE, *v. du roy. d'Italie.* — FLORENCE, *v. d'Italie sur l'Arno.*

Lecture

1. Galilée, l'illustre astronome, naquit à Pise (C. p. 79. — S.) la même année que Shakespeare,

en 1564, d'une famille noble. Son père voulut faire de lui un musicien; mais il avait tant de goût pour les mathématiques, il construisait dès l'âge de dix ans des machines si remarquables, qu'on le mit à l'Université de Pise, l'une des plus célèbres de l'Europe, où il fit d'excellentes études. Il était encore élève de l'Université en 1583, et il n'avait pas dix-neuf ans quand il fit une magnifique découverte.

Un jour, à l'église, il remarqua qu'une lampe que le bedeau venait d'allumer conservait un mouvement d'aller et retour et que ce mouvement, grand ou petit, avait toujours la même durée. Galilée venait de trouver la *théorie du pendule**, l'une des grandes lois de la physique.

2. A partir de cette époque ses découvertes se succédèrent rapidement; il construisit une lu-

GALILÉE, célèbre astronome italien, naquit à Pise en 1564, fut professeur de mathématiques dans cette ville, puis à Padoue où la foule se pressait à ses cours, et revint en Toscane où il fut nommé premier mathématicien de l'Université de Pise. Cité devant le tribunal de l'Inquisition de Rome en 1633, accusé d'avoir enseigné la stabilité du soleil au centre du monde et le mouvement de la terre, il dut abjurer solennellement. Il put, du reste, continuer ses études sans être inquiété et mourut en 1642.

nette qui grossissait les objets et qui lui permit de distinguer les montagnes de la lune, les taches de Jupiter*, l'anneau de Saturne*. Ces découvertes conduisirent Galilée à penser, comme un illustre astronome danois, **Copernic**, que la terre tournait autour du soleil, et que le soleil était immobile au centre du monde.

3. Cette opinion, en contradiction avec des textes sacrés, ne pouvait être émise sans danger au XVIe siè-

cle. Galilée en fit l'épreuve. On ne l'inquiéta pas tant qu'il demeura à Venise; il commit l'imprudence, sur les sollicitations du grand-duc de Toscane, de venir à Florence (C. p. 79), et dès lors il fut assailli de persécutions. Les prêtres déclarèrent qu'il était absurde, faux en philosophie et formellement hérétique de soutenir que le soleil était immo-

GALILÉE DEVANT LE TRIBUNAL DE L'INQUISITION

Galilée, âgé de soixante-dix ans, pour ne pas être brûlé vif, dut, à genoux, abjurer toutes les vérités qu'il avait enseignées. On prétend qu'en se relevant et en essuyant ses vêtements, il se serait écrié : « *E pur si muove!* (Et pourtant elle se meut). »

bile, au centre du monde. Galilée ayant publié un livre dans lequel il opposait le système du monde d'après *Copernic* au système du monde d'après *Ptolémée*, on le cita devant le tribunal de l'inquisition*, à Rome, en 1633.

4. Après un procès de vingt jours, on exigea de lui une abjuration de sa doctrine. Il s'y soumit; à genoux devant un tribunal de cardinaux et d'évêques il déclara que la terre était immobile; mais, en se

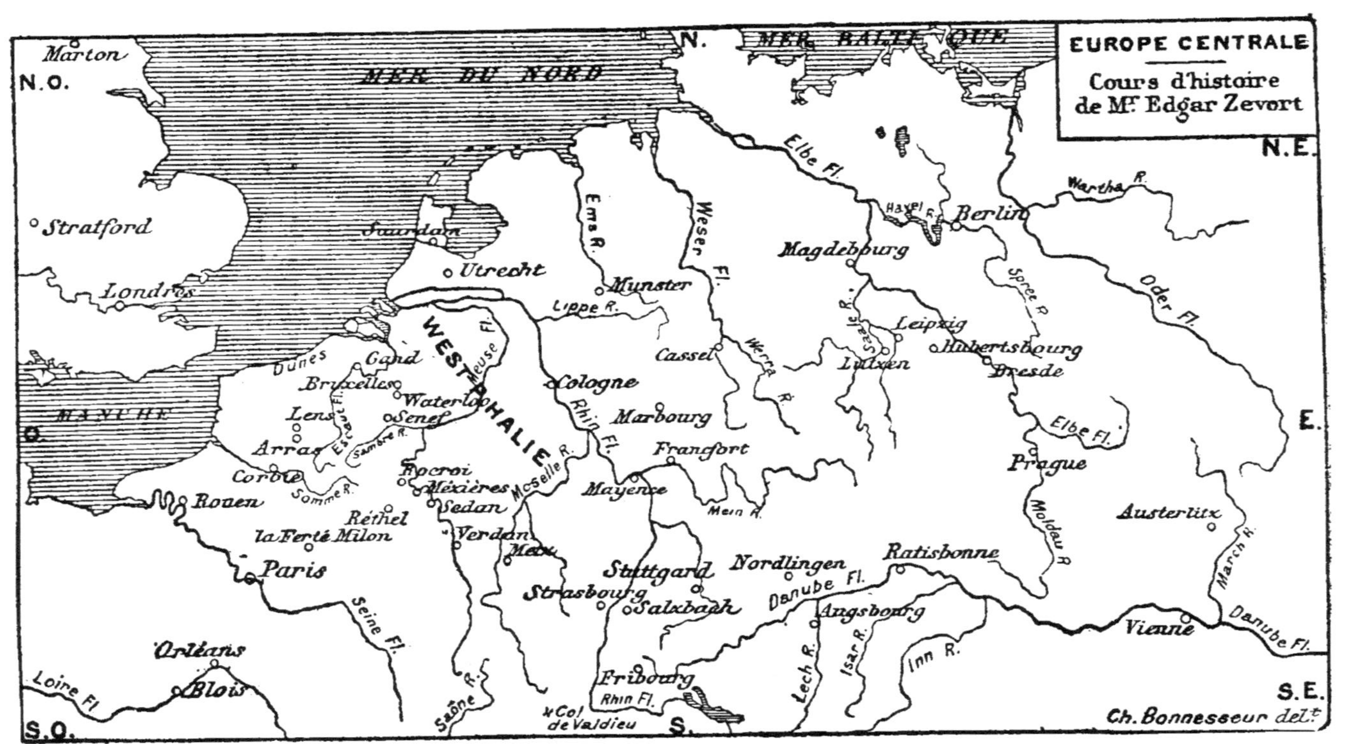

EUROPE CENTRALE
Cours d'histoire
de Mr Edgar Zevort
Ch. Bonnesseur del.t
N.O.
N.
N.E.
O.
E.
S.O.
S.
S.E.
MER DU NORD
MER BALTIQUE
MANCHE
Marton
Stratford
Londres
Saardam
Utrecht
Munster
Ems R.
Weser Fl.
Elbe Fl.
Berlin
Haxel Fl.
Magdebourg
Wartha R.
Spree R.
Oder Fl.
Leipzig
Hubertsbourg
Dresde
Saale R.
Lutzen
Cassel
Werra R.
Elbe Fl.
Prague
WESTPHALIE
Dunes
Gand
Bruxelles
Waterloo
Senef
Lens
Arras
Corbie
Rouen
Rocroi
Mézières
Sedan
Réthel
la Ferté Milon
Verdan
Metz
Paris
Meuse Fl.
Cologne
Marbourg
Rhin Fl.
Francfort
Mayence
Mein R.
Moselle R.
Sambre R.
Somme R.
Seine Fl.
Moldau R.
Austerlitz
March R.
Stuttgard
Strasbourg
Salzbach
Nordlingen
Ratisbonne
Danube Fl.
Augsbourg
Lech R.
Isar R.
Inn R.
Vienne
Danube Fl.
Orléans
Blois
Loire Fl.
Saône R.
Fribourg
Rhin Fl.
Col de Valdieu
Lippe R.

relevánt, il la frappa, dit-on, du pied et s'écria : « *E pur si muove! (Et pourtant elle se meut!)* » Elle se meut, en effet, et d'un double mouvement; elle tourne sur elle-même en vingt-quatre heures; elle tourne autour du soleil en un an.

5. Galilée avait soixante-dix ans quand il dut abjurer. Rendu à la liberté quelques mois après le jugement, il se remit au travail, il publia un nouvel et important ouvrage en 1638, il forma des élèves comme **Torricelli**, l'inventeur du baromètre, et il mourut à soixante-dix-huit ans, en 1642, la même année que notre grand Richelieu.

6. *La postérité sait réparer les injustices des contemporains : Galilée, que l'Inquisition a condamné, est plus connu par cette condamnation que par ses plus glorieuses découvertes.*

RÉSUMÉ BIOGRAPHIQUE A APPRENDRE PAR CŒUR

1. A 19 ans, Galilée trouve la théorie du pendule.

2. Galilée pensait, comme Copernic, que la terre tournait autour du soleil.

3. L'Église n'admettant pas cette opinion, il fut assailli de persécutions.

4. Galilée, cité devant le tribunal de l'Inquisition, à Rome, fut forcé d'abjurer.

5. Galilée forma des élèves comme Torricelli qui inventa le baromètre.

6. Les hommes de génie peuvent être méconnus de leur vivant : la postérité leur rend toujours justice.

EXERCICES ORAUX OU ÉCRITS

1. Quelle découverte fait Galilée à l'âge de dix-neuf ans ? — 2. Quelle était son opinion sur le mouvement de la terre? — 3. Était-ce l'opinion de l'É- glise ? — 4. Cité devant le tribunal de l'Inquisition, que fit-il ? — 5. Eut-il des élèves? — 6. La postérité est-elle injuste envers les hommes de génie ?

POUSSIN (1594-1665)

MEMENTO GÉOGRAPHIQUE. — Les Andelys, *chef-lieu d'arr. du dép. de l'Eure.* — Poitou, *anc. prov. de l'O. de la France.*

Lecture

I

1. Nicolas Poussin, fils d'un gentilhomme que la guerre n'avait pas enrichi, naquit aux Andelys, en 1594, et apprit les éléments de la peinture dans l'atelier d'un assez bon artiste nommé *Quentin Varin.* Dès qu'il sentit le besoin d'un enseignement plus complet, il eut vite pris son parti. A pied, le sac au dos, gagnant sa vie tout le long du chemin, en peignant des dessus de porte, il arriva ainsi à Paris : on était en 1613 et il n'avait que dix-neuf ans.

NICOLAS POUSSIN, né près des Andelys en 1594, mourut à Rome, où il passa la plus grande partie de sa vie, en 1665. Devenu célèbre après des débuts longs et pénibles, il ne revint en France qu'à la demande expresse du cardinal de Richelieu et retourna en Italie en 1641. Les Italiens le comparaient à Raphaël. Ses tableaux font l'ornement des principaux musées de l'Europe.

2. A Paris, Poussin traversa les ateliers de deux peintres peu connus, cherchant toujours ses vrais maîtres, qui furent **Raphaël** et **Jules Romain**. Il vit enfin, chez un mathématicien du roi, nommé *Courtois,* une belle collection de gravures d'après les tableaux de ces grands peintres, et dès lors sa voie était toute tracée. Il en fut détourné un moment par un voyage en Poitou (C. p. 96. — O.) : un gentilhomme poitevin, qui s'intéressait à lui, l'emmena comme une sorte de valet de chambre; il se lassa bien vite de cette servitude et regagna Paris, comme il l'avait fait une première fois, en peignant de petits tableaux pour vivre.

3. Un troisième voyage mena Poussin jusqu'à Florence. Il y put admirer quelques-uns des chefs-d'œuvre de Michel-Ange et de Raphaël. Forcé par le manque de ressources de revenir en France, il se mit à étudier avec soin l'anatomie, si nécessaire aux peintres qui veulent représenter exactement le corps humain ; il épargna, sur le produit de ses tableaux, de quoi recommencer le voyage de Rome, et il se remit en route. Une grave maladie l'arrêta à Lyon. A peine guéri, il dut se mettre au travail pour s'acquitter envers ceux qui l'avaient soigné et pour gagner de quoi revenir à Paris, où nous le retrouvons en 1623.

RICHELIEU (Armand-Jean du Plessis), cardinal et duc de) né à Paris en 1585, mort en 1642, le plus grand homme d'Etat qu'ait eu la France. Député aux États-Généraux de 1614, secrétaire d'Etat pour la guerre et les affaires étrangères (1616), cardinal (1622). Premier ministre de Louis XIII (1624), il détruisit l'importance politique des protestants par la prise de La Rochelle (1628). Il fonda l'Académie française en 1635. En 1717, Pierre le Grand dans son voyage en France s'écria, en voyant la statue de Richelieu, à la Sorbonne : « *Grand homme, je t'aurais donné la moitié de mes Etats pour apprendre de toi à gouverner le reste.* »

II

4. C'est à ce moment que Poussin connut un poète italien, **Marino**, qui lui procura d'utiles relations et lui facilita, en 1624, le voyage à Rome, qu'il désirait faire depuis si longtemps. Poussin y séjourna jusqu'en 1640, s'y maria avec la fille d'un Français, s'y perfectionna dans l'histoire, dans l'anatomie, dans toutes les sciences utiles au peintre, et ne consentit à revenir à Paris que sur l'ordre exprès de Richelieu.

5. Poussin n'était encore qu'un débutant en 1624 : en 1640, il était un grand artiste. Le **cardinal de**

ÉLIÉZER ET RÉBECCA (Tableau de Nicolas Poussin au *Musée du Louvre*).

Richelieu, qui se connaissait en hommes, l'embrassa en le voyant, lui fit donner le titre de *peintre du roi,* et voulut qu'il logeât au Louvre. Il n'y passa pas deux ans : les intrigues de la cour, les critiques de quelques peintres jaloux de sa gloire, rebutèrent ce sage qui préférait sa liberté aux honneurs et aux richesses.

6. En 1642, il obtint un congé pour aller mettre ordre à ses affaires à Rome : Richelieu mourut peu après, et Poussin, ayant perdu son protecteur, se crut dégagé de la promesse qu'il avait faite de revenir à Paris. Il continua à travailler pour la France, qui possède au Louvre presque tous ses chefs-d'œuvre, il conserva le titre et les émoluments de peintre du roi, et il forma tous les grands peintres français de ce siècle, *Lebrun, Lesueur, Mignard.* Mais il resta en Italie et il mourut à Rome en 1665.

7. Le Louvre possède de nombreux tableaux de Poussin ; les plus célèbres sont les *Quatre Saisons,* le *Jugement de Salomon, Éliézer et Rébecca, Diogène jetant son écuelle* et le *Portrait de Poussin par lui-même.*

8. Aucune vie, mieux que celle de Nicolas Poussin, ne montre où peuvent conduire le courage avec la persévérance. *Personne n'a rencontré plus d'obstacles : insuffisance de l'éducation première, maladie, pauvreté. Il a pourtant triomphé de tout ; il est mort, sinon dans la richesse, au moins dans l'aisance qu'il devait à son travail, et il a laissé un nom glorieux. L'Italie, au* XVIIe *siècle, n'a pas eu un artiste plus grand que lui.*

RÉSUMÉ BIOGRAPHIQUE A APPRENDRE PAR CŒUR

1. Nicolas Poussin, né aux Andelys, en 1594, vient à pied à Paris.

2. Poussin se rend dans le Poitou, comme valet de chambre ; mais vite lassé de cette servitude, il revient péniblement à Paris.

3. Poussin va jusqu'à Florence en peignant des tableaux pour vivre.

7.

4. Poussin étudie l'anatomie et entreprend le voyage de Rome : la maladie l'arrête à Lyon.

5. Poussin arrive à Rome en 1624 : il y reste 16 ans.

6. Appelé en France par Richelieu, Poussin retourne à Rome à la mort du cardinal.

7. Le Louvre possède des tableaux de Poussin.

8. La vie de ce grand artiste est un puissant encouragement au travail.

EXERCICES ORAUX OU ÉCRITS

1. Où est né Poussin? Comment se rend-il à Paris? — **2.** Dans le Poitou, quel métier fait-il ? — **3.** En se dirigeant sur Florence, comment gagne-t-il sa vie? — **4.** Quelle est la science qu'il étudie et quel voyage entreprend-il? — **5.** Combien de temps Poussin reste-t-il à Rome? — **6.** Par qui fut-il rappelé en France, et quand retourne-t-il à Rome? — **7.** Où trouvons-nous des tableaux de Poussin? — **8.** Sa vie est-elle d'un bon exemple?

TURENNE (1611-1675)

MEMENTO GÉOGRAPHIQUE. — SEDAN, *ch.-l. d'arr. des Ardennes, sur la Meuse.* — FRIBOURG, *v. du duché de Bade, au pied de la Forêt-Noire.* — NORDLINGEN, *v. de Bavière.* — WESTPHALIE, *contrée entre le Rhin et le Weser.* — RETHEL, *sous-préf. des Ardennes.* — BLÉNEAU, *chef-lieu de cant. de l'Yonne.* — COL-DE-VALDIEU, *dans la trouée de Belfort, entre les Vosges et le Jura.* — SALZBACH, *village du grand-duché de Bade.*

Lecture

I

1. C'est en 1611, à Sedan (C. p. 148 — O.), si tristement célèbre depuis la guerre de 1870, que naquit le plus grand capitaine du XVIIe siècle, **Henri de la Tour d'Auvergne,** *vicomte de Turenne.* Dès l'âge de dix ans Turenne montrait déjà un grand courage. On raconte qu'il voulut coucher un soir sur les remparts comme les soldats que commandait son père.

Pensant que cette permission lui serait certainement refusée, il s'enfuit à la faveur de l'obscurité. On le chercha longtemps; enfin on le trouva profondément endormi, au milieu de la neige, sur l'affût d'un canon.

Son père le prit par le bras et s'écria : « Alerte, voici l'ennemi ! »—« L'ennemi ! dit Turenne en s'éveillant, qu'il vienne, je l'attends ! »

A quatorze ans, il participa à la guerre que ses oncles, *Maurice et Henri de Nassau,* soutenaient, dans les Pays-Bas, contre l'Espagne : protestant, Turenne combattit naturellement dans les rangs des protestants de la Hollande, dont les chefs étaient alliés à sa famille ; noble, il servit dans l'infanterie que les nobles dédaignaient et à laquelle ils préféraient la cavalerie. C'est pourtant l'infanterie qui gagne les batailles ; la cavalerie ne fait qu'achever la victoire.

TURENNE, né à Sedan, le 11 septembre 1611, tué par un boulet de canon à Salzbach, le 27 juillet 1675.

2. Turenne avait vingt-huit ans, quand il se révéla, en 1639, comme un habile capitaine ; les Français luttaient alors dans le Piémont contre les Espagnols ; avec 2,000 hommes seulement, contre plus de 9,000, il fit une de ces retraites que les hommes de guerre préfèrent avec raison à la plus belle victoire. Il est plus facile, en effet, de remporter un succès qui est souvent dû au hasard, que de maintenir des soldats démoralisés par un échec ; c'est dans ce cas que le général doit faire preuve de sang-froid autant que de courage, qu'il doit exercer sur les hommes qu'il commande une influence décisive. Turenne, entre autres qualités du grand général, avait une remarquable présence d'esprit et une action très grande sur les soldats, qu'il aimait autant qu'il en était aimé. Il était vraiment leur père à tous.

3. Très apprécié du cardinal de Richelieu, Turenne fut nommé *maréchal de camp,* en 1634, et *lieutenant général* en 1639. Ces deux grades correspondaient à peu près à ceux de général de brigade et de général de division. Quelques mois après la mort de Richelieu, Turenne était *maréchal de France,* en 1643 : il avait alors 32 ans. Il fut vainqueur, en 1644, à la bataille de Fribourg (C. p 148. — S.), où il combattait sous les ordres du *grand Condé :* celui-ci avait à peine vingt-deux ans.

4. Resté seul à la tête des troupes françaises, en face des Impériaux ou *soldats de l'empire d'Allemagne,* Turenne fut battu à Nordlingen (C. p. 148.—S.), en 1645; mais il répara cette défaite par de belles manœuvres et par deux victoires qui préparèrent la *paix de Westphalie,* l'une des plus glorieuses que la France ait signées.

MAZARIN (Jules). — Né à Rome le 14 juillet 1602, mort à Vincennes, le 9 mars 1661.

Le traité de Westphalie mettait fin à la guerre de Trente ans : la France, au sortir de cette guerre, traversa une période de guerre civile appelée la Fronde. Turenne oubliant un moment son devoir, se prononça contre la cour et contre le cardinal Mazarin, et se fit battre à Rethel (C. p. 148. — O.) par le maréchal Duplessis-Praslin.

5. Cette erreur du grand capitaine ne fut heureusement pas longue. Il reparut bientôt à la tête des troupes françaises et fut opposé à Condé, devenu à son tour le chef des rebelles et le vainquit à Bléneau. Lorsque **Condé** prit le commandement des Espagnols, Turenne le battit de nouveau à Arras en 1654, aux

Dunes en 1658 (Carte page 148. — O.), et par ces victoires il prépara la *paix des Pyrénées*, en 1659, comme il avait préparé la paix de Westphalie, en 1648.

II

6. Turenne, nommé *maréchal général des camps et armées de France*, en 1660, prit part aux deux guerres que la France eut à soutenir contre une partie de l'Europe, en 1667 et en 1672. C'est dans cette dernière guerre, appelée la *guerre de Hollande*, qu'il fit, pendant l'hiver de 1674-1675, sa dernière et sa plus belle campagne. Il avait été forcé d'évacuer l'Alsace devant les forces supérieures que commandait son digne rival, le général autrichien *Montecuculli*. Il se retira derrière les Vosges et feignit de prendre ses quartiers d'hiver en Lorraine. Tout d'un coup, malgré le froid et la neige, Turenne entraîne ses hommes vers le sud de la Lorraine, franchit le col de Valdieu (Carte p. 148. — Sud), arrive en Alsace et remonte rapidement au nord, entre les Vosges et le

MADAME DE SÉVIGNÉ (d'après le portrait du Musée de Versailles).

MADAME DE SÉVIGNÉ, célèbre écrivain français, née à Paris en 1626, mourut en 1696. Ses *lettres* la placent au nombre des meilleurs écrivains du XVIIe siècle.

Rhin. Les Impériaux, surpris par la brusquerie de cette attaque, sont partout vaincus et rejetés en désordre derrière le Rhin. Turenne allait les attaquer à *Salzbach* (C. p. 148. — S.) sur un champ de bataille qu'il avait choisi, quand il fut emporté par un boulet de canon, le 27 juillet 1675.

7. Madame de Sévigné, qui fut un des grands écrivains du siècle de Louis XIV, écrivit sur la mort de Turenne une admirable lettre. On lit dans cette lettre : « Ne croyez pas que son souvenir soit déjà fini dans ce pays-ci : ce fleuve qui entraîne tout n'entraîne pas sitôt une telle mémoire ; elle est consacrée à l'immortalité. J'étais l'autre jour chez M. de La Rochefoucauld... la conversation dura deux heures sur les qualités de ce véritable héros ; tous les yeux étaient baignés de larmes et vous ne sauriez croire combien la douleur de sa perte est profondément

MORT DE TURENNE

Turenne fut tué par un boulet de canon au moment où il se disposait à attaquer l'ennemi. Frappé en pleine poitrine, il tomba sur le cou de son cheval.

gravée dans les cœurs... chacun conte l'innocence de ses mœurs, la pureté de ses intentions, son humilité éloignée de toute sorte d'affectation, la solide gloire dont il était plein, sans faste et sans ostentation, aimant la vertu pour elle-même, sans se soucier de l'approbation des hommes. »

8. Le corps de Turenne, ramené à Paris au milieu des populations en larmes, fut placé dans la sépulture

des rois, à Saint-Denis. Plus tard, en 1800, Napoléon fit transporter ses cendres aux Invalides. C'est là qu'elles reposent avec celles des plus grands hommes de guerre de notre pays.

Turenne fut un grand tacticien, c'est-à-dire qu'il connut et pratiqua merveilleusement l'art d'employer les trois armes principales, infanterie, cavalerie et artillerie, dans les terrains et positions qui leur sont favorables.

RÉSUMÉ BIOGRAPHIQUE A APPRENDRE PAR CŒUR

1. Turenne est né à Sedan, en 1611.

2. Turenne, à 28 ans, se révèle comme un habile capitaine.

3. Richelieu a nommé Turenne maréchal de camp, puis lieutenant général.

4. Battu à Nordlingen, Turenne répare cette défaite par des victoires qui amènent la *paix de Westphalie (1648).*

5. Turenne, opposé à Condé, le bat à Arras et aux Dunes.

6. Turenne couronne sa carrière par l'admirable campagne d'Alsace.

7. Madame de Sévigné a écrit une belle lettre sur la mort de Turenne.

8. Les cendres de Turenne ont été transportées de Saint-Denis aux Invalides.

EXERCICES ORAUX OU ÉCRITS

1. Où et quand est né Turenne? — 2. Que fait-il à vingt-huit ans? — 3. Quels sont les grades que lui donne Richelieu? — 4. Comment répare-t-il sa défaite de Nordlingen? — 5. Où bat-il Condé? — 6. Comment termine-t-il sa carrière? — 7. Qu'a écrit Mme de Sévigné sur sa mort? — 8. Où furent déposées ses cendres?

PIERRE CORNEILLE (1606-1684)

MEMENTO GÉOGRAPHIQUE. — CORBIE, *ch.-l. de c. sur la Somme.* — LA FERTÉ-MILON, *petite v. du dép. de l'Aisne.*

Lecture

I

1. La vie de **Pierre Corneille** offre peu d'événements remarquables. Il naquit en 1606, à Rouen, C. p. 213. — N-O.) où son père était maître des eaux et forêts ; il fut élevé chez les Jésuites qui étaient alors à peu près les seuls instituteurs de la jeunesse et il étudia d'abord les lois pour être avocat. Mais cette étude ne lui plaisait guère : à l'âge de vingt-trois ans il fit une comédie qui fut représentée avec succès ; d'autres la suivirent et Corneille renonça définitivement au barreau pour le théâtre.

2. Le cardinal de Richelieu le protégea d'abord et lui fit une pension ; mais Corneille montrait trop peu de docilité. Il

PIERRE CORNEILLE, le plus grand poète tragique de la France, naquit à Rouen en 1606 et mourut à Paris en 1684. Il eut deux frères, Thomas et Antoine, qui s'adonnèrent également à la poésie.

avait la prétention de donner son avis sur les pièces que composait Richelieu ; le poète et le ministre ne pouvaient s'entendre : Corneille reprit sa liberté et il en usa si bien qu'en 1636 sa tragédie du *Cid* eut un succès prodigieux. Jamais sur un théâtre, auteur n'avait été plus applaudi. Jamais non plus auteur n'avait plus mérité de l'être.

3. Tout Paris voulut voir *Chimène* et *Rodrigue*, les héros du Cid, entendre les beaux vers qu'ils débitaient, les grands sentiments qu'ils exprimaient. Richelieu seul ne partagea pas l'enthousiasme général et il fit demander à l'Académie française qu'il avait fondée, d'examiner la pièce de Corneille. L'Académie française, tout en faisant des critiques, prouva son indépendance en déclarant que la pièce était très belle.

4. Corneille avait blessé Richelieu dans son amour-propre littéraire; il augmenta son ressentiment en faisant représenter une tragédie où il n'était question que de l'héroïsme des Espagnols. On dit que Richelieu fut aussi alarmé, quand le *Cid* parut, que s'il avait vu les Espagnols devant Paris. Les Espagnols n'en étaient pas loin : l'année du Cid est aussi l'*année de la prise de Corbie* (C. p. 148. — O.) et l'on comprend que le patriotisme du grand ministre, qui voyait l'ennemi sur notre territoire, se soit ému.

5. Corneille faisait aussi l'éloge du duel que Richelieu interdisait en France, et cela non plus n'était pas fait pour plaire au cardinal. Mais sa jalousie dura peu puisqu'il continua à lui faire payer une pension, même après la représentation et le succès de sa pièce.

II

6. A la tragédie du Cid succédèrent coup sur coup plusieurs chefs-d'œuvre : *Horace, Cinna, Polyeucte,* le *Menteur* et d'autres pièces dont on a dit qu'elles avaient créé le théâtre français.

Corneille, après avoir remporté ces triomphes, fit jouer, en 1653, une pièce qui échoua complètement et il abandonna le théâtre pour travailler à une traduction en vers de l'*Imitation de Jésus-Christ*. Mais on ne se résigne pas facilement à dire adieu pour toujours au public qui vous a applaudi, aux acteurs qui ont fait valoir vos vers, qui ont donné la vie à vos personnages. Corneille fit de nouvelles pièces, inférieures à celles de sa jeunesse; un nouveau poète, plus jeune que lui, **Racine**, était alors en possession de la faveur publique : on comparait les vers *harmonieux* de Racine aux vers *raboteux* de Corneille vieilli, et l'avantage restait à Racine. Corneille, dédaigné du public, mourut presque pauvre, en 1684.

7. Les œuvres de Corneille que nous avons citées suffisent à sa gloire. Eût-il fait encore plus de mauvaises pièces, il est et restera le *grand Corneille*, comme Condé, malgré ses fautes et ses erreurs, est resté le *grand Condé*. Corneille avait été élu, en 1647, membre de

RACINE, célèbre poète, naquit à La Ferté-Milon en 1639. Les plus fameuses tragédies de Racine sont : *Andromaque*, *Phèdre*, *Britannicus*, *Esther* et *Athalie*. Ses poésies expriment les sentiments les plus doux. C'est encore à Racine que nous devons les *Plaideurs*, comédie dans laquelle il plaisante avec finesse les gens qui ont la manie des procès.

l'Académie française; il y fut remplacé par son frère *Thomas Corneille*, poète comme lui, de dix-neuf ans plus jeune que lui.

8. *Pierre et Thomas Corneille épousèrent les deux sœurs et vécurent pendant vingt-cinq ans sous le même toit, dans la plus touchante intimité.*

RÉSUMÉ BIOGRAPHIQUE A APPRENDRE PAR CŒUR

1. Corneille, destiné au barreau, préfère le théâtre.

2. Corneille donne le *Cid* en 1636. Cette tragédie eut un succès prodigieux.

3. L'Académie française, tout en critiquant le *Cid*, déclare la pièce très belle.

4. C'est par patriotisme que Richelieu blâmait le *Cid*.

5. La jalousie de Richelieu ne dura pas : il continua à faire payer une pension à Corneille.

6. Corneille, après le *Cid*, donne *Horace*, *Cinna*, *Polyeucte*, le *Menteur*. Il quitte le théâtre en 1653.

7. Corneille fut de l'Académie française en 1647.

8. Pierre et Thomas Corneille vécurent dans une touchante intimité.

9. Pierre Corneille mourut en 1684.

EXERCICES ORAUX OU ÉCRITS

1. Quelle carrière embrasse Corneille? — **2.** Quelle pièce donne-t-il en 1636? — **3.** Quelle est l'opinion émise par l'Académie française? — **4.** — A quoi attribuer la haine de Richelieu pour le *Cid?* — **5.** La jalousie de Richelieu dura-t-elle longtemps? — **6.** Citez les pièces qu'il donne après le *Cid?* — Que fait-il en 1653? — **7.** A quelle époque entra-t-il à l'Académie française? — **8.** Comment vécurent Pierre et Thomas Corneille? — **9.** En quelle année mourut Pierre Corneille?

CONDÉ (1621-1686)

MEMENTO GÉOGRAPHIQUE. — ROCROI, *sous-préf. des Ardennes.* — LENS, *ch-l. de c. du Pas-de-Calais.* — SENEF, *v. de Belgique (Hainaut).* — CHANTILLY, *petite v. de l'Oise.*

Lecture

I

1. Louis II de Bourbon, qui s'appela du vivant de son père le *duc d'Enghien,* plus tard le *prince de Condé,* et qui est connu dans l'histoire sous le nom glorieux du *grand Condé,* naquit à Paris en 1621. En 1636, âgé de quinze ans seulement, le jeune prince fit ses premières armes dans la guerre de Trente ans où la France était alors engagée contre l'Espagne et contre l'Autriche. Sept ans plus tard, on lui confiait le commandement en chef de l'armée française : il attaquait hardiment à Rocroi (C. p. 148. — O.) l'infanterie espagnole qui passait pour la plus solide de l'Europe et il enfonçait ses vieux bataillons. On était alors en 1643, au début du règne de Louis XIV qui n'avait que cinq ans, et cette glorieuse victoire était remportée par un général de vingt-deux ans.

2. L'année suivante, à Fribourg, **Condé** battait *Mercy*, le meilleur général de l'Allemagne. En 1645, nouvelle victoire remportée à Nordlingen. En 1648, c'est en Artois qu'ont lieu les opérations militaires et que se produisent les succès de Condé : à Lens il écrase encore une fois l'infanterie espagnole et, par ce dernier succès, facilite la signature de la *paix de Westphalie*. (C. p. 148. — O.)

CONDÉ (Louis II de Bourbon, prince de), surnommé *le grand Condé*. — Illustre capitaine, né à Paris, le 8 septembre 1621, mort à Fontainebleau, le 8 décembre 1686.

3. Grand général, comme Turenne, Condé ne ressemblait guère à Turenne. Autant celui-ci était calme, prudent, ménager du sang de ses soldats, autant Condé était impétueux, hardi, prompt à l'attaque, aussi peu soucieux de la vie des hommes que de la sienne.

II

4. Une guerre civile, la *Fronde*, éclata en France après la guerre de Trente ans. Condé fut d'abord du parti de la cour contre les Frondeurs, et il disait noblement à l'un de ceux-ci : « *Je m'appelle Louis de Bourbon et ne veux point ébranler les couronnes.* » Malheureusement il montra tant d'orgueil, tant de hauteur, que la *régente, Anne d'Autriche*, et le *car-*

dinal Mazarin, alors premier ministre, le firent arrêter et emprisonner. Sorti de prison, il se déclara d'abord contre la cour et ensuite contre la France elle-même : il alla servir dans les rangs des Espagnols, il commanda leurs armées, il lutta contre les Français et contre Turenne. Vaincu à Arras et aux Dunes (C. p. 148), il fit sa soumission et rentra en

A la *bataille de la Porte Saint-Antoine* à Paris, l'armée de Condé avait été maltraitée par Turenne qui commandait l'armée royale. MADEMOISELLE DE MONTPENSIER, la *grande Mademoiselle*, comme on l'appelait, sauva Condé en faisant tirer le canon de la Bastille sur l'armée royale.

grâce, quand fut signée la *paix des Pyrénées,* en 1659.

5. Dès lors Condé ne servit plus que la France; il fut plus heureux à la tête de ses concitoyens qu'à la tête des ennemis : toutes ses campagnes furent marquées par des succès. En 1668, il conquit la Franche-Comté en trois semaines; en 1674 il battit *Guillaume d'Orange,* à Senef (Carte p. 148. — O.); en 1675, après la mort de Turenne, il protégea l'Alsace menacée par le général autrichien *Montecuculli.* Après ces hauts faits, Condé se retira dans le château de Chantilly (Oise), où il vécut jusqu'à son dernier jour entouré de poètes, de savants, de grands orateurs, comme Bossuet, qui devait prononcer dans un magnifique langage son oraison funèbre. Condé mourut, en 1686, à Fontainebleau, où il s'était rendu auprès de sa petite-fille malade de la petite vérole.

6. Comme caractère, Condé fut loin de valoir Turenne; son ton méprisant, ses railleries, ses violences lui firent bien des ennemis parmi ses contemporains. Mais il eut aussi des amis illustres; et les *Boileau,* les *Racine,* les *La Bruyère,* les *Bossuet* ont défendu sa mémoire devant la postérité.

7. *Tous les grands hommes sont faits pour se comprendre: Bossuet aimait et admirait Condé et Condé lui-même pleurait en entendant les vers de Corneille.*

RÉSUMÉ BIOGRAPHIQUE A APPRENDRE PAR CŒUR

1. A vingt-deux ans Condé remporte la victoire de Rocroy.

2. Condé triomphe encore à Fribourg, à Nordlingen, à Lens.

3. Autant Turenne était calme et prudent, autant Condé était impétueux et hardi.

4. Pendant la Fronde, Condé passe à l'ennemi et commande les Espagnols.

5. Rentré en grâce, en 1659, Condé sert glorieusement la France jusqu'en 1675.

6. Condé, à qui ses violences et ses railleries firent des ennemis, eut cependant des amis illustres qui défendirent sa mémoire.

7. Le grand Condé pleurait en entendant les vers du grand Corneille.

EXERCICES ORAUX OU ÉCRITS

1. Quelle victoire remporte Condé à vingt-deux ans? — 2. Où triomphe-t-il encore?— 3. Comparez Turenne et Condé. — 4. Que fait-il pendant la Fronde? — 5. Après sa rentrée en grâce est-il dévoué à son pays? — 6. Eut-il des amis? — 7. Comment admirait-il Corneille?

PAPIN (1647-1710)

MEMENTO GÉOGRAPHIQUE. — Marbourg, Cassel, *v. de Prusse.* — Port-Royal, *abbaye près de Chevreuse (Seine-et-Oise).* — Weser, *affluent de la mer du Nord.*

Lecture

I

1. Denis Papin, né à Blois (C. p. 148. — S.-O.) en 1647, était le fils d'un conseiller du roi, receveur des domaines*, qui appartenait à la religion protestante. Se destinant à la médecine, Denis alla faire ses études à l'Université protestante d'Angers (Carte page 213. — O.), et de là se rendit à Paris, où il fut en relations avec un savant anglais, le célèbre *Huyghens* qui lui donna des leçons de mathématiques, d'astronomie et qui finit par l'attirer à Londres.

2. C'est à Londres, en 1681, que Papin fit paraître un livre sous ce titre bizarre : *Manière d'amollir les os et de faire cuire la viande en peu de temps et à peu de frais.* Quel était donc le secret découvert par

DENIS PAPIN, illustre savant né à Blois, en 1647, dut s'expatrier à la suite de la révocation de l'Edit de Nantes. Il mourut à Marbourg (Allemagne) en 1710.

Papin? Il consistait simplement à mettre les os ou la viande dans une marmite hermétiquement fermée, remplie d'eau aux deux tiers, et de porter cette eau à une température élevée, supérieure à celle qui la fait entrer en ébullition dans un vase ouvert.

3. La *marmite de Papin,* considérablement agrandie et modifiée, avec sa soupape de sûreté, est devenue la chaudière où se produit la vapeur qui fait fonctionner la plupart de nos machines et nos locomotives.

4. A la même époque, d'autres savants, *Otto de Gué-ricke, Torricelli, Pascal* venaient de découvrir et de mesurer la pression atmosphérique. Papin le premier songea à utiliser cette puissance, en même temps que la force élastique de la vapeur. Sa chaudière était un cylindre : la vapeur faisait monter le piston dans le cylindre et la pression atmosphérique le faisait descendre.

PASCAL (Blaise), né à Clermont-Ferrand en 1662, fut un des plus beaux génies et un des plus grands savants du XVIIe siècle. Il inventa la *brouette*, le *haquet* et la *presse hydraulique*. — En 1648, il constata la pesanteur de l'air. — Pascal se retira à Port-Royal-des-Champs, en 1654, où il composa ses *Provinciales* et ses *Pensées* publiées après sa mort.

5. La machine à vapeur de Papin, dite *machine atmosphérique*, est la première qui ait pu être appliquée à l'industrie. Elle contenait en germe les machines à vapeur si variées aujourd'hui et qui excitent à juste titre notre admiration.

II

6. Ce n'est pas en France que Papin fit sa grande découverte. Le roi **Louis XIV** régnait alors : il voulut, en 1685, que tous ses sujets fussent catholiques, comme il l'était lui-même, et il retira aux protestants le droit que **Henri IV** leur avait accordé de pratiquer leur religion. Tous ceux qui ne voulurent pas se convertir durent quitter la France : Papin fut du nombre. Il s'exila; il vécut tour à tour en Angleterre et en Allemagne, où on lui fit d'abord le plus honorable accueil. Il professa dans deux villes d'Allemagne, à Marbourg et à Cassel, où ses leçons furent très applaudies. (C. p. 148. — C.)

7. A la joie de se voir compris et apprécié succéda bientôt pour Papin le tourment et le chagrin de se voir méconnu. Ce grand homme, non content d'avoir fait une admirable découverte, voulut en faire profiter ses semblables. Il fit construire un bateau muni de roues que sa machine aurait mises en mouvement. On prétend que les bateliers du Weser, jaloux de Papin, irrités contre une invention qui allait les ruiner

Les bateliers du Weser détruisent le bateau de Denis Papin.

en rendant les rameurs inutiles, mirent son bateau en pièces. Il se passera plus d'un siècle avant que l'idée du bateau à vapeur soit reprise et réalisée par *Fulton*.

8. Papin avait consacré ses dernières ressources à la construction de son bateau : sa fin fut misérable. Ni en Angleterre où il retourna, ni en Allemagne où il revint mourir, en 1710, ses travaux ne furent appréciés à leur vraie valeur.

9. *C'est la postérité qui devait rendre justice au savant et à son invention. Blois lui a élevé une statue, son nom est connu partout et sa découverte a changé la face du monde.*

1. Papin étudie à Angers, à Paris, à Londres.

2. Papin publie son livre sur la manière d'amollir les os et de faire cuire la viande.

3. La marmite de Papin est devenue la chaudière où se produit la vapeur.

4. Papin utilise la pression atmosphérique et la force élastique de la vapeur.

5. La machine de Papin a été appelée machine atmosphérique.

6. La révocation de l'Édit de Nantes force Papin à quitter la France.

7. Les bateliers du Weser brisent le bateau de Papin.

8. Papin meurt ruiné en 1710.

9. La découverte de Papin a changé la face du monde. La ville de Blois lui éleva une statue.

EXERCICES ORAUX OU ÉCRITS

1. Où Papin fit-il ses études? — 2. Quel est le livre qu'il publie? — 3. Quelle transformation a subie la marmite de Papin? — 4. Quel avantage tira-t-il de la vapeur? — 5. Comment a-t-on appelé sa machine? — 6. A quoi le force la révocation de l'Édit de Nantes? — 7. Que font les bateliers du Weser? — 8. Comment meurt Papin? — 9. Quel fut le résultat de sa découverte?

PIERRE LE GRAND (1672-1725)

MEMENTO GÉOGRAPHIQUE. — Azov, *v. du S. de la Russie, sur le Don.* — Saardam, *v. de Hollande, près d'Amsterdam.* — Poltava, *v. au S. de la Russie d'Europe.* — Pruth, *affluent du Danube.* — Nystadt, *port de la Finlande, sur le golfe de Bothnie.*

Lecture

I

1. Le 9 juin 1672, le czar* *Alexis Michaëlowitz* eut un fils qui reçut le nom de **Pierre**. Quatre ans plus tard,

il mourait et son fils aîné, Fédor, lui succédait. **Fédor** ne vécut que six ans après son avènement. A sa mort, en 1682, son plus jeune frère, **Pierre**, n'avait que dix ans.‌ Quelques nobles voulurent le proclamer czar, parce qu'ils espéraient posséder tout le pouvoir pendant sa minorité : leur calcul fut déjoué par les *strélitz*. Ces strélitz étaient des soldats qui formaient la garde des czars et qui imposaient leurs volontés aux czars eux-mêmes; ils voulurent que l'on proclamât les trois enfants d'Alexis : *Ivan, Pierre* et leur sœur *Sophie*. Ivan était faible d'esprit, Pierre était un enfant, Sophie seule était capable de gouverner, et seule elle exerça lé pouvoir de 1682 à 1689.

2. Pendant ces sept années, le jeune Pierre, confié aux soins du Génevois *Lefort,* reçut une bonne éducation militaire; il organisa les jeunes nobles que l'on avait placés auprès de lui en une petite armée dont il fut le commandant, et quand cette armée fut assez

PIERRE LE GRAND, czar de Russie, né à Moscou en 1672, n'a que dix ans à la mort de son frère aîné Fédor III : sa sœur, Sophie, gouverne jusqu'au jour où il la fait enfermer dans un monastère en 1689. Il entreprend alors de régénérer les Russes, il consacre dix années à s'instruire, vingt-cinq années à civiliser son peuple et quand il meurt en 1725, la Russie est une grande et redoutable nation.

exercée et assez solide pour lutter contre les strélitz, il marcha contre eux, les réduisit, enferma sa sœur dans un couvent et força Ivan à abdiquer.

3. Le jeune homme de dix-sept ans qui venait de faire cette révolution n'était pas poussé seulement par l'amour du pouvoir; à l'âge où l'on ne songe d'ordinaire qu'au plaisir, il avait formé le projet de régé-

nérer son peuple. Les Russes n'avaient ni armée ni
marine : il voulut leur donner une armée et une marine. Les Russes, occupés de leurs querelles intérieures, se mêlaient peu des affaires de l'Europe : il
voulut les faire intervenir dans toutes les affaires de

La Russie, sous Pierre le Grand, s'agrandit de la Carélie, de l'Esthonie et de la
Livonie ; sous Catherine II, de la Pologne et de la Crimée.

l'Europe. Les Russes du xviie siècle étaient des barbares : il voulut les civiliser, et, comme il le disait lui-
même, *transformer en hommes son troupeau de
bêtes*. La tâche était difficile : il y consacra trente-six

ans ; il y apporta une cruauté atroce, une persévérance invincible, un génie de premier ordre.

II

4. En 1697, à l'âge de vingt-cinq ans, Pierre se remettait à l'école : après avoir fait construire une petite flottille qui l'aida à prendre la ville d'Azov (C. p. 172. — S.) aux Turcs et fait massacrer quelques strélitz dont la turbulence l'inquiétait, il commença ses courses en Europe. En Hollande, à Saardam (C. p. 148. N.-O.), il apprenait le métier de charpentier ; à Londres et sur les chantiers de l'Angleterre il apprenait l'art de l'ingénieur et du mécanicien. Il ne revenait à Moscou que pour noyer dans le sang une nouvelle révolte des strélitz. Il put alors mettre à exécution ses plans de réforme qui portèrent sur toutes les parties de l'administration : finances, industrie, commerce, aussi bien que sur la religion et sur les coutumes nationales. Le czar imposa un nouveau costume à ses sujets, comme il leur imposait des lois ; il leur défendit de porter la barbe longue ; il leur interdit de voyager à l'étranger sans sa permission. Les Russes appellent leur chef « *notre père le czar* » : ce fut un père tyrannique que le czar **Pierre Ier** ; mais il fut le véritable artisan de la puissance de son peuple et de la grandeur de son pays.

5. Dans la guerre comme dans la paix, il triompha de tous les obstacles. La persévérance de sa volonté lui tint lieu de génie militaire. Vainqueur de Charles XII, roi de Suède, à Poltava (C. p. 172. — S.) en 1709 ; vaincu par les Turcs sur le Pruth, en 1711, il agrandissait toujours son empire et le *traité de Nystadt* (C. p. 172. — E.), conclu avec les Suédois en 1721, lui donnait, avec les provinces de la Baltique, une mer pour sa flotte, un débouché pour sa nouvelle capitale, *Saint-Pétersbourg*. (Carte page 172. — O.)

6. En 1717, il avait fait un nouveau voyage en Europe, comme s'il avait voulu se retremper encore une fois dans la civilisation occidentale : en France, il avait surpris tout le monde aussi bien par la simplicité de ses habitudes que par l'étendue de ses con-

LE KREMLIN DE MOSCOU, ancienne résidence des czars (le titre de *Czar* est donné aux souverains de la Russie. Le Kremlin fut incendié par les Russes, en 1812, quand Napoléon s'empara de Moscou.

naissances. En voyant la statue de Richelieu, à la Sorbonne, il laissait éclater son admiration et s'écriait avec enthousiasme : « *Grand homme, je t'aurais donné la moitié de mes États pour apprendre de toi à gouverner le reste.* » Richelieu lui-même fût difficilement parvenu à lui apprendre l'humanité. De retour dans ses États, il ordonna de nouveaux massacres, il se débarrassa par les supplices de tous les partisans des vieilles coutumes, il n'épargna même pas son fils *Alexis*.

7. *Pierre le Grand mourut en 1725 : il avait du génie et les Russes n'ont pas oublié ce qu'ils lui devaient. Sans lui, sans la grande* **Catherine** *qui compléta son œuvre à la fin du* XVIIIe *siècle, la Russie ne serait pas devenue l'un des premiers États de l'Europe.*

RÉSUMÉ BIOGRAPHIQUE A APPRENDRE PAR CŒUR

1. La sœur aînée de Pierre le Grand, Sophie, exerce le pouvoir de 1682 à 1689.

2. Pierre fut élevé et instruit par le génevois Lefort.

3. Pierre, à dix-sept ans, est maître absolu du pouvoir.

4. Après s'être remis à l'école il commence à régénérer son peuple.

5. Il triomphe de Charles XII à Poltava en 1709.

6. Il vient en France en 1717 et laisse éclater son enthousiasme en voyant la statue de Richelieu.

7. Pierre le Grand fut un bourreau; mais il eut du génie.

EXERCICES ORAUX OU ÉCRITS

1. Que fait la sœur aînée de Pierre le Grand? — **2.** Par qui fut élevé Pierre le Grand? — **3.** Qu'est-il à dix-sept ans? — **4.** Après s'être remis à l'école que fait-il? — **5.** De qui triomphe-t-il à Poltava? — **6.** Quand vient-il en France et quelle est la cause de son enthousiasme? — **7.** Pierre le Grand eut-il du génie?

VOLTAIRE (1694-1778)

MEMENTO GÉOGRAPHIQUE. — CHATENAY, *village près de Sceaux (Seine).* — CIREY, *village de la Haute-Marne.* — FERNEY, *ch.-l. de c. (Ain).* — POTSDAM, *le Versailles de la Prusse, à 30 k. de Berlin.*

Lecture

I

1. Voltaire, l'un des plus grands écrivains de la France, est né près de Sceaux, à Châtenay, le 20 février 1694. Il vint au monde si faible, que l'on désespérait de le sauver et il resta délicat toute sa vie. Son père, trésorier de la Chambre des comptes*, le plaça au collège Louis-le-Grand, alors dirigé par les Jésuites qui admirèrent sa facilité et son esprit précoce. Envoyé d'abord en Hollande comme page du marquis de Château-neuf, ambassadeur de France ; placé ensuite dans une étude de procureur ; puis enfermé à la Bastille pour des vers qu'il n'avait pas écrits, Voltaire conçut, en prison, la première idée de la *Henriade,*

VOLTAIRE (François-Marie Arouet de). — Né à Châtenay (Seine), le 20 février 1694, mort à Paris, le 30 mai 1778.

poème où il célébrait la gloire et la tolérance de Henri IV. Sorti de prison, il fit représenter, en 1718, sa première tragédie, *OEdipe* ; dès lors, il se livre tout entier à la littérature et, pendant soixante ans, les principaux événements de sa vie sont des événements littéraires.

2. Enfermé de nouveau à la Bastille pour avoir provoqué en duel un noble insolent, qui l'avait fait bâtonner par ses valets, il en sortit bientôt, mais en 1726, il dut se réfugier en Angleterre. Au bout de trois ans, il revenait à Paris ; puis il se retira à Rouen et de là auprès de Mme du Châtelet, à Cirey, en Lorraine, où il passa plusieurs années.

3. En 1743, la faveur de la marquise de Pompadour lui valut le titre d'*historiographe** *du roi :* il fut accueilli à la cour de *Louis XV*, à celle de *Frédéric II*, roi de Prusse, qui professait une vive admiration pour son génie, mais qui supporta mal son humeur susceptible et son caractère indépendant. Ils se quittèrent brouillés en 1753, et Voltaire, après quatre

VOLTAIRE A LA TABLE DE FRÉDÉRIC II

En 1750, Frédéric II, roi de Prusse, traitait Voltaire d'égal à égal ; il en avait fait son ami. — Voltaire avait au château de Potsdam, un appartement au-dessous de celui du roi. — Les soupers de Voltaire avec Frédéric II sont restés célèbres.

années de voyages, se fixa enfin à Ferney (Ain), où il acquit une terre et où il se fit construire une luxueuse maison.

4. C'est là qu'il passa les vingt dernières années de sa vie, agitant la France et l'Europe par ses innombrables écrits, critiquant tous les abus de l'ancien régime, prenant la défense de tous les opprimés, faisant réhabiliter les victimes des erreurs judiciaires, si fréquentes à cette époque, correspondant avec les souverains et exerçant par l'ascendant de son génie, par sa verve intarissable, par son esprit toujours prêt, une véritable royauté.

II

5. En 1778, Voltaire, âgé de quatre-vingt-quatre ans, revint à Paris : il y fut reçu comme un souverain. Le Théâtre-Français* représenta une de ses pièces, *Irène*, qui fut applaudie avec enthousiasme, et son buste fut couvert de fleurs et de couronnes. « *Français*, disait le vieillard, *vous me ferez mourir de plaisir.* » Il succomba quelques jours après ce triomphe, le 30 mai 1778.

6. Voltaire fut un travailleur infatigable ; son corps chétif renfermait une âme d'une vigueur peu commune. A Ferney, ses jours et souvent ses nuits étaient remplis par la lecture, par les lettres qu'il adressait à ses nombreux correspondants, par ses ouvrages de longue haleine, par ses pièces de théâtre qu'il corrigeait sans cesse.

7. Parmi ses œuvres les plus remarquables, il faut citer, après sa correspondance, ses études historiques : *Charles XII*, le *Siècle de Louis XIV* et l'*Essai sur les mœurs*. Ses romans, écrits avec une perfection inimitable, doivent être comptés parmi ses meilleurs ouvrages.

8. On parle sans cesse de l'esprit de Voltaire : il ne faut pas oublier que son cœur était excellent. Il fit le meilleur usage d'une fortune acquise dans des spéculations heureuses. On l'appelait le *patriarche de Ferney*, et il a mérité ce titre par la protection qu'il accorda aux paysans de ce petit village ; il s'occupait de leurs intérêts, s'inquiétait de leurs besoins, causait familièrement avec eux comme un bon propriétaire avec ses fermiers. Il fit même reconstruire à ses frais l'église de Ferney. Il est vrai que cette générosité ne l'empêcha pas d'être fréquemment en querelle avec son curé.

9. Un Allemand, **Gœthe**, a fait cet éloge de Voltaire : *Il sera toujours regardé comme le plus grand homme en littérature des temps modernes, et peut-être même de tous les siècles.*

RÉSUMÉ BIOGRAPHIQUE A APPRENDRE PAR CŒUR

1. Voltaire est élevé au collége Louis le Grand par les Jésuites.

2. Voltaire se réfugie en Angleterre en 1726.

3. Plus tard il est en faveur auprès de Louis XV et de Frédéric II qui admiraient son génie.

4. Voltaire passe à Ferney les 20 dernières années de sa vie.

5. Triomphe de Voltaire au Théâtre-Français en 1778 : son buste fut couvert de fleurs.

6. Voltaire fut un travailleur infatigable.

7. *Charles XII, le siècle de Louis XIV, l'Essai sur les mœurs* sont les œuvres les plus remarquables de Voltaire.

8. Voltaire fut ami de l'humanité et partisan de la tolérance.

9. Gœthe a appelé Voltaire le plus grand homme en littérature de tous les siècles.

EXERCICES ORAUX OU ÉCRITS

1. Où Voltaire est-il élevé ? — **2.** Où se réfugie-t-il ? — **3.** Auprès de qui est-il en faveur ? — **4.** Où passe-t-il les vingt dernières années de sa vie ? — **5.** Quel triomphe remporte-t-il en 1778 ? — **6.** Voltaire était-il un travailleur ? — **7.** Énumérez ses œuvres principales ? — **8.** Parlez des qualités de cœur de Voltaire ? — **9.** De quel nom l'a appelé Gœthe ?

COOK (1728-1779)

MEMENTO GÉOGRAPHIQUE. — MARTON, *v. du comté d'York.* — CANADA, *contrée du N. de l'Amérique sept.* — SAINT-LAURENT, *fl. de l'Amérique du N. qui arrose Montréal et Québec et se jette dans l'Océan Atlantique.* — ILES POMOTOU, *dans*

l'Océan Pacifique. — NOUVELLE-CALÉDONIE, *île de l'Océan Pacifique à l'E. de l'Australie.* — CAP, *port au S. de l'Afrique.* —
PROMONTOIRE D'ALASKA, *presqu'île de l'Amérique du N. voisine
des îles Aléoutiennes.* —OWYHÉE, *ou* HAWAII, *île de la Polynésie.*

Lecture

I

1. **James Cook,** fils d'un pauvre cultivateur qui avait
déjà huit enfants, naquit à Marton, en 1728. Il passa
son enfance dans une petite école, et dès l'âge de
treize ans, entra comme apprenti chez un mercier;
mais la mer l'attirait, et il quitta la mercerie pour
s'engager comme mousse sur un navire qui trans-
portait le charbon. En 1755, quand éclata la guerre
entre l'Angleterre et la France, il entra dans la
marine de l'État et fut embarqué sur un navire qui
allait au Canada. C'est pendant qu'il servait sur ce
navire que son instruction, très incomplète encore,
put s'achever. Dans les loi-
sirs que lui laissait la navigation, Cook apprit l'astronomie et la géométrie; au
Canada, il s'occupa de géographie et put dresser une
bonne carte du cours du
Saint-Laurent. (Carte p. 181.
— N.).

2. En 1768, il fut nommé
lieutenant de vaisseau, et
envoyé dans les mers du
Sud avec la commission qui
était chargée d'observer le
passage de Vénus sur le
disque du soleil. Son voyage

COOK (James), célèbre navigateur anglais, né à Marton, le 27 octobre 1728,
assassiné par les sauvages d'Owyhee,
le 14 février 1779.

fut signalé par l'exploration de l'archipel *Pomotou,*
qu'avait déjà visité le Français *Bougainville,* par un
séjour de quatre mois à Taïti, par la découverte du

détroit qui sépare en deux îles la *Nouvelle-Zélande*, et par le relevé des côtes de l'Australie où les Anglais n'avaient pas encore d'établissements. (C. p. 183.)

On lui confia, au retour, le commandement d'une

CARTE DES ÉTATS-UNIS (partie orientale.)

expédition qui devait faire le tour du monde en naviguant au plus près du pôle antarctique.

3. Il partit de Plymouth (C. p. 213. — N.-O.), le 13 juillet 1772, avec deux navires, la *Résolution*, sous son commandement, et l'*Aventure*, sous celui du capitaine Fur_

neaux. Après avoir doublé le cap de Bonne-Espérance, Cook descendit au sud jusqu'au 57° de latitude, et remonta vers la Nouvelle-Zélande qu'il atteignit en 1773; passa l'hiver dans les îles de la Société, et redescendit au sud jusqu'au 71° de latitude. En remontant au nord, il découvrit la *Nouvelle-Calédonie*. Un troisième voyage vers le pôle, où Cook croyait trouver un continent austral, eut le même résultat que les précédents : les glaces arrêtèrent les deux navires qui revinrent vers le sud de l'Amérique, et reconnurent la terre de *Sandwich*, qui fut appelé l'*Islande méridionale*. De là, Cook revint au Cap, puis en Angleterre, où il débarqua en 1774, après avoir parcouru plus de 30,000 lieues en deux ans. Lé grade de capitaine de vaisseau récompensa ses services.

II

4. Quatre ans après, au moment où commençait la guerre entre l'Angleterre et les États-Unis, Cook offrit de rechercher le passage d'Europe en Asie par le nord de l'Amérique. Il partit en 1776, avec la *Résolution* et la *Découverte*, que commandait le capitaine Clarke. Il devait doubler le cap de Bonne-Espérance, traverser la mer des Indes et remonter au nord-est dans l'océan Pacifique, pour contourner l'Amérique par le nord-ouest. Le principal incident de leur voyage, en 1777, fut la traversée d'un brouillard si dense, que les deux navires tiraient à chaque instant des coups de canon pour ne pas risquer de se heurter dans l'obscurité. C'est le 9 août 1778, après avoir doublé le promontoire d'Alaska, que l'expédition atteignit la pointe la plus occidentale de l'Amérique. Les Anglais donnèrent à cette pointe le nom de *Cap du prince de Galles*, et s'avancèrent jusqu'au 70° de latitude nord. Là ils furent arrêtés par les glaces et durent redescendre dans l'océan Pacifique jusqu'à l'archipel des *îles Hawaii*. (C. p. 183.) Ils y arrivèrent le 1er décembre 1778,

et pendant plus de deux mois ils entretinrent les meilleures relations avec les naturels de ces îles qui semblaient considérer les Anglais comme des dieux.

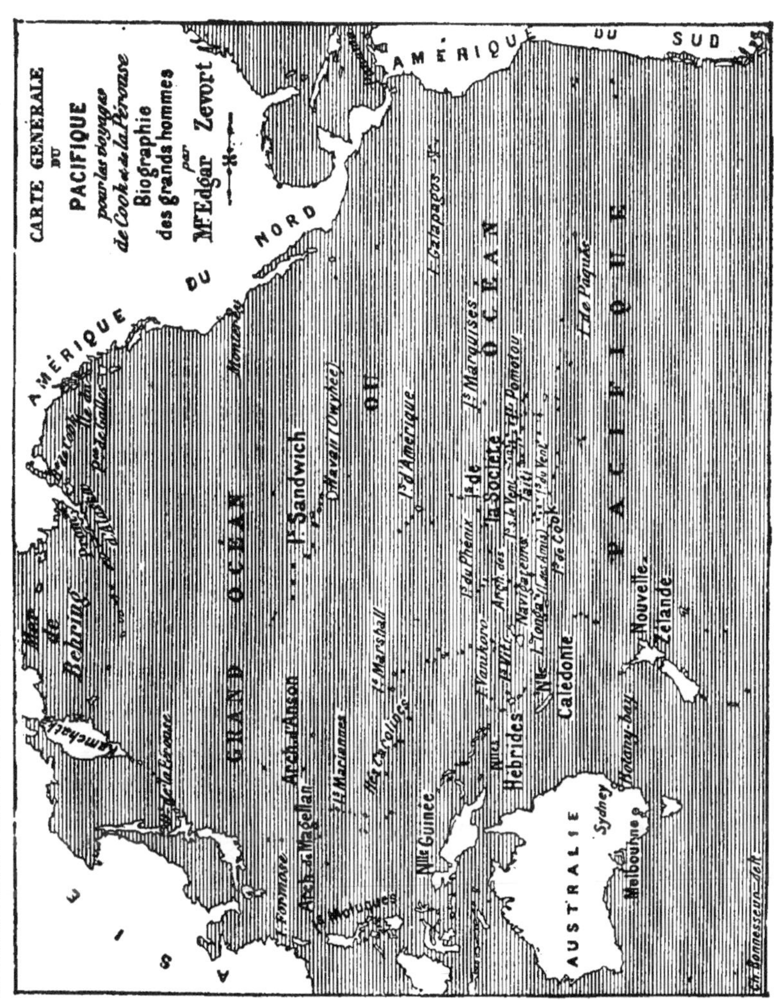

5. Mais, le 14 février 1779, Cook étant descendu à terre, dans l'île d'Owyhée, pour reprendre un canot qui lui avait été enlevé, un matelot anglais abattit

d'un coup de feu l'un des principaux chefs indigènes :
les Owyhéens, furieux, se précipitent sur les Anglais
qui parviennent difficilement à regagner leurs canots.
Dans le désordre de la retraite, quelques Anglais succombèrent, et parmi eux Cook, qui fut frappé d'un
coup de lance dans le dos.

Quand les Anglais revinrent en force sur le rivage
où s'était passée cette scène, ils ne trouvèrent que les
os du capitaine Cook : sa chair avait été dévorée par
les Owyhéens.

Le passage au nord de l'Amérique, que Cook avait
cherché en 1779, n'a été trouvé qu'en 1850 ; l'Anglais
Mac Clure a pu se rendre de l'océan Atlantique dans
le Pacifique, mais en faisant une partie de la route en
traîneau.

6. *Peu de navigateurs ont été plus intrépides que
Cook ; il a rendu d'immenses services à la navigation
et à l'astronomie : mais on a pu lui reprocher la
cruauté avec laquelle il traitait les sauvages des îles
qu'il découvrait.*

RÉSUMÉ BIOGRAPHIQUE A APPRENDRE PAR CŒUR

1. Fils d'un cultivateur, apprenti mercier, mousse
et matelot au service de l'État, Cook fit seul son instruction.

2. Un premier voyage, en 1768, le conduit dans les
régions inexplorées du Pacifique.

3. Le voyage de 1772 fut consacré à la recherche
d'un continent austral.

4. En 1776, Cook part pour rechercher le passage
au nord de l'Amérique.

5. En 1779, il est assassiné dans l'île d'Owyhée.

6. Cook a rendu de grands services à la navigation
et à l'astronomie.

EXERCICES ORAUX OU ÉCRITS

1. Cook s'instruisit-il lui-même? — 2. Où le conduit un premier voyage? 3. A quoi fut consacré le voyage de 1772? — 4. En 1776, pour quelle recherche part-il? — 5. Où et quand fut-il assassiné? — 6. Rendit-il des services à la navigation?

LA PÉROUSE (1741-1788)

MEMENTO GÉOGRAPHIQUE. — TÉNÉRIFFE, *la plus grande île des Canaries.* — CAP HORN, *au S. de la Terre de Feu.* — MONTEREY, *p. de la Californie.* — BOTANY-BAY, *sur la côte S.-E. de l'Australie.* — TIPOKA, VANIKORO, *îles de la Polynésie.* CALCUTTA, *cap. de l'Indoustan anglais.*

Lecture

I

1. Jean-François de Galaup, *comte de La Pérouse,* naquit près d'Albi, en 1741. Il n'avait pas quinze ans quand il s'engagea dans la marine royale. La France était alors en guerre avec les Anglais : le jeune marin fut blessé et fait prisonnier à la bataille de Belle-Isle. (C. p. 213. — O.)

2. Dans la période de paix qui suivit le *traité de Paris* (1763), il conquit lentement ses grades. Enseigne en 1764, lieutenant de vaisseau en 1775, il ne fut appelé au commandement d'une frégate qu'au commencement de la guerre d'Amérique. Sous les ordres de l'amiral d'Estaing,

LA PÉROUSE, célèbre navigateur français. Chargé par Louis XVI d'un voyage autour du monde, en 1785, fut massacre par les naturels de l'une des îles de Vanikoro. La ville d'Albi lui a élevé une statue.

il s'empara d'une frégate anglaise en 1780, fut nommé capitaine de vaisseau et se distingua par son courage autant que par son humanité dans toutes les missions qui lui furent confiées.

3. Après la guerre d'Amérique, le gouvernement chargea **La Pérouse** d'un voyage d'exploration autour du monde. L'opinion, depuis les voyages de Cook et de Clarke, s'intéressait vivement à ces expéditions qui avaient à la fois un intérêt scientifique et un but commercial. **Louis XVI** voulut écrire de sa main les instructions qui furent remises à La Pérouse, et les savants les plus distingués voulurent l'accompagner. Deux frégates avaient été mises à sa disposition, la *Boussole* et l'*Astrolabe* : son pavillon était sur la *Boussole*, celui du capitaine de Langle sur l'*Astrolabe*.

4. L'expédition partit de Brest le 1ᵉʳ août 1785 ; elle fit voile vers *Ténériffe,* d'où **Monge**, le mathématicien, revint en France. De la côte d'Afrique, La Pérouse cingla vers l'*Amérique,* toucha le *Brésil*, redescendit au sud, franchit le *cap Horn,* et quitta le *Chili* pour s'avancer jusqu'aux *îles Sandwich,* d'où il regagna la côte américaine. (C. p. 183.)

5. Il remonta cette côte, dans la direction du nord, jusqu'au port de *Monterey,* où il arriva environ un an après son départ de Brest. Le 24 septembre 1786, il quittait Monterey, et, après une année d'exploration dans les mers du Japon, après la découverte du détroit qui a gardé son nom, le 5 septembre 1787, il relâchait au *Kamtchatka*. La navigation, reprise à la fin de septembre, conduisit la *Boussole* et l'*Astrolabe,* dans l'*archipel des Navigateurs;* c'est là que le capitaine de Langle et onze matelots furent assassinés par les indigènes. (C. p. 183. — O.)

II

6. La Pérouse, abandonnant ce rivage inhospitalier, vit encore l'archipel des *Amis,* toucha *Botany-Bay* à la fin du mois de janvier 1788, en partit un mois plus tard et ne reparut plus.

7. En 1791, l'Assemblée Constituante promit une récompense à qui donnerait des nouvelles de La Pérouse et de son équipage, et elle chargea les capitaines **d'Entrecasteaux** et de **Kermadec**, montés sur la *Recherche* et l'*Espérance,* d'entreprendre un voyage de découverte. L'expédition, dirigée dans les mers océaniques, dura trois ans : elle fut signalée par la mort des deux commandants; on vit, la nuit, à quinze lieues, une île inconnue que l'on appela la *Recherche,* sans se douter qu'elle recélait le secret que l'on cherchait.

8. Trente ans plus tard, en 1826, le capitaine anglais **Dillon**, en allant de Valparaiso à Calcutta, relâcha dans l'*île Tikopia,* où un sauvage lui remit une épée sur laquelle il crut retrouver les initiales de La Pérouse. Il demande d'où provient cet objet : on lui désigne l'île de *Vanikoro;* au lieu

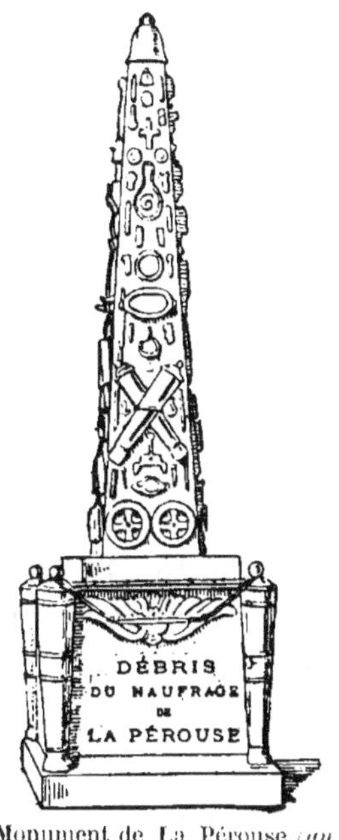

Monument de La Pérouse (au Louvre, musée de la marine).

de s'y rendre, il poursuit sa route vers *Calcutta,* il se fait confier un petit vaisseau par la Compagnie anglaise des Indes, et revient à l'île Tikopia, puis à Vanikoro (en 1827). Là il recueillit des renseignements qui furent donnés de nouveau à Dumont d'Urville l'année suivante. (Carte p. 183. — O.)

9. Les deux navires de La Pérouse avaient été jetés l'un après l'autre, par la tempête, sur les récifs de l'île : les matelots du premier navire avaient fait usage de leurs armes et avaient été massacrés; ceux du second navire, qui avaient offert des présents aux indigènes, avaient été accueillis pacifiquement et étaient entrés au service des différents chefs de l'archipel.

10. La première partie de ce récit fut confirmée par la découverte, sur la côte, d'un grand nombre d'objets ayant appartenu à La Pérouse : ces objets, renvoyés en France, forment aujourd'hui une pyramide au musée du Louvre : *on ne pouvait élever de plus glorieux monument à l'illustre navigateur.*

11. *La Pérouse fut plus grand que Cook parce qu'il eut, avec autant d'intelligence et de bravoure, plus d'humanité, plus de respect pour la vie de ses semblables.*

RÉSUMÉ BIOGRAPHIQUE A APPRENDRE PAR CŒUR

1. A quinze ans, La Pérouse s'engage dans la marine royale.

2. Il se signale par son courage et son humanité pendant la guerre d'Amérique.

3. La Pérouse est chargé, en 1785, d'un voyage d'exploration autour du monde.

4. Il se dirige avec l'*Astrolabe* et la *Boussole* vers l'océan Pacifique.

5. Il découvre le détroit de La Pérouse.

6. Il touche Botany-Bay et disparaît en 1788.

7. En 1791, les capitaines d'Entrecasteaux et de Kermadec sont chargés par l'Assemblée constituante d'aller à la recherche de La Pérouse.

8. En 1826, le capitaine anglais Dillon retrouve ses traces dans l'île de Vanikoro.

9. Dumont d'Urville, en 1828, obtient des renseignements sur la mort de La Pérouse.

10. Des débris de ses navires ramenés en France ont servi à élever une pyramide dans une salle du Louvre.

11. *Il n'est pas de véritable grand homme sans humanité.*

EXERCICES ORAUX OU ÉCRITS

1. A quinze ans que fait La Pérouse? — **2.** Comment se signale-t-il pendant la guerre d'Amérique? — **3.** De quoi est-il chargé en 1785? — **4.** A l'aide de quoi se dirige-t-il vers l'océan Pacifique? — **5.** Quel détroit découvre-t-il? — **6.** Que devient-il en 1788? — **7.** Quels sont les capitaines que l'Assemblée constituante envoya à la recherche de La Pérouse. — **8.** Dites ce que retrouve le capitaine anglais Dillon en 1826? — **9.** Qu'obtient Dumont d'Urville en 1828? — **10.** A quoi ont servi les débris des navires de la Pérouse? — **11.** Peut-il y avoir des grands hommes sans humanité?

FRÉDÉRIC II, LE GRAND, roi de Prusse, né à Berlin en 1712, mort à Potsdam en 1786. Il avait épousé, en 1732, la princesse Elisabeth de Brunswick: il n'eut pas d'enfants, et son neveu lui succéda. Il conquit la Silésie et par le premier démembrement de la Pologne obtint les rivages de la Baltique, du Niémen à l'Oder.

HISTOIRE CONTEMPORAINE

Biographies : FRANKLIN — MIRABEAU — LAVOISIER — WASHINGTON — WATT — CARNOT — NAPOLÉON — HOCHE — CUVIER — AMPÈRE — ARAGO — LIVINGSTONE — GAMBETTA — VICTOR HUGO.

FRANKLIN (1706-1790) (1)

MEMENTO GÉOGRAPHIQUE. — BOSTON, *cap. du Massachussetts (États-Unis).* — NEW-YORK, *v. des États-Unis à l'embouchure de l'Hudson.* — PHILADELPHIE, *cap. de la Pensylvanie (États-Unis).*

Lecture

I

1. C'est en 1706, à Boston (C. p. 181. — E.), que naquit **Benjamin Franklin.** Fils d'un fabricant de chandelles qui avait dix-sept enfants, il fut mis d'abord dans une école primaire où il reçut quelques notions de lecture, d'écriture, de calcul. Au bout d'un an, son père le reprit chez lui pour lui apprendre son métier. Benjamin, montrant peu d'aptitude et de goût pour la fabrication des chandelles, fut placé en apprentissage chez un coutelier : il n'y fit preuve que d'une véritable passion pour la lecture et il fallut le mettre chez son frère *James Franklin*, maître imprimeur, où il fut cette fois dans son véritable élément. Il compléta par la lecture son instruction primaire; il s'essaya même à reproduire, avec son style à lui, les

(1) Chacune des biographies sera lue à plusieurs reprises; les *resumés biographiques* seront seuls appris par cœur.

pensées qu'il trouvait exprimées dans les livres des autres, et à cet exercice il gagna une grande facilité pour écrire et pour parler sa langue.

2. Son frère James ayant eu l'idée de fonder un journal, il entra en relations avec les écrivains qui étaient chargés de le rédiger et toutes ses connaissances se développèrent à leur contact. Lui-même prit bientôt la plume, mais la hardiesse de ses opinions inquiéta les autorités anglaises et il dut quitter Boston pour aller à New-York où il ne trouva pas d'emploi, puis à Philadelphie, où la protection du gouverneur de la Pensylvanie lui permit de monter une imprimerie. (C. p. 181. — E.)

BENJAMIN FRANKLIN, né à Boston en 1706, mourut en 1790. Fils d'un fabricant de chandelles, il fut apprenti coutelier, ouvrier imprimeur, maître imprimeur, rédacteur du *Bonhomme Richard*, un almanach populaire, délégué de la Pensylvanie en Angleterre, maître général des Postes à Philadelphie, membre du Congrès qui proclama l'indépendance des Etats-Unis, ambassadeur en France et membre du Comité qui rédigea la Constitution républicaine des Américains, Franklin a inventé le paratonnerre.

3. Il partit pour Londres, afin d'acheter les matériaux nécessaires pour cette entreprise. Il travailla dans deux imprimeries, revint s'établir à Philadelphie, s'y maria en 1730, y fonda un journal, puis un salon de lecture et publia, à partir de 1732, sous le nom du *Bonhomme Richard*, un almanach plein d'utiles maximes qui établit solidement sa réputation.

4. *Ne gaspillez pas votre temps,* disait le bonhomme Richard, *car c'est l'étoffe dont la vie est faite.*

On pourrait citer de Franklin une foule d'autres paroles pleines de malice et de vérité : *La mauvaise humeur est la malpropreté de l'âme. La vraie politesse envers les hommes doit être la bienveillance.*

Un laboureur sur ses jambes est plus haut qu'un gentilhomme à genoux.

De grasse cuisine sort maigre testament.

Les fous donnent les repas et les sages les mangent.

Avec ce que coûte un vice, on élèverait deux enfants.

Un peu, souvent répété, fait beaucoup.

VOLTAIRE BÉNISSANT LE PETIT-FILS DE FRANKLIN

En 1778, Franklin apprenant que Voltaire était à Paris, vint accompagné de son petit-fils, saluer le grand écrivain français. Voltaire alors exprima, en anglais, la joie qu'il éprouvait de serrer la main du fondateur de la République américaine. Puis il posa les mains sur la tête du jeune homme et s'écria : *God and liberty !* (Dieu et liberté !)

II

5. Devenu un personnage dans la Pensylvanie, Franklin fut élu, en 1736, député à l'assemblée générale de cette province, et en 1737 nommé directeur des postes. C'est lui qui créa à Philadelphie un corps de pompiers et une compagnie d'assurances contre l'incendie ; c'est lui encore qui réunit et qui arma dix mille volontaires quand on crut que les Français du Canada menaçaient la Pensylvanie.

6. Ces occupations ne l'empêchaient pas de se livrer à l'étude avec plus d'ardeur que jamais. C'est à cette époque que remontent ses travaux approfondis sur la physique qui devaient le conduire à l'invention du *paratonnerre**. Cette simple pointe de fer placée au sommet des édifices et des maisons a rendu les plus grands services à l'humanité en neutralisant les effets désastreux de la foudre.

7. Membre important de l'assemblée pensylvanienne, savant illustre, nommé, en 1757, directeur des postes de toutes les colonies anglaises, Franklin allait consacrer à l'affranchissement de son pays la dernière moitié de sa vie. Voyant en toute chose le côté pratique, il comprit parfaitement que le meilleur moyen de donner aux Américains le goût de la liberté c'était de multiplier les écoles et les collèges : il s'y employa avec une activité que nul obstacle n'arrêtait; en même temps il rendait d'autres services à ses compatriotes en les aidant à repousser les incursions des tribus indiennes, en les représentant à Londres auprès du gouvernement anglais.

8. Quand les colonies anglaises d'Amérique, refusant de subir les taxes qui leur étaient arbitrairement imposées, songèrent à se séparer de la métropole, Franklin fut introduit à Londres dans la Chambre des communes, en 1766, et fit entendre aux ministres et aux députés les plus franches vérités : il leur annonça que leur obstination amènerait infailliblement la séparation des colonies et leur affranchissement. Quand, en 1772, on le traitait, à Londres, de meurtrier et de voleur parce qu'il défendait courageusement ses concitoyens, il se contentait de répondre ironiquement aux Anglais qu'ils avaient trouvé la meilleure règle « *pour faire d'un grand empire un petit* ».

III

9. De retour en Amérique, en 1775, Franklin fut

l'âme de la résistance aux Anglais ; nommé membre du Congrès*, il proclama, le 4 juillet 1776, l'indépendance des colonies américaines. C'est lui qui fut envoyé en France pour négocier l'alliance des Américains avec les Français. Le roi, la cour, Voltaire, Turgot, la France entière l'accueillirent comme un bienfaiteur de l'humanité. La paix conclue et l'indépendance des États-Unis reconnue, il fut chargé de rédiger la Constitution de la nouvelle république. Il mourut à quatre-vingt-quatre ans, en 1790. Le Congrès américain ordonna deux mois de deuil, et en France, sur la proposition de Mirabeau, l'assemblée constituante, décréta qu'elle porterait pendant trois jours le deuil « *de l'homme qui avait le plus contribué à assurer les droits de l'homme* ».

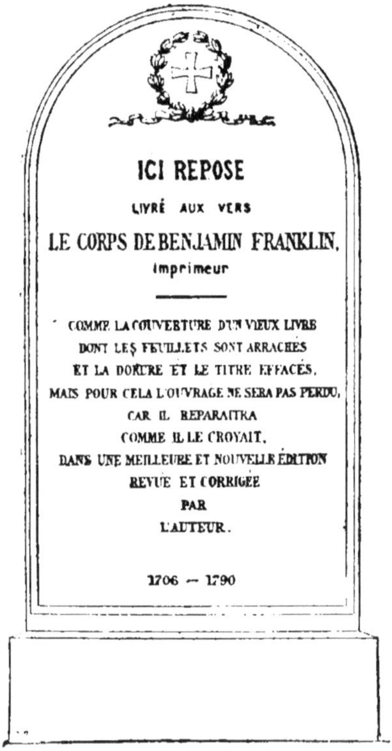

10. Sur la tombe de Franklin on grava l'épitaphe ci-contre composée par lui-même.

11. Benjamin Franklin est un des plus mémorables exemples de ce que peuvent la patience et le travail ; par la *patience,* il devint d'apprenti coutelier, de simple ouvrier imprimeur, le représentant et l'**un des chefs de son pays** ; par le *travail* il s'éleva aux plus hautes connaissances et se plaça au rang des plus illustres savants de son temps. L'exemple d'une pareille fortune

ICI REPOSE

LIVRÉ AUX VERS

LE CORPS DE BENJAMIN FRANKLIN,

Imprimeur

COMME LA COUVERTURE D'UN VIEUX LIVRE
DONT LES FEUILLETS SONT ARRACHÉS
ET LA DORURE ET LE TITRE EFFACÉS,
MAIS POUR CELA L'OUVRAGE NE SERA PAS PERDU,
CAR IL REPARAÎTRA
COMME IL LE CROYAIT,
DANS UNE MEILLEURE ET NOUVELLE ÉDITION
REVUE ET CORRIGÉE
PAR
L'AUTEUR.

1706 — 1790

TOMBEAU DE FRANKLIN

était rare au XVIIIe siècle : il est commun aujourd'hui, surtout dans la grande république des États-Unis, où la première magistrature du pays est presque toujours confiée à des hommes dont on peut dire qu'ils sont les fils de leurs œuvres.

12. *Imprimeur à Philadelphie, Franklin fit prospérer son imprimerie; physicien, il découvrit le paratonnerre: homme politique, il assura l'indépendance de son pays.*

A quelles vertus dut-il ces constants succès? AU TRAVAIL ET A LA PERSÉVÉRANCE.

RÉSUMÉ BIOGRAPHIQUE A APPRENDRE PAR CŒUR

1. Franklin fut tour à tour fabricant de chandelles et apprenti imprimeur.

2. Franklin monte une petite imprimerie à Philadelphie.

3. Il publie l'almanach du Bonhomme Richard.

4. Les maximes du Bonhomme Richard étaient pleines de sagesse et de bon sens.

5. Franklin est député à l'assemblée de Pensylvanie et directeur des postes.

6. Franklin invente le paratonnerre.

7. Franklin multiplie les écoles et les collèges pour donner aux Américains le goût de la liberté.

8. Franklin défend les droits des Américains à Londres.

9. Franklin, après son ambassade à Paris, rédige la Constitution des États-Unis.

10. Franklin composa lui-même son épitaphe.

11. Simple ouvrier imprimeur, Franklin est devenu par le travail un illustre savant et un grand homme.

12. Ouvrier, savant, homme politique, Franklin ne fut inférieur à aucune des situations où le sort le plaça.

EXERCICES ORAUX OU ÉCRITS

1. Quels furent les métiers de Franklin? — 2. Que fait Franklin à Philadelphie? — 3. Quel almanach publiait-il? — 4. De quoi étaient remplies les maximes du bonhomme Richard? — 5. Où est-il député et de quoi est-il directeur? — 6. Qu'est-ce qu'il invente? — 7. Quels sont les établissements multipliés par Franklin, et dans quel but? — 8. Quel droit défend-il? — 9. Que rédige Franklin, après son ambassade à Paris? — 10. Que composa Franklin? — 11. Simple ouvrier imprimeur qu'est-il devenu et comment? — 12. Fut-il inférieur aux situations où le sort le plaça?

MIRABEAU (1749-1791)

MEMENTO GÉOGRAPHIQUE. — Le Bignon, *commune du Loiret.*— Ile de Ré (*Charente-Inférieure*).—Chateau d'If, *île voisine de Marseille.* — Pontarlier, *sous-préf. du Doubs.* — Aix, *sous-préf. des Bouches-du-Rhône.*

Lecture

I

1. Gabriel-Honoré Riquetti, comte de Mirabeau, naquit au Bignon, en 1749. Son père, noble et riche, l'éleva avec soin, mais sévèrement. Pour réprimer son caractère impétueux, il le fit entrer dans une école militaire*. Mirabeau en sortit en 1766, avec le titre d'officier. Il n'avait que dix-sept ans : libre à cet âge, il se lança dans de tels dé-

MIRABEAU, député du Tiers État, nommé par les villes de Marseille et d'Aix, Mirabeau fut l'un des plus ardents révolutionnaires. C'était, comme il disait lui-même, « l'homme de la liberté publique ».

sordres, que son père obtint du gouvernement de

Louis XV, une *lettre de cachet*. Au moyen d'une lettre de cachet signée par un ministre, on faisait enfermer un homme sans jugement. Mirabeau fut enfermé dans la prison de l'île de Ré. Il en sortit pour aller combattre en Corse, avec son régiment, et revint en France, après la soumission de l'île, avec le grade de capitaine de dragons. Son intelligence était si vive, son aptitude à tous les travaux si grande, que son oncle, le bailli de Mirabeau, écrivait à cette époque : « *Ce sera le plus grand sujet de l'Europe pour être général de terre ou de mer, ou ministre, ou chancelier, ou pape, ou tout ce qu'il voudra.* » Il fut le plus grand orateur de la Révolution, mais pendant les vingt années qui précédèrent cette Révolution, sa vie fut pleine de scandales. Le besoin d'argent lui fit plus d'une fois oublier sa dignité, et nous le trouvons, en 1786, chargé d'une mission diplomatique secrète auprès du roi de Prusse. Il passa des années en prison au château d'If, au donjon de Vincennes, à Pontarlier (Doubs); et il trouva, dans cette existence agitée, le temps de composer des ouvrages remarquables sur le despotisme, sur les lettres de cachet, sur la monarchie prussienne.

2. Aux élections de 1789, pour les États généraux, il voulut se faire élire par les nobles; repoussé par eux, il s'adressa au peuple qui le nomma député du tiers état, à Aix et à Marseille. « *J'ai été, je suis, je serai jusqu'au tombeau*, disait-il, *l'homme de la liberté publique... Malheur aux ordres privilégiés, si c'est là plutôt être l'homme du peuple que celui des nobles, car les privilèges finiront, mais le peuple est éternel.* »

Ces paroles, si nouvelles et si hardies en 1789, partout répétées, lui valurent dans toute la France une immense popularité : arrivait-il dans une ville, les cloches sonnaient, la foule se portait à sa rencontre et l'acclamait avec enthousiasme.

II

3. A partir de la réunion des États généraux, l'histoire de Mirabeau se confond avec celle de la Révolution : chacun de ses discours est un triomphe.

C'est lui qui répondit, le 23 juin, au marquis **de Dreux-Brézé,** qui venait, au nom du roi, sommer

MIRABEAU ET LE MARQUIS DE DREUX-BRÉZÉ.

« Allez dire à votre maître que nous sommes ici par la volonté du peuple et que nous n'en sortirons que par la force des baïonnettes. »

DREUX-BRÉZÉ (Henry-Évrard, marquis de). — Grand-maître des cérémonies sous Louis XVI, émigré pendant la Révolution, il rentra en France en 1801 ; en 1815, sous Louis XVIII, il reprit ses fonctions et fut nommé pair de France.

MIRABEAU (Honoré-Gabriel Riquetti, comte de), né au Bignon (Loiret), le 9 mars 1749, mort à Paris, le 2 avril 1791, fut l'orateur le plus éloquent et le plus habile politique de la Révolution.

les membres du tiers état d'évacuer la salle des séances :

« Nous ne quitterons nos places que par la force des baïonnettes. »

Quand le roi se rendit dans l'Assemblée, le lendemain de la prise de la Bastille, Mirabeau engagea les députés à l'accueillir avec une froide réserve :

Le silence des peuples, dit-il, *est la leçon des rois.* Ce silence, que Mirabeau réclamait pour le roi, il savait l'obtenir pour lui-même. *Quand je secoue,* disait-il, *ma terrible hure, il n'y a personne qui ose m'interrompre.*

4. Le grand orateur mourut en 1791, le 2 avril. Bien qu'on soupçonnât les relations qu'il entretenait avec la cour, bien qu'on eût crié dans les rues de Paris : *La grande trahison du comte de Mirabeau,* sa mort fut un deuil public, et l'Assemblée fut l'interprète de la France, quand elle ordonna de déposer ses restes dans *l'église Sainte-Geneviève,* transformée en *Panthéon* français.* Plus tard, la Convention ordonna que ses dépouilles seraient expulsées du Panthéon : on savait alors que Mirabeau avait, dans ses dernières années, reçu des subsides de la cour.

5. La vénalité du grand orateur révolutionnaire ne peut être contestée. Ce qui ne peut pas être contesté non plus, c'est son génie qui honora la tribune française. Comme l'a fort bien dit un écrivain de notre siècle, **Proudhon** : *Mirabeau fût-il coupable, le devoir de l'historien serait d'étouffer le vice de l'homme dans la gloire du tribun.*

RÉSUMÉ BIOGRAPHIQUE A APPRENDRE PAR CŒUR

1. La jeunesse de Mirabeau fut très agitée et pleine de désordres.

2. Mirabeau est élu député du tiers état à Aix et à Marseille.

3. L'histoire de Mirabeau se confond avec celle de la Révolution : tous ses discours sont des modèles d'éloquence.

4. Mirabeau meurt le 2 avril 1791.

5. La gloire de Mirabeau a effacé ses vices.

EXERCICES ORAUX OU ÉCRITS

1. Quelle fut la jeunesse de Mirabeau? — 2. Par quelles villes est-il élu député? — 3. Avec quelle histoire se confond celle de Mirabeau? — 4. Quand meurt-il? — 5. Par quoi ses vices sont-ils effacés?

LAVOISIER (1743-1794)

Lecture

I

1. Antoine-Laurent Lavoisier, né en 1743, était fils d'un riche commerçant parisien qui le fit élever au collège Mazarin*. Au sortir du collège, où il avait montré le goût le plus vif pour les sciences, il suivit assidûment les leçons de tous les savants de ce temps, surtout celles des astronomes, des naturalistes et des chimistes. En 1766, l'Académie des sciences mit au concours un mémoire sur le meilleur système d'éclairage de Paris : Lavoisier, qui n'avait que vingt-trois ans, fit tendre sa chambre de noir, s'y enferma, et, à la lueur des lampes, étudia pendant six semaines, sans sortir une fois, les effets de la lumière. Il eut le prix proposé par l'Académie. Deux ans après, il était élu membre de l'Académie des sciences.

LAVOISIER, célèbre chimiste, né à Paris le 16 août 1743. Enveloppé dans l'arrêt qui condamnait tous les fermiers généraux à la peine capitale, il mourut sur l'échafaud le 8 mai 1794.

2. Riche comme il l'était, il put obtenir, en 1769, une charge de *fermier général.* Les fermiers généraux étaient chargés, moyennant une somme donnée par eux à l'État, d'opérer le recouvrement des impôts. Comme ils recouvraient plus d'argent qu'ils n'en donnaient, ils s'enrichissaient très vite. Lavoisier s'acquitta de sa charge avec probité, et le meilleur ministre qu'ait eu la France au xviiie siècle, **Turgot**, le nomma directeur des poudres et des salpêtres.

Lavoisier rendit des services, dans cet emploi, en donnant à la poudre une force de projection plus grande.

3. Quand la France eut à choisir des députés aux États généraux, en 1789, Lavoisier fut nommé *député suppléant;* la même année, il fut chargé, comme secrétaire de la Trésorerie, d'étudier la perception de l'impôt, et il fit paraître, à cette occasion, un remarquable travail sur la richesse territoriale de la France.

4. Tous ces titres à la reconnaissance de ses concitoyens ne faisaient pas oublier aux révolutionnaires violents que Lavoisier avait été fermier général. Aussi, quand les fermiers généraux furent décrétés d'accusation, Lavoisier fut-il compris parmi eux, jugé par le tribunal révolutionnaire, condamné à mort et décapité le 6 mai 1794, avec vingt-huit autres fermiers généraux.

5. Le supplice d'un savant comme Lavoisier fut l'une des plus déplorables erreurs de la Révolution. Même si Lavoisier avait été coupable,

TURGOT (Jacques), baron de l'Aune. — Né à Paris, le 10 mai 1727, mort le 20 mars 1781. Se signala par son administration sage, libérale et bienfaisante.

même s'il avait, comme on l'a dit, spéculé sur les biens nationaux*, la République eût dû l'épargner pour les immenses progrès qu'il avait fait faire à la science et tous ceux qu'il lui réservait encore.

II

6. C'est Lavoisier qui établit que l'air atmosphérique est composé de deux gaz, l'un appelé l'*azote**, l'autre l'*oxygène**; que le premier est impropre à la respiration, c'est-à-dire qu'il *asphyxie** les animaux qui le respirent seul, et que le second entretient la respiration et est nécessaire à la vie de tous les animaux. Il parvint, en effet, à isoler ces deux gaz; il donna ensuite une théorie de la respiration, de la chaleur animale, et se plaça ainsi au premier rang des physiologistes, c'est-à-dire de ceux qui étudient les fonctions des organes dans les êtres vivants. De même qu'il avait étudié l'*air*, Lavoisier étudia l'*eau*; il la décomposa, la recomposa, et il reconnut ainsi qu'elle est formée d'oxygène et d'un gaz très léger, combustible, que l'on a nommé *hydrogène**.

PASTEUR (Louis). — Illustre savant français, né à Dôle (Jura), le 27 décembre 1822, auteur de la théorie des microbes, a découvert la vaccination charbonneuse des animaux, la vaccination de la rage, etc., etc. M. Pasteur est grand-croix de la Légion d'honneur.

Rien ne se perd, rien ne se crée : telle était la devise de Lavoisier, qui démontra que dans la nature tout se transforme sans qu'il y ait la moindre perte.

7. Il fit encore, avec Laplace, de remarquables travaux en physique, sur la chaleur en particulier; mais sa vraie gloire est d'avoir créé la *chimie*, la science qui a fait de nos jours de si merveilleux progrès avec **J.-B.** Dumas, Pasteur et Berthelot.

8. *En trente ans, de 1764 à 1794, Lavoisier fit*

faire à la chimie plus de progrès qu'elle n'en avait fait depuis le commencement du monde et prépara tous ceux qu'elle devait faire après lui.

RÉSUMÉ BIOGRAPHIQUE A APPRENDRE PAR CŒUR

1. Lavoisier, né riche, ne vit que pour le travail et la science.

2. Turgot le nomma directeur des poudres et des salpêtres.

3. Lavoisier fut élu député suppléant en 1789.

4. Lavoisier expie par l'échafaud son titre de fermier général.

5. La République se fût honorée en épargnant cet illustre savant.

6. Lavoisier a établi que l'air atmosphérique était composé d'azote et d'oxygène, l'eau d'oxygène et d'hydrogène.

7. Lavoisier a créé la chimie.

8. Lavoisier a fait faire d'immenses progrès à la chimie, et il a préparé ceux qu'elle devait faire après lui.

EXERCICES ORAUX OU ÉCRITS

1. Lavoisier aimait-il le travail? — 2. Que fit Turgot?— 3. Lavoisier devint-il député? — 4. Dites comment il expie son titre de fermier général?—5. L'exécution de Lavoisier ne fut-elle pas une erreur de la Révolution? —6. A force de recherches que prouva Lavoisier? — 7. Quelle est la science qu'il créa? — 8. A-t-il fait faire de grands progrès à la chimie?

WASHINGTON (1732-1799).

MEMENTO GÉOGRAPHIQUE.— Virginie, *un des États-Unis de l'Amérique du N.* — Potomac, *fl. qui se jette dans l'Océan Atlantique.* — Yorktown, *v. de l'Amérique (Virginie).*

Lecture

I

1. Né en Virginie, sur les rives du Potomac (Carte p. 181. — E.) en 1732, **George Washington** perdit son père à l'âge de onze ans : il resta pendant toute sa jeunesse sous la tutelle de son frère *Laurent* et sous la direction de sa mère, femme d'une haute valeur, qui aimait passionnément son fils, mais qui ne ferma jamais les yeux sur ses défauts, et en particulier sur son caractère irritable. On a constaté que presque tous les hommes remarquables devaient beaucoup à leur mère : George Washington confirme cette règle.

2. George avait onze frères et sœurs : pour ne pas rester trop longtemps à la charge de sa mère, il quitta la maison paternelle à seize ans sachant seulement lire, écrire et compter, et alla remplir les fonctions d'intendant dans la propriété d'un riche Américain. Il y resta jusqu'à l'âge de vingt ans, et il y puisa cette passion pour l'agriculture, pour la chasse, pour la vie des champs, qu'il garda jusqu'à sa dernière heure.

GEORGE WASHINGTON, général et homme d'État américain, fut le principal artisan de l'indépendance des États-Unis. Né en 1732, il mourut en 1799.

3. Quand les Anglais et les Français se disputèrent la *vallée de l'Ohio*, les colons américains organisèrent des milices et prirent part à la lutte. C'est après l'un des combats livrés dans cette lutte qu'un brave officier français, **Coulon de Jumonville**, entouré par un détachement que commandait Washington, fut tué d'un coup de fusil, bien qu'il se fût présenté en parlementaire. Ce malheureux accident ne doit pas être imputé à Washington qui fit toujours preuve d'autant de bravoure que d'humanité.

4. Le colonel Washington, après cette guerre, fut connu de tous les Américains : tous surent qu'en cas de danger on pouvait compter sur l'homme qui écrivait au gouverneur de la Virginie : « *J'ai entendu siffler les balles; il y a dans ce son quelque chose de charmant.* »

5. Une occasion se présenta bientôt pour Washington de répondre à la confiance qu'il inspirait à ses concitoyens. Les relations devenaient chaque jour plus difficiles entre les Anglais, écrasés de dettes, qui voulaient faire peser sur leurs colonies, sans les consulter, des taxes nouvelles, et les Américains, qui ne voulaient payer que les taxes votées par eux. On discuta longtemps, puis l'Angleterre persistant dans ses prétentions, on jeta dans la mer les caisses de thé que les navires anglais avaient apportées en Amérique, parce que le thé était un des produits frappés d'impôts par le Parlement de Londres, et enfin on prit les armes : Washington fut nommé général en chef.

II

6. C'est en 1776 que les États-Unis de l'Amérique du Nord se déclarèrent indépendants : jusqu'au jour où cette indépendance fut reconnue par l'Angleterre, au *traité de Versailles,* en 1783, Washington eut à remplir une tâche dont le résultat devait être glorieux, mais dont les détails furent souvent pénibles. Il dut faire une armée avec des miliciens sans organisation et sans discipline qui ne servaient que pour un an, et opposer cette armée improvisée à des troupes aguerries. Il dut nourrir cette armée dans un pays ravagé par la guerre, et la payer avec un trésor souvent vide; il dut lui apprendre à ne pas s'abandonner après un échec, à ne pas s'enorgueillir après une victoire. Même après que la noblesse française, représentée par **Lafayette**, par **Ségur**, par **Rochambeau**, fut venue mettre dans la balance son enthousiasme et son courage, l'issue de la lutte fut longtemps indécise, et tout autre que George Washington eût désespéré du succès.

LA MAISON BLANCHE, résidence du président des États-Unis à Washington.

7. La capitulation des Anglais, assiégés dans la ville de Yorktown, à la fin de l'année 1781, assura enfin la victoire aux Américains. Dès lors, Washington dut organiser la République américaine, qu'il avait fait triompher sur les champs de bataille. Après avoir refusé la couronne royale, que lui offrait son armée, il n'avait accepté, pour toute récompense de ses services que l'exemption de la taxe des lettres, et s'était retiré dans sa maison de Mont-Vernon, pour jouir d'un repos bien gagné.

On vint bientôt l'y chercher; l'*Assemblée de la Virginie* l'envoya siéger au Congrès chargé de rédiger la Constitution, et en 1789, il fut élu à l'unanimité président de la République, pour une période de quatre ans. Les quatre ans révolus, il fut réélu en 1793.

8. En 1797, il refusa absolument d'accepter une nouvelle présidence, et il se retira, définitivement cette fois, dans ses terres, où il mourut le 12 décembre 1799. Avant de mourir, il avait affranchi les nègres de son domaine.

Quelques années auparavant, le Congrès avait fondé une ville nouvelle qui reçut son nom : c'est là que siègent, depuis 1800, le chef du gouvernement américain, les ministres et les Chambres.

9. Washington ne rendit pas à la France les secours qu'il avait reçus d'elle; il ne la soutint pas quand elle fut menacée dans son existence par la coalition de toute l'Europe monarchique, en 1793. Ce grand homme était trop Américain pour avoir la reconnaissance du cœur : il jugea que la neutralité convenait mieux à son pays, et il garda la neutralité.

Sa vraie gloire, c'est la modération qu'il montra dans l'exercice du pouvoir, c'est l'abnégation avec laquelle il le quitta quand il eût pu le garder. Aussi peut-on le citer comme un modèle de désintéressement et de patriotisme.

RÉSUMÉ BIOGRAPHIQUE A APPRENDRE PAR CŒUR

1. Comme la plupart des grands hommes Washington dut beaucoup à sa mère.

2. Washington fut à 16 ans intendant dans la propriété d'un riche Américain.

3. Il fit ses premières armes contre les Français dans la vallée de l'Ohio.

4. Washington, après la guerre, était connu de tous les Américains.

5. Quand les Américains se soulèvent contre les Anglais, il est nommé général en chef.

6. Washington ne désespéra jamais du succès.

7. La capitulation de Yorktown assura la victoire aux Américains, dès lors Washington organisa la République et se retira ensuite pour jouir d'un repos mérité.

8. Président de la République depuis 1789, réélu en 1793, Washington refusa en 1797 d'accepter une nouvelle présidence.

9. Washington mourut le 12 décembre 1799, il venait d'affranchir les nègres de son domaine.

10. Washington fut ingrat pour la France : il ne la soutint pas quand elle fut menacée par la coalition européenne de 1793.

EXERCICES ORAUX OU ÉCRITS

1. A qui Washington dut-il son génie? — 2. Quelle fonction remplissait-il à seize ans? — 3. Contre qui fit-il ses premières armes? — 4. De qui était-il connu, après la guerre? — 5. A quel grade est-il élevé lors du soulèvement contre les Anglais? — 6. A-t-il désespéré du succès? — 7. Quel fut le résultat de la capitulation de Yorktown? Quel gouvernement organisa Washington? — 8. A quelles dates Washington a-t-il été président de la République? — 9. Quand mourut-il? — 10. Fut-il reconnaissant envers la France?

WATT (1736-1819)

MEMENTO GÉOGRAPHIQUE. — Greenock, *port d'Écosse, à l'embouchure de la Clyde.* — Glascow, *v. sur la Clyde.* — Birmingham, *v. du centre de l'Angleterre.* — Heathfield, *v. près de Birmingham.*

Lecture

1. **James Watt** naquit à Greenock, le 19 janvier 1736. Son père, qui était à la fois trésorier du Conseil municipal et fabricant d'appareils pour la navigation, lui fit suivre les classes de l'école primaire. Mais James, de santé très chétive, manquait souvent la classe, restait chez lui et, pour occuper son temps, fabriquait de petites machines, comme Galilée, regardait attentivement le couvercle d'une théière que l'eau soulevait, ou recueillait dans une cuiller l'eau produite par la condensation de la vapeur*.

2. Le jeune Watt continua ainsi à se former et à apprendre seul, jusqu'au jour où, son père ayant éprouvé des revers de fortune, James ne voulut pas rester à la charge des siens; il se rendit à Londres, où il entra comme ouvrier chez un constructeur d'instruments de mathématiques, en 1755.

3. L'année suivante, il s'établit lui-même comme constructeur à Glascow, dans un local que lui céda l'Université de cette ville, et,

WATT (James), célèbre ingénieur-mécanicien, né à Greenock (Ecosse) en 1736, mort en 1819; il fut le créateur de la machine à vapeur moderne et il donna le plan du grand canal calédonien qui traverse toute l'Ecosse, du sud-ouest au nord-est.

tout en travaillant à son métier, fit dans les mathématiques et la physique des progrès tels, que les professeurs de l'Université s'adressaient à lui dès qu'une difficulté les arrêtait. En même temps, il apprenait, comme en se jouant, l'allemand et l'italien.

4. C'est à Glascow que Watt introduisit de remarquables perfectionnements dans la machine à vapeur;

en 1767, au moment où il allait monter une machine à vapeur d'après ses plans, il vit son travail compromis par la ruine de son associé. Sept ans plus tard, en 1774, il s'associa avec un manufacturier de Birmingham, et tous deux installèrent les ateliers de Soho, où furent fabriquées des machines très puissantes, dites *machines de Cornouailles*. En 1776,

SCÈNE DE L'ENFANCE DE WATT.

Tout en s'instruisant lui-même, Watt observait beaucoup. Assis devant la cheminée, il contempla bien souvent une bouillotte dont la vapeur soulevait le couvercle. C'est là qu'il puisa ses premières idées sur la vapeur, qui le conduisirent aux perfectionnements nombreux qu'il a apportés aux machines.

Watt apportait de nouveaux perfectionnements aux machines à vapeur ; il avait l'idée, s'il ne les réalisait pas, de toutes les inventions ultérieures. Pour comprendre l'importance de son œuvre, il faut se rappeler que près d'un siècle s'était écoulé depuis **Denis Papin**, et que la découverte de Papin était restée dans l'enfance.

5. Bien d'autres inventions appartiennent au savant

mécanicien : celle de la presse à copier*, du chauffage à la vapeur, du blanchiment des toiles au chlore*, qui fut reprise et perfectionnée par **Berthollet**.

6. Après avoir mérité, pour toutes ces belles découvertes, d'être appelé un *bienfaiteur de l'humanité*, Watt abandonna les affaires en 1800 et se consacra tout entier à la vie de famille.

Le meilleur et le plus aimable des hommes, comme l'a appelé Walter Scott, *mourut à Heathfield, en 1819 :* il avait quatre-vingt-quatre ans. Plusieurs statues lui ont été élevées : la plus belle est celle de Westminster.

7. *Si l'Angleterre est la première puissance industrielle du monde, elle le doit à son sol si riche en houille et en fer: elle le doit aussi à James Watt, le plus grand ingénieur-mécanicien qui ait jamais existé.*

RÉSUMÉ BIOGRAPHIQUE A APPRENDRE PAR CŒUR

1. Watt, dès sa jeunesse, fabriquait de petites machines.

2. Watt entre comme ouvrier chez un constructeur d'instruments de mathématiques en 1755.

3. Watt s'établit comme constructeur à Glascow.

4. Watt fabrique des machines à vapeur, dites machines de Cornouailles.

5. Watt invente la presse à copier.

6. Watt, appelé le bienfaiteur de l'humanité, meurt en 1819.

7. Aucun ingénieur mécanicien n'a surpassé James Watt.

EXERCICES ORAUX OU ÉCRITS

1. Que fabriquait Watt dès sa jeunesse ? — 2. Que fit-il en 1755 ? — 3. Où s'établit-il ? — 4. Quelles machines fabrique-t-il? — 5. Qu'invente-t-il ? — 6. Comment l'a-t-on appelé? Quand meurt-il? — 7. A-t-il été surpassé?

CARNOT (1753-1823)

MEMENTO GÉOGRAPHIQUE. — NOLAY, *chef-lieu de canton de la Côte-d'Or.* — MÉZIÈRES, *chef-lieu du dép. des Ardennes.* — WATTIGNIES, *village du dép. du Nord.* — ANVERS, *place forte de la Belgique, sur l'Escaut.* — VARSOVIE, *ancienne capitale de la Pologne, sur la Vistule.* — MAGDEBOURG, *v. de Prusse sur l'Elbe.*

Lecture

1. *L'organisateur de la victoire* naquit à *Nolay* dans la Côte-d'Or, le 13 mai 1753. Il entra comme officier du génie à l'École militaire de Mézières (Voir carte, page 114), et il était capitaine lorsque la Révolution éclata.

2. Partisan convaincu des idées nouvelles, **Carnot** fut élu député à l'Assemblée législative par le département du Pas-de-Calais et réélu à la Convention.

3. Il s'était signalé dans différents comités par son aptitude aux affaires, et surtout par l'entente des grandes opérations militaires. Aussi, fut-il envoyé à l'armée du Nord au mois d'août 1793 avec la haute direction de la guerre : c'est à ses conseils que **Jourdan** dut, au mois d'octobre 1793, la victoire de Wattignies ; c'est lui qui donna le plan de campagne de l'armée de la Moselle que commandait Hoche et où se distingua Marceau.

CARNOT (Joseph-François-Claude). — Né à Nolay (Côte-d'Or), le 13 mai 1753, mort à Magdebourg, le 13 août 1823. L'un des généraux les plus célèbres de la Révolution, il fut, en 1793, l'organisateur de la victoire.

4. Pendant toute la durée de la Convention, Carnot,

sans s'associer aux actes révolutionnaires de ses collègues à l'intérieur, conserva la noble mission de défendre le territoire français contre l'invasion et d'assurer la victoire de nos jeunes troupes.

5. Sa popularité grandit de jour en jour, et, en 1795, quatorze départements l'envoyèrent au Directoire.

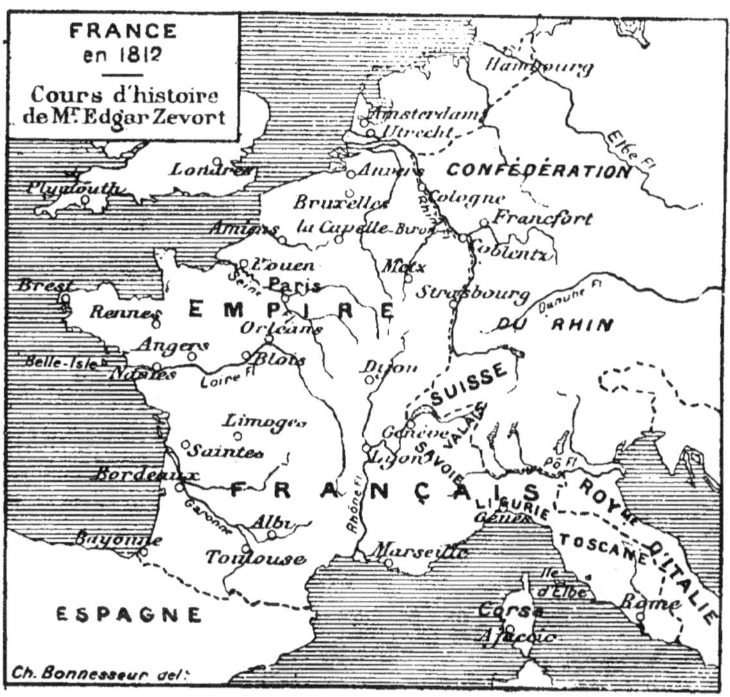

La France, en 1812, comprenait 132 départements formés aux dépens de la Hollande, de l'Allemagne du Nord, de la Suisse, de l'Italie. La Haye, Amsterdam, Munster, Hambourg, Genève, Turin, Gênes, Florence, Rome étaient des chefs-lieux de départements français.

Nommé directeur, il conserva ses fonctions jusqu'au coup d'État du 18 fructidor, qui le força à chercher un refuge à l'étranger.

6. Il revint en France après le 18 brumaire et fut successivement inspecteur général des revues, ministre de la guerre, tribun, et rentra dans la vie privée quand l'empire fut établi malgré sa vive opposition.

7. L'invasion de la France en 1814 le fit sortir de sa retraite : il fut nommé gouverneur d'Anvers (V. carte, p. 213), qu'il défendit avec autant de science que de courage.

MARCEAU (François-Séverin). — Né à Chartres le 1er mars 1769, tué à Altenkirchen le 25 septembre 1796. Sergent d'infanterie en 1789. Général en chef de l'armée de l'Ouest, il s'y fit remarquer par sa bravoure et son humanité. Général de division en 1793, il se couvrit de gloire à Fleurus. Il commandait la 1re division de l'armée de Sambre-et-Meuse lorsqu'il fut blessé mortellement. Sa ville natale lui a élevé une statue en 1851.

8. Pendant les Cent-Jours, il accepta le ministère de l'intérieur et les fonctions de membre du gouvernement provisoire, qui le désignaient, quelques mois après, à la proscription des Bourbons.

9. Ce grand serviteur de la France se retira à Varsovie (V. C. p. 172), puis à Magdebourg (V. C. p. 148), où il mourut en 1823.

10. *Un membre du Sénat et un membre de la Chambre des Députés portent dignement le nom de Carnot, qui fut un savant en même temps qu'un général illustre, un républicain et un patriote.*

RÉSUMÉ BIOGRAPHIQUE A APPRENDRE PAR CŒUR

1. Carnot, surnommé l'organisateur de la Victoire, naquit à Nolay en 1753. Il était capitaine quand la Révolution éclata.

2. Il fut élu député par le Pas-de-Calais et réélu à la Convention.

3. Ses grandes aptitudes le firent envoyer à l'armée du Nord pour diriger la guerre; ses conseils font

gagner la bataille de Wattignies et assurent les succès de l'armée de la Moselle.

4. Carnot ne s'associe pas aux actes révolutionnaires et conserve la mission de défendre la France contre l'invasion.

5. En 1795, quatorze départements l'envoient au Directoire. Il s'exile après le 18 brumaire.

6. Revenu en France, il rentre dans la vie privée lors de l'établissement de l'empire.

7. En 1814, il est nommé gouverneur d'Anvers qu'il défend avec courage.

8. Pendant les Cent-Jours, il est nommé ministre de l'intérieur, puis exilé par les Bourbons.

9. Carnot est mort à Magdebourg en 1823.

10. Le nom de Carnot est porté de nos jours par un député et par un sénateur.

EXERCICES ORAUX OU ÉCRITS

1. Où est né Carnot? Quel beau surnom lui a-t-on donné? — 2. Ne fut-il pas envoyé à la Législative et à la Convention? — 3. Quel poste lui confia-t-on à l'armée du Nord? N'est-ce pas grâce a ses conseils que fut gagnée la bataille de Wattignies et que l'armée de la Moselle remporta ses succès? — 4. Quelle fut la mission de Carnot pendant la Convention? — 5. Combien de départements l'envoyèrent au Directoire? Quand s'exila-t-il? — 6. Quand revint-il en France et quels emplois occupa-t-il? — 7. A quelle occasion défendit-il Anvers? — 8. Que fit-il pendant les Cent-Jours? — 9. Où Carnot est-il mort. — 10. N'a-t-il pas laissé de descendants?

NAPOLÉON (1769-1821)

MEMENTO GÉOGRAPHIQUE. — BRIENNE, *ch-l. de c. au N.-O. de Bar-sur-Aube.* — LA FÈRE, *ch.-l. de c. au N.-O. de Laon.* — TOULON, *sous-préf. du Var et port militaire.* — MARENGO, *v. d'Italie à 4 kil. d'Alexandrie.* — LUNÉVILLE, *sous-*

préf. de la Meurthe. — ILE D'ELBE, *entre la Corse et l'Italie.* — WATERLOO, *v. de Belgique, au S. de Bruxelles.* — SAINTE-HÉLÈNE, *île de l'Océan Atlantique, entre l'Afrique et l'Amérique.* — LEIPZIG, *v. du royaume de Saxe.*

Lecture

I

1. Napoléon Bonaparte naquit le 15 août 1769, à Ajaccio, en Corse. Il commença ses études au collège de cette ville, les continua à l'École militaire de Brienne*. Dans le *Mémorial de Sainte - Hélène**, écrit sous sa dictée, Napoléon a raconté lui-même quelques détails de son séjour à Brienne. Il était, dit-il, dans sa toute petite enfance, turbulent, adroit, vif, preste à l'extrême. Il arriva à l'École de Brienne à l'âge d'environ dix ans. Il s'y montra doux, tranquille, appliqué et d'une grande sensibilité.

BONAPARTE. — Le plus grand homme de guerre de la Révolution : né à Ajaccio, le 15 août 1769, d'une famille d'origine italienne : sous-lieutenant en 1785, il était général de division en 1795. Premier consul, en 1799, il se fit nommer empereur des Français en 1804, sous le nom de Napoléon 1er, et roi d'Italie en 1805.

2. Napoléon passa de l'École de Brienne à celle de Paris où il resta jusqu'à l'âge de seize ans. Tous les professeurs de cette époque purent reconnaître en lui des qualités supérieures.

3. En 1785, Bonaparte, âgé de seize ans, sortit de l'École militaire de Paris et fut nommé lieutenant en second au régiment de la Fère. Quand la Révolution éclata, Bonaparte en embrassa les principes avec ardeur, et s'éleva en quatre ans du grade de lieutenant en second à celui d'adjudant général, chef de brigade. C'est au *siège de Toulon*, en 1793, qu'il révéla son génie militaire : grâce à lui, Toulon fut repris aux Anglais. Disgracié après la chute de Robespierre, à cause de ses relations avec lui, le jeune Bonaparte songeait à se rendre en Turquie, pour organiser l'artillerie du sultan, quand il fut chargé de

Bonaparte, maître d'Alexandrie, marcha sur le Caire, dont il s'empara après avoir remporté la victoire des Pyramides (24 juillet 1798).

défendre la Convention menacée par les royalistes. Il les dispersa et fut nommé d'abord général de division d'artillerie, ensuite commandant en chef de l'armée d'Italie : il avait vingt-six ans. Huit jours après avoir reçu sa nomination, le 8 mars 1796, il épousait *Joséphine Beauharnais*.

4. Dès lors, pendant les vingt années qui s'écoulent de 1796 à 1815, l'histoire de Napoléon Bonaparte est celle de la France, de l'Europe, du monde.

II

Pas un événement auquel Napoléon ne soit mêlé, dont il ne soit l'inspirateur ou la victime.

5. Après sa merveilleuse campagne d'Italie (1796-1797), qui le place au rang des plus grands capitaines, il dirige, en 1798 et 1799, l'*expédition d'Égypte* qui ajoute encore au prestige dont il est déjà entouré. De retour en France, il fait un *coup d'État* qui renverse la République et remplace le Directoire par le Consulat*. Avec le titre de *consul*, **Bonaparte** est presque aussi puissant qu'il le sera avec le titre d'*empereur;* il bat les Autrichiens à Marengo (Carte page 79 — O.), il signe les glorieux *traités de Lunéville* et d'*Amiens* en 1801 et 1802, en même temps qu'il attache son nom aux grandes créations du Concordat*, de l'Université*, de la Légion d'honneur*, du Code civil*.

6. *Empereur,* il fait la guerre pendant dix ans, il entre dans presque toutes les capitales de l'Europe, il signe les traités les plus avantageux, il porte à cent trente le nombre des départements français, mais compromet tous ces grands résultats par l'excès de son ambition, par ses violences, par sa passion pour la guerre, par son mépris de la vie humaine.

7. Les dernières années de son existence, de 1812 à 1821, sont aussi tristes que les premières ont été brillantes. Aux désastres de 1812, en Russie, succède le désastre de Leipzig, en Allemagne (C. p. 148. — E.), le 18 octobre 1813. La campagne de France en 1814, où l'empereur se montra aussi grand capitaine que dans la campagne d'Italie, n'empêcha pas l'ennemi d'entrer à Paris. Exilé à l'*île d'Elbe* (C. p. 114.— S.), Napoléon rentre en France, reprend le pouvoir, mais voit écraser sa dernière armée à *Waterloo* en 1815. (C. p. 148. — O.) Pendant que les Prussiens, les Autrichiens entrent pour la seconde fois dans Paris, Napoléon, vaincu, demande un asile aux Anglais, ses éternels ennemis : les Anglais l'envoient sur un rocher de l'Océan, à *Sainte-Hélène* où il meurt en 1821, après une longue agonie.

La mort de celui qui avait fait tant de bruit dans le monde passa presque inaperçue. Les cendres de Napoléon, rapportées de Sainte-Hélène pendant le règne de Louis-Philippe, reposent sous le dôme des Invalides.

8. *Comme capitaine, Napoléon n'a pas d'égaux; comme homme d'État, il fut un admirable organisateur : son génie était immense, mais son caractère, à la fois despotique et perfide, rapetissa son génie. N'oublions pas que s'il a fait la France très grande, il l'a laissée plus petite que la République ne la lui avait léguée.*

RÉSUMÉ BIOGRAPHIQUE A APPRENDRE PAR CŒUR

1. Napoléon Bonaparte, à l'école de Brienne, s'y montra doux et appliqué.

2. Napoléon reste à l'école militaire de Paris jusqu'à l'âge de seize ans.

3. Il révèle son génie militaire au siège de Toulon.

4. De 1796 à 1815, l'histoire de Napoléon Bonaparte se confond avec celle de la France et de l'Europe.

5. Pendant son consulat il signe les traités de Lunéville et d'Amiens.

6. Sous l'Empire, il fait la guerre pendant 10 ans.

7. Il meurt à Sainte-Hélène, victime de ses folies, le 5 mai 1821.

8. Napoléon a été un grand capitaine, un déplorable politique.

EXERCICES ORAUX OU ÉCRITS

1. Comment Bonaparte se montra-t-il à l'école de Brienne ? —2. Jusqu'à quel âge reste-t-il à l'école militaire de Paris ? — 3. A quel siège se fit-il remarquer par son génie militaire ? — 4 De 1796 à 1815 avec quelle histoire la sienne se confond-elle ? — 5. Quels traités signe-t-il pendant son consulat ? — 6. Dites ce qu'il fait sous l'empire ? — 7. Où meurt-il et en quelle année ? — 8. Que fut Napoléon ?

HOCHE (1768-1797).

MEMENTO GÉOGRAPHIQUE. — Montreuil, *aujour-d'hui faubourg de Versailles (Seine-et-Oise).* — Thionville, *pl. forte sur la Moselle.* — Nerwinde, *village de Belgique.* — Dunkerque, *port de mer du dép. du Nord.* — Wissembourg, Landau, *villes d'Alsace.* — Quiberon, *chef-lieu de canton du Morbihan.* — Leoben, Wetzlar, *v. d'Autriche.*

Lecture

1. La vie si courte et si glorieuse de **Lazare Hoche** tient en quelques lignes. Il naît tout près de Versailles, à *Montreuil,* en 1768, d'un garde du chenil de Louis XV.

2. Il est sergent aux gardes françaises en 1789, l'année de la Révolution. Peu de temps après, il se signale comme lieutenant au siège de Thionville, puis à la bataille de Nerwinde.

3. Carnot le fait nommer général de brigade : il justifie cet avancement extraordinairement rapide par la façon dont il défend Dunkerque et il est placé à la tête de l'armée de la Moselle.

4. La plus belle période de la carrière de Hoche commence alors : en quelques mois, il force les Autrichiens à abandonner les lignes de Wissembourg, il débloque Landau, il délivre l'Alsace.

5. Accusé, lui aussi, de trahison, et emprisonné, il ne sort de la Conciergerie que le 9 thermidor pour aller prendre le commandement de l'armée de l'Ouest : il bat les Chouans alliés des Vendéens, il écrase les émigrés qui ont débarqué à Quiberon et, par des mesures aussi humaines qu'intelligentes, il assure la pacification de la Bretagne et de la Vendée, que la guerre civile a désolées pendant quatre ans.

6. Hoche fut moins heureux dans sa tentative contre l'Irlande : la tempête fit échouer l'expédition qu'il avait été chargé de conduire.

7. Placé à la tête de l'armée de Sambre-et-Meuse (avril 1797), il prit une éclatante re-

HOCHE (Lazare). — Né à Montreuil, près de Versailles, le 25 juin 1768. Soldat à seize ans, général en chef à vingt-cinq ans, mort à vingt-neuf ans.

vanche : à Neuwied il remporte coup sur coup trois victoires en quelques jours.

8. Les préliminaires de paix signés à Léoben arrêtèrent sa marche, et quand, après le 18 fructidor, il prit le commandement de l'armée d'Allemagne, une maladie de poitrine l'emporta en quelques jours : il n'avait pas trente ans quand il mourut à Wetzlar, le 16 septembre 1797.

9. Sur le piédestal de la statue que la ville de Versailles a fait élever à cet illustre soldat, on lit cette belle inscription :

LAZARE HOCHE, NÉ A VERSAILLES, LE 24 JUIN 1768

SOLDAT A 16 ANS

. GÉNÉRAL EN CHEF A 25

MORT A 29

PACIFICATEUR DE LA VENDÉE.

« Mort trop tôt pour la France! S'il eût vécu, sa gloire toujours croissante n'eût rien coûté à la liberté de la Patrie. »

RÉSUMÉ BIOGRAPHIQUE A APPRENDRE PAR CŒUR

1. Hoche naquit à Montreuil en 1768.

2. Sergent en 1789, il se signale comme lieutenant à Thionville et à Nerwinde.

3. Général de brigade, il défend Dunkerque, puis est placé à la tête de l'armée de la Moselle.

4. En quelques mois il bat les Autrichiens, débloque Landau et délivre l'Alsace.

5. Emprisonné à la Conciergerie, il en sort pour commander l'armée de l'Ouest. Par des mesures humaines et intelligentes, il pacifie la Vendée.

6. Une grande tempête cause son échec contre l'Irlande.

7. Mais, à la tête de l'armée de Sambre-et-Meuse, il remporte des victoires éclatantes.

8. Commandant de l'armée d'Allemagne, il est emporté par une maladie implacable.

9. Versailles lui a élevé une statue.

EXERCICES ORAUX OU ÉCRITS

1. Où naquit Lazare Hoche?—2. Qu'é-tait-il en 1789? Où se signale-t-il? — 3. Comment fut-il nommé général? — Par quoi justifie-t-il cet avancement?— 4. Comment bat-il les Autrichiens? Ne délivre-t-il pas l'Alsace? — 5. Hoche n'a-t-il pas été emprisonné? Quelle armée commande-t-il? Comment pacifie-t-il la Vendée? — 6. N'a-t-il pas tenté une expédition en Irlande. — 7. Quelles victoires remporte-t-il avec l'armée de Sambre-et-Meuse? — 8. Quelle armée commandait Hoche quand il mourut? Où et comment est-il mort? — 9. Quelle ville lui a élevé une statue? Citez les belles paroles inscrites sur le piédestal?

CUVIER (1769-1832)

MEMENTO GÉOGRAPHIQUE. — MONTBÉLIARD, *sous-préf. du Doubs.* — STUTTGARD, *cap. du Wurtemberg.*

Lecture

I

1. Cuvier (Georges) n'est pas né Français : Montbéliard, sa patrie, appartenait, en 1769, au duc de Wurtemberg et ne fut réuni à la France que pendant la Révolution. Dès son enfance, Cuvier se fit remarquer par sa précoce intelligence; à quatre ans, il savait lire et il entreprenait la lecture de l'*Histoire naturelle de Buffon;* à quatorze ans, il fabriquait lui-même un petit herbier, formait avec ses camarades une petite société d'histoire naturelle; à seize ans, ayant terminé ses premières études, il fut envoyé à *Stuttgard* (C. p. 148) pour les compléter. Son père, officier sans fortune, avait obtenu pour lui une bourse dans l'Université de cette ville.

2. C'est en 1788 que Cuvier, âgé de dix-neuf ans, vint en France; il était alors assez instruit pour pouvoir accepter une place de précepteur dans une famille noble de la Normandie. En 1794, Cuvier, qui avait été mis en relations avec **Geoffroy Saint-Hilaire,** le plus grand naturaliste de l'époque, obtint, par sa protection, la place de professeur suppléant d'anatomie au Jardin des Plantes. Deux ans après, à vingt-sept ans, il était nommé membre de l'Institut, professeur au lycée ou École centrale* du Panthéon, puis professeur d'histoire naturelle, et enfin, professeur titulaire au Jardin des Plantes. On était alors en 1802 : Cuvier n'avait que trente-trois ans; il devint, plus tard, membre de l'Académie française, membre de l'Académie des inscriptions et belles-lettres, commissaire pour l'établissement des lycées, inspecteur général de l'Université, conseiller d'État, baron, grand officier de la Légion d'honneur, pair de France. Jamais un savant n'a réuni autant de titres et de dignités.

CUVIER (Georges), savant naturaliste né à Montbéliard en 1769, mort en 1832. C'est Cuvier qui a décrit les animaux antédiluviens tels que le mammouth, le mastodonte, etc.

Homme de science avant tout, Cuvier entretint de bons rapports avec tous les gouvernements qui se succédèrent en France, de 1789 à 1830.

3. La gloire de Cuvier est dans ses travaux et dans ses découvertes. Pendant son séjour en Normandie, au bord de la mer, il avait été conduit à étudier, outre la géologie*, les *invertébrés**, c'est-à-dire les mollusques, les insectes, les crustacés, les vers, les échinodermes, les polypes qu'il rencontrait chaque jour dans ses promenades. Son premier ouvrage est un tableau élémentaire de l'histoire naturelle des animaux.

4. De 1800 à 1829, il publia trois grands ouvrages dont le plus important, intitulé : *Recherches sur les ossements fossiles**, était précédé d'un *Discours sur les révolutions du globe*. Dans cet ouvrage, Cuvier a fondé une science nouvelle : la *Paléontologie**, c'est-à-dire la science des fossiles, animaux qui existaient autrefois sur la terre, qui ont disparu et que l'on ne retrouve plus qu'à l'état de pierre.

II

5. *Le règne animal, distribué d'après son organisation,* qui parut en 1816, ne fut pas une œuvre moins importante. C'est Cuvier qui fit substituer à la classifi-

MAMMOUTH

Cuvier a décrit les animaux antédiluviens, qu'il subdivisait en trois générations. A la première appartenaient les reptiles gigantesques ; à la seconde les pachydermes ; à la troisième les mammouths, les mastodontes, les rhinocéros, les hippopotames.

cation adoptée par **Linné,** savant suédois, pour le règne animal, une classification plus savante et plus exacte : il dut, pour arriver à cette classification, faire de longues et minutieuses observations sur des animaux comme les vers, les insectes, que personne avant lui n'avait étudiés d'aussi près.

6. On connaissait, avant Cuvier, 1,400 poissons : dans un ouvrage qu'il leur consacra *(Histoire naturelle des poissons),* il en décrivit plus de 5,000 espèces.

7. La puissance d'observation de Cuvier était si grande, ses connaissances sur la structure de tous les animaux étaient si complètes, qu'on le vit souvent, à l'inspection d'un seul os, déterminer à quelle espèce cet os appartenait. Cuvier reconstitua ainsi des espèces entières : quadrupèdes, oiseaux, reptiles, poissons, que les révolutions du globe avaient détruites. Il établit que trois générations d'animaux avaient précédé la génération actuelle. A la plus ancienne appartenaient des *reptiles gigantesques;* à la seconde, des *pachydermes,* c'est-à-dire des animaux à la peau épaisse, comme l'éléphant, d'une taille immense; à la troisième, des mammouths*, des mastodontes*, des rhinocéros, des hippopotames.

8. Cuvier fut un grand écrivain, un naturaliste de premier ordre, et aucun savant n'a revendiqué plus fermement que lui l'égalité de tous les hommes devant la science. Un jour qu'un jeune homme discutait avec lui une question d'anatomie et l'appelait à tout bout de champ : Monsieur le baron ! Monsieur le baron ! Cuvier, impatienté, s'écria : *Il n'y a pas de baron ici, mais seulement deux savants qui cherchent la vérité et qui s'inclinent devant elle.*

9. *La ville de Montbéliard a honoré le plus célèbre de ses enfants en lui dressant une statue, en appelant son collège le collège Cuvier. L'écrivain et le savant ont mérité ces honneurs.*

RÉSUMÉ BIOGRAPHIQUE A APPRENDRE PAR CŒUR

1. Cuvier, né à Montbéliard en 1769, fit ses premières études à l'Université de Stuttgard.

2. Cuvier, venu en France en 1788, parvint aux plus hautes fonctions dans l'enseignement, aux plus hautes dignités politiques.

3. Son premier ouvrage fut un tableau élémentaire de l'histoire naturelle des animaux.

4. Cuvier a fondé la *Paléontologie* ou science des fossiles.

5. Cuvier a trouvé une nouvelle classification du règne animal.

6. Cuvier a décrit plus de 5,000 espèces de poissons.

7. Cuvier, avec un seul os, reconstituait des espèces disparues.

8. Pour Cuvier, tous les hommes étaient égaux devant la science.

9. Cuvier fut un administrateur habile, un remarmarquable écrivain, un savant illustre.

EXERCICES ORAUX OU ÉCRITS

1. Où est né Cuvier et où commença-t-il ses études ? — 2. Venu en France en 1788, à quoi parvint-il ? — 3. Quel fut son premier ouvrage ? — 4. Quelle est la science fondée par Cuvier ? — 5. Qu'est-ce que Cuvier a trouvé ? — 6. Qu'a-t-il décrit ? — 7. Que faisait-il avec un seul os ? — 8. Qu'étaient les hommes pour Cuvier ? — 9. Dites ce que fut Cuvier.

AMPÈRE (1775-1836)

MEMENTO GÉOGRAPHIQUE. — Lyon, *chef-lieu du dép. du Rhône.* — Marseille, *chef-lieu du dép. des Bouches-du-Rhône.* — Bourg, *chef-lieu du dép. de l'Ain.*

Lecture

1. Fils d'un ancien commerçant devenu propriétaire aux environs de Lyon, **André-Marie Ampère** naquit en 1775. Dès son enfance, il montra une facilité étonnante pour la solution des problèmes de mathématiques les plus difficiles et une remarquable mémoire. Il avait dix-huit ans, en 1793, quand son père fut envoyé à l'échafaud, pendant la Terreur, comme aristocrate ; il vint s'établir à Lyon jusqu'en 1801, donnant des leçons pour vivre, et fut nommé, à cette

époque, professeur de physique au collège de Bourg.
Dès lors, son avancement est rapide : professeur à
Lyon, répétiteur à l'École polytechnique*, où il fut le
collègue d'Arago, membre de l'Institut*, il mérita et obtint successivement tous les honneurs, toutes les dignités.

AMPÈRE (André-Marie), illustre mathématicien et physicien français, inspecteur général de l'Université, naquit à Lyon, le 20 janvier 1775, et mourut à Marseille le 10 juin 1836. Il fit faire de grands progrès à la science et eut la première idée du télégraphe électrique.

2. A ces honneurs, Ampère préférait le travail solitaire dans son petit laboratoire de la rue des Fossés Saint-Victor, à Paris ; c'est là que ses recherches sur l'électricité le conduisirent à la *découverte de la télégraphie électrique*. Ampère s'efforça ensuite de classer toutes les connaissances humaines dans un ordre naturel et publia dans ce but un ouvrage intitulé : *Essai sur la philosophie des sciences*.

3. Il remplit jusqu'à la dernière heure ses fonctions d'inspecteur général de l'Université. Il inspectait le collège de Marseille, en 1836, quand il fut forcé de prendre le lit, qu'il ne devait plus quitter. Un jour, le proviseur veut lui lire l'*Imitation de Jésus-Christ* : « Je la sais par cœur », dit doucement Ampère, et il expira.

4. Les distractions de cet illustre physicien sont restées célèbres et n'ont pas peu contribué à le rendre populaire. On le représente posant ses problèmes sur le dos d'une voiture qu'il prend pour un tableau noir ; jetant à la Seine sa montre au lieu d'un caillou qu'il vient de ramasser ; prenant, dans son cours à l'École polytechnique, le torchon qui sert à effacer la craie pour son foulard, s'essuyant le front avec et le mettant dans sa poche.

5. Vraies ou fausses, ces histoires montrent bien qu'Ampère, toujours à la recherche de quelque problème, à l'affût de quelque découverte, n'avait pas le temps de songer aux menus détails de l'existence.

Ces distractions nous ont valu des observations admirables et de glorieuses découvertes. Ampère a

AMPÈRE ET SA VOITURE

On raconte qu'Ampère, dont les distractions sont restées légendaires, s'était arrêté un jour, auprès d'une voiture dont il avait pris le dos pour un tableau noir. Il y posa un problème et en cherchait la solution, quand la voiture se mit à marcher. Ampère courut après en continuant à écrire sa solution.

créé une branche importante de la physique que l'on appelle l'*électro-dynamique* *.

6. *Au contraire de beaucoup de grands hommes, Ampère dès sa jeunesse avait annoncé sa supériorité par sa passion pour la lecture, par sa mémoire extraordinaire, par son intelligence des mathématiques.*

RÉSUMÉ BIOGRAPHIQUE A APPRENDRE PAR CŒUR

1. Ampère, dès sa jeunesse, pouvait résoudre les plus difficiles problèmes de mathématiques.

2. Dans son petit laboratoire de la rue des Fossés-Saint-Victor, Ampère découvre la télégraphie électrique.

3. Ampère mourut à Marseille, dans ses fonctions d'inspecteur général de l'Université.

4. Les distractions de ce grand mathématicien et physicien sont restées célèbres.

5. Ampère a créé l'électro-dynamique.

6. Ampère, jeune encore, lisait beaucoup, retenait tout, comprenait tout.

EXERCICES ORAUX OU ÉCRITS

1. Que faisait Ampère, dès sa jeunesse? — 2. Quelle est la découverte qu'il fit? — 3. Où mourut-il et quelles étaient ses fonctions? — 4. Ses distractions sont-elles restées célèbres?— 5. Que créa-t-il? — 6. Jeune encore, que faisait-il?

ARAGO (1786-1853)

MEMENTO GÉOGRAPHIQUE. — ESTAGEL, *petite v. des Pyrénées-Orient., à 21 kil. N.-O. de Perpignan.* — DUNKERQUE, *sous-préf. et port militaire sur la mer du Nord.* — BARCELONE, *port de guerre d'Espagne, sur la Méditerranée.*

Lecture

1. **François-Dominique Arago** naquit à Estagel, le 26 février 1786. Son père, caissier de la Monnaie, à Perpignan, le fit élever au collège de cette ville. A dix-sept ans, le jeune Arago se présenta à l'École polytechnique, où il fut reçu le premier. Ses aptitudes en mathématiques le firent nommer secrétaire du *Bureau des longitudes.* Ce Bureau, composé de géomètres, d'astronomes et de navigateurs, était

chargé de recueillir et de publier toutes les observations relatives à la connaissance du temps.

2. En 1806, Napoléon Ier, auquel **Monge**, l'illustre mathématicien, avait recommandé Arago, chargea ce jeune homme de vingt ans de travailler à la mesure de l'arc du méridien terrestre. Le méridien terrestre est une ligne imaginaire qui passe par un point donné comme Paris, par les deux pôles et qui coupe l'équateur. L'opération dont était chargé Arago, avec **Biot**, savant déjà célèbre, et deux commissaires espagnols, avait été faite par **Delambre** et **Méchain**, de Dunkerque à Barcelone : il s'agissait de la prolonger de Barcelone aux îles Baléares. (Carte page 114.)

ARAGO (François), né à Estagel (Pyrénées-Orientales), le 26 février 1786, mort à Paris, le 2 octobre 1853. Célèbre astronome, secrétaire perpétuel de l'Académie des sciences, directeur de l'Observatoire de Paris. Député des Pyrénées-Orientales de 1830 à 1848, Arago fut un des chefs de la deuxième République.

3. Les travaux d'Arago furent traversés par une foule d'accidents. La guerre ayant éclaté entre la France et l'Espagne, les habitants de Majorque, l'une des îles Baléares, prirent Arago pour un espion ; enfermé dans une forteresse, il y reprit tranquillement ses calculs. Délivré peu de temps après, il s'embarqua pour Marseille ; en mer, il tomba aux mains d'un corsaire* espagnol, fut conduit à Alger, où il dut faire les fonctions d'interprète sur un navire de pirates, et ne revint à Paris qu'en 1809.

4. Nommé membre de l'Académie des sciences à vingt-trois ans, professeur à l'Ecole polytechnique et plus tard directeur de l'Observatoire, il sut mener de

front les découvertes les plus importantes et l'enseignement le plus clair, le plus substantiel qui fût
jamais. Ses leçons sur l'astronomie sont restées des
modèles inimitables : elles font comprendre l'astronomie à tous ceux qui n'ont aucune notion des mathématiques. On a dit avec raison qu'Arago avait
démocratisé la science en la rendant accessible à tous.

5. Ferme républicain, Arago avait désapprouvé, en

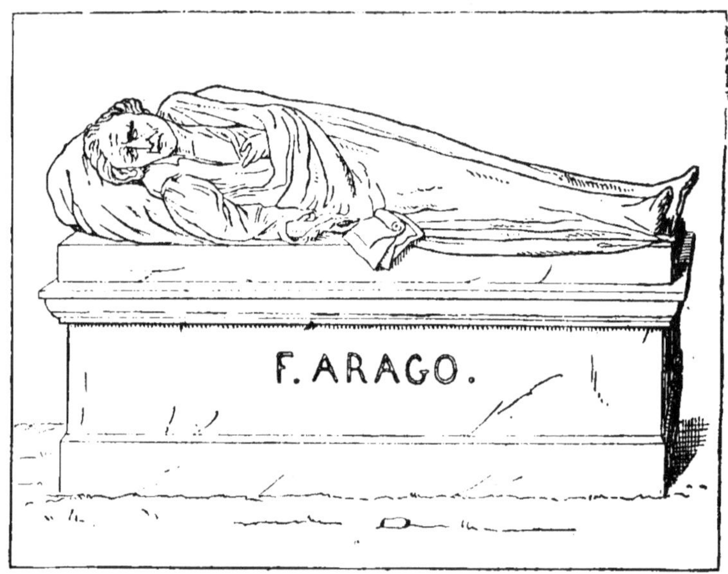

PROJET DE TOMBEAU DE FRANÇOIS ARAGO (dernière œuvre de David d'Angers).

1802, l'établissement du Consulat à vie ; en 1830, il fut
élu député des Pyrénées-Orientales et il appuya toutes
les mesures libérales. Nommé membre du gouvernement provisoire en 1848, il reçut la mission spéciale
de diriger les ministères de la marine et de la guerre.
Réélu à la Législative en 1849, il protesta contre le
coup d'Etat de 1851, et refusa le serment à l'Empire
en 1852. *Il mourut l'année suivante, après avoir
donné ce bel exemple de fidélité aux convictions de
toute sa vie.*

6. *Arago fut précoce comme Ampère: comme Ampère il eut pour fils un homme distingué: plus qu'Ampère il sut mettre la science à la portée de tous.*

RÉSUMÉ BIOGRAPHIQUE A APPRENDRE PAR CŒUR

1. A dix-sept ans Arago fut reçu le premier à l'École polytechnique.

2. A vingt ans, Arago est chargé de mesurer l'arc du méridien terrestre.

3. Ses travaux furent traversés par une foule d'accidents. Pris pour espion, Arago fut enfermé dans une forteresse.

4. A vingt-trois ans, Arago entre à l'Académie des sciences.

5. Arago fut toujours fidèle aux convictions républicaines de sa jeunesse.

6. Arago fut un remarquable vulgarisateur scientifique.

EXERCICES ORAUX OU ÉCRITS

1. A l'âge de dix-sept ans, à quelle école Arago fut-il reçu? — 2. A vingt ans de quoi est-il chargé? — 3. Ne rencontre-t-il pas d'obstacles? — 4. Où entre-t-il à l'âge de vingt-trois ans? — 5. Resta-t-il fidèle à ses convictions? — 6. Que fut Arago?

LIVINGSTONE (1815-1873)

MEMENTO GÉOGRAPHIQUE. — Glascow, *v. d'Écosse sur la Clyde.* — Cap de Bonne-Espérance, *au sud de l'Afrique.* — Zambèze, *fleuve de l'Afrique, se jette dans l'Océan indien.* — Saint-Paul de Loanda, *station portugaise au Congo.* — Congo, *fleuve de l'Afrique centrale, se jette dans l'Océan atlantique.* — Zanzibar, *ville sur la côte sud-est de l'Afrique.* — Lacs Ngami, Dilolo, Nyassa, Banguelo, Tanganika, *lacs du centre de l'Afrique qui servent de réservoirs à presque tous les grands fleuves.*

— NIL, *fleuve qui prend sa source au lac Victoria Nyanza et se jette dans la Méditerranée.*

Lecture

1. David Livingstone, né à Blantyre (Écosse), en 1815, appartenait à une pauvre famille; mais il ne comptait pas, lui-même le disait avec orgueil, un seul malhonnête homme parmi ses ancêtres. Fils d'un ouvrier filateur, il entra dans une fabrique à dix ans; il apprit seul, avec les livres achetés sur ses économies, les premiers éléments des sciences et vint à Glascow suivre les cours de l'Université de cette ville.

A force de travail, de persévérance, il conquit, en 1830, le titre de docteur de l'Université de Glascow. Ses études avaient été dirigées principalement du côté de la botanique et de la géologie : il songeait, en effet, dès cette époque, à entreprendre les voyages de découverte qui l'ont immortalisé, et ses pensées étaient toujours dirigées vers le continent inconnu, vers l'Afrique, que l'Europe a si peu pénétrée jusqu'à ce jour. Son projet

LIVINGSTONE (David), illustre explorateur anglais, s'est rendu célèbre par ses voyages et ses découvertes dans l'Afrique australe et centrale (1815-1873.)

était de porter à la fois la civilisation et le christianisme aux peuplades nègres, ignorantes et idolâtres, de les convertir, mais aussi de leur apprendre à cultiver la terre, à construire des maisons, à creuser des canaux.

2. Son premier voyage le conduisit du cap de Bonne-Espérance au *lac Ngami,* au *fleuve Zambèze* et à *Saint-Paul de Loanda.* (Carte p. 235.)

Le second, de Saint-Paul de Loanda au *Zaïre*, formé par la réunion du Coango et du Congo, au *lac Dilolo*, à la *chute Victoria* sur le Zambèze.

Livingstone revint en Angleterre, après ses deux grandes expéditions, en 1856. Mais il avait la nostal-

gie de l'Afrique, comme d'autres ont celle du pays natal.

3. Un troisième voyage le conduisit dans les vallées du Zambèze, du *Chiré*, son affluent, et lui fit découvrir un grand lac qu'il appela *Nyassa*.

4. Dix ans plus tard, après un nouveau séjour en Angleterre, il reprit, pour la dernière fois, le chemin

de l'Afrique. De Zanzibar, sur la côte orientale, il gagna la région dite des Lacs, traversa le pays de Loanda et découvrit le *lac Banguelo*. Ces voyages sans cesse répétés, les fatigues de chaque jour, les luttes soutenues contre les indigènes, contre les conducteurs arabes, aussi perfides parfois que les indigènes, avaient épuisé la robuste santé de Livingstone; la mort de sa femme, qui l'avait accompagné en Afrique, le frappa d'un nouveau coup. Malade, épuisé

STANLEY rencontre Livingstone au mois de mars 1872, auprès du lac Tanganyka, au village d'Oudjiji, et ne peut le déterminer à revenir en Europe.

par la fièvre et la misère, il dut se faire porter en litière par quelques braves nègres qui lui étaient restés fidèles. Sa dernière joie fut la rencontre de **Stanley**, que le directeur d'un grand journal américain, le *New-York Herald*, avait envoyé à sa recherche. Près du *lac Tanganyka* (Carte p. 235), au village d'*Oudjiji*, Stanley rencontra Livingstone, au mois de mars 1872, et essaya vainement de le déterminer à revenir en Europe : le courageux missionnaire voulait mourir en Afrique, sur le théâtre de sa gloire. Il expira le 4 mai 1873, près du *lac Tanganyka*. Les derniers mois de sa vie avaient été consacrés à la recherche des *sources du Nil*. Ses restes, ramenés en Angleterre, furent déposés dans l'abbaye de Westminster, en 1874.

5. *L'Angleterre eut raison d'honorer cet homme hardi, entreprenant, patient aux fatigues, et de le placer au milieu de ses plus grands hommes. On n'est pas seulement un grand homme, en effet, par le génie, mais aussi par le caractère, et nul caractère ne fut plus noble que celui de David Livingstone.*

RÉSUMÉ BIOGRAPHIQUE A APPRENDRE PAR CŒUR

1. Livingstone, pendant les études de sa jeunesse, ne songeait qu'à l'Afrique.

2. Ses deux premiers voyages lui font découvrir les lacs Ngami et Dilolo.

3. Son troisième voyage le conduit sur les bords du lac de Nyassa.

4. Dans son quatrième voyage, Livingstone est rejoint par Stanley.

5. Livingstone a été enseveli à Westminster.

EXERCICES ORAUX OU ÉCRITS

1. A quoi songeait Livingstone dans sa jeunesse? — 2. Quelles sont les découvertes qu'il fit dans ses deux premiers voyages? — 3. Où le conduit son troisième voyage? — 4. Qui rencontre-t-il dans son quatrième? — 5. Où a-t-il été enseveli?

LÉON GAMBETTA (1838-1882)

MEMENTO GÉOGRAPHIQUE. — CAHORS, *chef-lieu du dép. du Lot.*— SEDAN, *chef-lieu d'arr. du dép. des Ardennes.*— TOURS, *chef-lieu du dép. d'Indre-et-Loire.* — METZ, *ville forte sur la Moselle, aujourd. à l'Allemagne.* — STRASBOURG, *ancien chef-lieu du dép. du Bas-Rhin.* — COULMIERS, *village du département du Loiret, près d'Orléans.* — LILLE, *chef-lieu du dép. du Nord.* — LYON, *chef-lieu du dép. du Rhône.*— BORDEAUX, *chef-*

lieu du dép. de la Gironde. — FRANCFORT, *ville de Prusse, sur le Mein.* — NICE, *chef-lieu du dép. des Alpes-Maritimes.*

Lecture

1. Le 3 avril 1838, un petit épicier de Cahors, nommé **Gambetta**, allait à la mairie déclarer la naissance d'un fils, sous le prénom de **Léon**.

2. Le 2 janvier 1883, le gouvernement français décidait que des funérailles nationales seraient faites à un citoyen illustre qui venait de mourir. Quatre jours après, derrière le char funèbre, marchaient le Président de la République, les Ministres, le Sénat, la Chambre des députés, le Conseil municipal de Paris, les plus hauts dignitaires de la magistrature, de l'Université, des diverses administrations, les généraux chefs de corps d'armée suivis de deux mille officiers, l'École polytechnique, plus de cent mille délégués de la plupart des villes de France, y compris ceux de notre chère Alsace-Lorraine, et par derrière une foule innombrable. Et cet imposant cortège défilait, sur la ligne immense des plus grandes rues de Paris, au milieu d'un million d'hommes, de femmes et d'enfants, découverts, silencieux, consternés. La France entière portait le deuil du plus grand de ses enfants, de Léon Gambetta, le fils du petit épicier de Cahors.

3. Pourquoi ce deuil, pourquoi ces honneurs inconnus jusqu'ici ? Pourquoi l'armée inclinant ses drapeaux devant ce cercueil triomphal ? Pourquoi ce petit sac plein de terre d'Alsace déposé dans la tombe aux pieds de l'illustre mort ? Ah ! la réponse était alors dans toutes les bouches : c'est que Gambetta avait été, pendant la guerre terrible, l'âme de la *Défense nationale :* que nul n'avait plus puissamment contribué à sauver l'honneur de la France, et que c'était sur lui, surtout, que la France comptait pour hâter l'heure de la justice et rattacher à la patrie les fils qui en ont été violemment séparés.

4. Le petit enfant de Cahors avait bien grandi! En 1861, il arrive à Paris, et presque sans ressources, à force d'énergie, il parvient à se faire recevoir avocat. Bientôt, sa parole ardente, l'étendue et la variété de ses connaissances, sa générosité d'âme, une puissance secrète pour commander et pour se faire aimer, le placent hors de pair parmi ses contemporains. Une plaidoirie dans laquelle il a le courage, en plein Empire, de flétrir, avec une éloquence indignée, le coup d'État du 2 Décembre, le désigne aux

GAMBETTA (Léon-Michel). — Né à Cahors (Lot), le 3 avril 1838; mort à Ville-d'Avray (Seine-et-Oise), le 31 décembre 1882. Célèbre homme d'État, grand patriote et orateur illustre; il ranima le courage des Français en 1870, organisa des armées, fit tête six mois aux Prussiens; il a puissamment contribué à la fondation de la République. Sa mort prématurée fut un deuil pour la France. Le gouvernement décida qu'il lui serait fait des funérailles nationales. Un million d'hommes suivit le cortège funèbre. On plaça sur son cercueil un petit sac plein de terre d'Alsace avec ces mots: A GAMBETTA, L'ALSACE VIOLÉE, NON DOMPTÉE.

suffrages de ses concitoyens. Nommé député en 1869, il ne fut pas moins remarqué à la Chambre qu'au barreau. Ses admirables discours faisaient grandir chaque jour sa popularité.

5. Soudain, un orage épouvantable éclate sur notre malheureux pays. **Napoléon III** déclare follement la guerre à la Prusse. En quelques semaines, malgré le courage héroïque de nos soldats, nous perdons batailles sur batailles : toute une armée est faite prisonnière à Sedan (V. carte p. 148), les Allemands envahissent nos provinces de l'Est, où Bazaine commande la seule armée qui nous reste, et Paris, enveloppé, est à peine en état de défense.

6. Le peuple s'indigne et s'irrite; le 4 septembre

1870, la République est proclamée, et Gambetta acclamé comme un des membres du Gouvernement de la Défense nationale *. Voyant qu'à Paris ne manquent ni les hommes ni les chefs, il part en ballon, traverse

LA CHAMBRE DES DÉPUTÉS

au milieu des coups de feu les lignes prussiennes, arrive à Tours (V. carte p. 96), et assume toute la charge du Gouvernement, comme ministre de l'intérieur et de la guerre (6 octobre 1870).

II

7. En quel état était alors notre chère patrie !

Plus d'armée, plus d'armes ! Nos fusils sont dans Metz et Strasbourg (V. carte p. 148), qui vont être prises tout à l'heure ; dans les arsenaux point d'approvisionnements, et, dans toute l'étendue de la France, six canons attelés ! Quelques fuyards, quelques bataillons de réserve évadés réunis auprès d'Orléans et dans le Nord. Voilà tout ce qui reste !

Ah! c'est bien fini, n'est-ce pas? Qu'avez-vous à opposer à ces masses d'hommes qui s'avancent, qui entourent Paris d'un cercle si serré que la France ne sent même plus battre son cœur!...

Eh bien non! ce n'est pas fini! Des armées vont sortir de dessous terre; elles sortiront improvisées, innombrables, mal armées, mal équipées, mal encadrées, quelquefois aussi, hélas! mal commandées.

CHANZY (Antoine-Eugène-Alfred), né à Nouart (Ardennes), le 18 mars 1823, général français, sénateur, ancien ambassadeur de France en Russie; commandant en chef de la deuxième armée de la Loire en 1870, dans la guerre contre la Prusse. Il est mort le 5 janvier 1883.

Et cependant ces héros disputeront pied à pied le sol de la Patrie, balanceront la fortune et feront trembler les vainqueurs.

8. C'est à la prodigieuse activité d'un avocat de trente-deux ans, à son génie organisateur, à son patriotisme que rien ne pouvait effrayer ni décourager, que fut dû ce prodigieux effort. A peine a-t-il pris terre, que tout se transforme, comme par magie.

Il découvre, on peut le dire, **Chanzy** et **Faidherbe**, et leur donne les commandements où ils ont illustré leur nom et ramené à plusieurs reprises la victoire sous nos drapeaux. Une armée se forme en quelques semaines et bat les Allemands à Coulmiers. Mais le dernier espoir semble nous manquer : **Bazaine** trahit, livre Metz et ses soldats. Gambetta n'est pas abattu :

« *Français,* s'écrie-t-il, *élevez vos âmes et vos réso-*
« *lutions à la hauteur des effroyables périls qui fon-*

« *dent sur la Patrie! Il dépend encore de nous de*
« *lasser la mauvaise fortune, et de montrer à l'uni-*
« *vers ce qu'est un grand peuple qui ne veut pas*
« *périr, et dont le courage s'exalte au sein même des*
« *catastrophes!* »

9. Les troupes prussiennes, laissées libres par la chute de Metz, triomphent, malgré les héroïques efforts de notre jeune armée. Gambetta ne désespère pas. Tandis que, dans sa retraite sur l'Ouest, Chanzy soutient, pas à pas, avec une indomptable ténacité, l'attaque de l'ennemi, Gambetta organise une autre armée, et la lance au secours de Belfort, où tient toujours le colonel **Denfert**. S'il réussit, la retraite est coupée, et sus aux Allemands!

10. Mais, après la trahison des hommes, celle de la nature! Les neiges d'un hiver extraordinairement rigoureux retardent nos bataillons, et l'Allemand peut les envelopper de forces supérieures. Gambetta ne désespère toujours pas. Il pousse chaque jour au combat des régiments nouveaux, des canons par centaines : ce que nous avions de chemins de fer encore libres le portait tour à tour à Orléans, à Lille, à Lyon (V. carte page 213), partout où il y avait des plans à exécuter, des courages incertains à raffermir, des désordres à apaiser.

11. Le siège du gouvernement a dû reculer de Tours à Bordeaux (V. carte p. 96). Un tiers du sol sacré de la France est foulé par l'ennemi, Chanzy est battu au Mans, Paris se rend : Gambetta ne désespère pas encore. Il veut toujours lutter, lutter à outrance : « Les Prussiens s'épuisent, dit-il, l'Europe s'inquiète; nous avons encore 600,000 hommes armés, 2,000 canons; des corps nouveaux vont entrer en ligne, les usines de guerre qu'il a fallu créer vont donner du matériel; il faut tenir encore; au printemps tout peut changer; l'âme de la France s'est réveillée, d'ailleurs, et tout citoyen est maintenant un soldat. Qui osera

signer le pacte qui livre à l'ennemi les plus français de nos frères, et qui ouvre notre frontière de l'Est? » En vain Chanzy soutient Gambetta; le sort en est jeté : l'Assemblée nationale conclut la *paix de Francfort* (V. carte p. 148), et, au mépris de la liberté humaine, le sort des Alsaciens et des Lorrains est réglé par un marché, comme celui d'un troupeau.

III

12. Jusqu'au bout, Gambetta avait résisté. Et voilà

FUNÉRAILLES DE GAMBETTA (place de la Concorde).

pourquoi on a placé dans sa tombe un petit sac plein de terre d'Alsace, avec cette inscription, témoignage de reconnaissance éternelle et d'espérance invincible : *A Gambetta, l'Alsace violée, non domptée.*

13. Certes, ces inoubliables services ne sont pas les seuls que Gambetta ait rendus à la Patrie. S'il n'a pu vaincre les Allemands, il a mené du moins la République à la victoire. Nul n'a contribué plus que lui à l'établissement de ce régime de liberté et de justice, dont nous éprouvons chaque jour les bienfaits. Que

LA STATUE DE GAMBETTA A CAHORS, ÉRIGÉE LE 14 AVRIL 1884.

ne lui devons-nous pas pour ces luttes parlementaires, où son incomparable éloquence, son suprême bon sens et son grand cœur ont tant fait pour le droit et la liberté?

En politique comme à la guerre, il n'a jamais pensé ni à lui, ni aux siens, ni aux intérêts étroits d'un parti ou d'une secte. L'amour sacré de la Patrie remplissait cette âme généreuse. D'une bonté sans égale pour ses amis, il n'eut jamais pour ses pires ennemis une parole amère.

« *Il ne faut jamais diminuer,* disait-il, *une seule des forces morales de la France.* »

14. Le deuil de la Patrie, les hommages de tout un peuple sont maintenant expliqués. La France a pleuré Gambetta, non seulement parce que nul ne l'avait plus ardemment servie, mais parce que nul ne l'avait plus aimée.

Prenez exemple sur lui. Si jamais de nouvelles épreuves assaillent notre France, faites comme lui : ne désespérez jamais, et songez avant tout à sauver l'honneur. Si, comme j'en ai la certitude, la fortune qui nous a été si cruelle rend justice à votre courage, rappelez-vous qu'il a dit : « *Ma seule ambition est d'avoir ma statue à Strasbourg.* »

15. Oui, faites comme lui, pensez sans cesse à la Patrie. Songez qu'en faisant le bien vous augmentez et qu'en faisant le mal vous diminuez sa grandeur morale. Et quand le jour suprême sera venu, puissiez-vous avoir le droit de dire comme lui : « *J'ai fait mon devoir... Patriote avant tout!* »

16. *Nice a reçu la dépouille mortelle de Gambetta: Cahors lui a élevé une statue : Paris lui prépare un monument: vingt autres villes ont donné son nom à une place, à un boulevard, à une rue : ce nom vivra comme celui des hommes qui font honneur à la France.*

RÉSUMÉ BIOGRAPHIQUE A APPRENDRE PAR CŒUR

1. Gambetta, fils d'un épicier de Cahors, est né le 3 avril 1838.

2. Le 6 janvier 1883, la France entière assistait aux obsèques de Léon Gambetta, l'un de ses plus illustres enfants.

3. Pendant l'année terrible, Gambetta a été l'âme de la défense nationale.

4. Arrivé à Paris en 1861, Gambetta est reçu avocat. Après une plaidoirie célèbre, il est nommé député en 1869.

5. Après le désastre de Sedan, la France est envahie et Paris enveloppé.

6. A la proclamation de la République, Gambetta est acclamé membre du gouvernement de la Défense nationale. Le 6 novembre 1870 il sort de Paris en ballon.

7. Il trouve la France sans armes et presque découragée; et pourtant il fait sortir des armées de dessous terre.

8. Gambetta organise des armées, en confère le commandement à Faidherbe et à Chanzy. Les Allemands sont battus à Coulmiers. Malheureusement Bazaine trahit et livre Metz aux Prussiens.

9. Après les redditions de Metz, Gambetta lance une armée sur Belfort pour débloquer la ville et couper la retraite aux Allemands.

10. L'hiver rigoureux déjoue ses projets. Gambetta parcourt la France pour ranimer les courages.

11. Paris se rend. Gambetta ne désespère pas. Il veut lutter à outrance. Malgré lui, l'Assemblée nationale signe la paix de Francfort qui laisse l'Alsace et la Lorraine aux Allemands.

12. C'est en souvenir de cette héroïque résistance

qu'on a mis un petit sac plein de terre d'Alsace sur le cercueil de Gambetta.

13. Nul n'a plus contribué que lui à l'établissement de la République. L'amour de la liberté et de la Patrie était son seul guide.

14. Gambetta doit nous servir d'exemple; il a dit : *Ma seule ambition est d'avoir ma statue à Strasbourg.* Souvenons-nous!

15. Gambetta était patriote avant tout.

16. Nice a reçu sa dépouille mortelle. Cahors lui a dressé une statue, Paris lui élève un monument.

EXERCICES ORAUX OU ÉCRITS

1. De qui Gambetta était-il le fils? Où est-il né? — 2. Que se passa-t-il le 6 janvier 1883? — 3. Qu'a fait Gambetta pendant l'année terrible? — 4. En quelle année a-t-il été reçu avocat? Quand fut-il nommé député? — 5. A quelle époque la France a-t-elle été envahie?—6. Quand Gambetta fut-il membre de la Défense nationale? Quand quitte-t-il Paris en ballon? — 7. Comment trouve-t-il la France? Que fait-il? —8. Gambetta n'organise-t-il pas des armées et ne trouve-t-il pas des généraux? Par qui Metz fut-elle livrée? — 9. Que voulait Gambetta en lançant une armée sur Belfort? — 10. Comment ses projets sont-ils déjoués? Que fait alors Gambetta. — 11. N'est-ce pas malgré Gambetta que le traité de Francfort a été conclu? — 12. Qu'a-t-on mis sur son cercueil? — 13. Qu'a fait Gambetta pour la République? — 14. Que voulait Gambetta? —15. Qu'était-il?— 16. Quelles villes lui ont élevé des monuments?

VICTOR HUGO (1802-1885)

MEMENTO GÉOGRAPHIQUE. — BESANÇON, *ville forte, chef-lieu du département du Doubs, 55,000 habitants.*— JERSEY ET GUERNESEY, *îles de la Manche, voisines de la France, qui faisaient jadis partie du duché de Normandie et que la France n'a pu reprendre après la guerre de Cent ans.* — NANCY, *capitale de la Lorraine, chef-lieu du département de Meurthe-et-Moselle; académie, facultés, école forestière, 68,000 habitants.* — THIONVILLE, *ancien chef-lieu d'arrondissement de la Moselle, cédé à l'Allemagne par le traité de Francfort (1871).*

Lecture

I

1. Victor Hugo naquit à Besançon (p. 96), le 26 février 1802. Il tenait à la Lorraine par son père, le général Hugo, et à la Bretagne par sa mère, Sophie Trébuchet.

Le général Hugo, né à Nancy (p. 96), en 1774, avait fait toutes les guerres de l'Empire ; il s'illustra, en 1814, par sa belle défense de Thionville (p. 96), contre les alliés, et mourut en 1828.

2. La première enfance de Victor Hugo se passa tantôt en France, tantôt en Italie, car son père se faisait suivre de sa fa-

HUGO (Marie-Victor, comte).— Le plus grand poète du XIXᵉ siècle, sénateur, membre de l'Académie française, né à Besançon, le 26 février 1802, mort à Paris le 22 mai 1885.

mille dans presque tous ses changements de garnison. De 1809 à 1811, le jeune Victor séjourna à Paris, et y commença son éducation sous les yeux de sa mère.

En 1812, il alla rejoindre son père en Espagne où il fut admis au nombre des pages du roi Joseph, et entra en cette qualité au séminaire des nobles de Madrid. Les événements politiques abrégèrent son séjour dans cette maison en forçant son père à rentrer en France.

3. Victor Hugo fut poète de bonne heure : en 1817, il envoya à l'Académie française une épître sur les *Avantages de l'étude,* qui fut jugée digne du prix, mais que l'on ne couronna pas, parce qu'on supposa que l'auteur s'était moqué de l'Académie en déclarant qu'il n'avait que quinze ans.

Il perdit sa mère au mois de juin 1821. Son père, le Général Hugo, qui aurait voulu le voir entrer à l'École polytechnique, lui offrit de lui faire une pension s'il voulait adopter une profession plus régulière que la littérature. Il refusa : ses premières publications lui avaient rapporté 800 francs avec lesquels il vécut un an. Il s'est souvenu de cette époque de misère en décrivant la jeunesse de Marius dans *les Misérables*. Son frère Abel lui trouva un libraire pour imprimer un manuscrit des *Odes*. Le roi Louis XVIII, qui se fit lire le volume, en fut enchanté et donna au jeune poète une pension de mille francs sur sa cassette.

4. En 1827, devenu le chef des *romantiques*, il rompt définitivement avec les *classiques* en publiant son drame de *Cromwell*, dans la préface duquel il exposait les théories littéraires de la nouvelle école.

En 1828 parurent *les Orientales*, un de ses chefs-d'œuvre; en 1829, *le Dernier Jour d'un Condamné*.

La même année, il donne au Théâtre-Français son premier drame, *Marion Delorme*, et, de 1830 à 1838, il fait représenter successivement *Hernani*, dont les représentations furent troublées par les luttes des Classiques et des Romantiques, *Lucrèce Borgia*, *Marie Tudor*, *Angelo* et *Ruy-Blas*, qui rappelle le succès du grand acteur Frédérick Lemaître.

5. En 1831, Hugo avait donné son chef-d'œuvre en prose, *Notre-Dame de Paris*; en 1837 et 1840, *les Voix intérieures* et *les Rayons et les Ombres*, qui ne le cèdent à aucune de ses plus belles inspirations lyriques.

6. Sa réception à l'Académie française, en 1841, avait attiré une nombreuse affluence; on s'attendait à un chant de triomphe du chef des romantiques, on se demandait comment il traiterait ses adversaires d'hier, ses confrères d'aujourd'hui; mais la curiosité publique fut déjouée, et le discours de Victor Hugo fut un discours tout politique. Il indiquait par là un désir qu'il avait depuis longtemps : c'était d'entrer dans la vie politique, pour laquelle, avec son prodigieux talent de publiciste et d'orateur, il se sentait né.

En 1845, Louis-Philippe mit le comble à ses vœux en le nommant pair de France.

II

7. Pendant la Révolution de 1848, Victor Hugo, après avoir hésité un instant entre la droite de la Constituante, où siégeaient les partisans plus ou moins avoués des régimes déchus, et la gauche où se trouvaient réunis les républicains, vint enfin à ceux-ci, et depuis lors il leur appartint tout entier. Dans la Constituante, il fut même le chef du groupe des républicains radicaux. L'un des premiers, il devina les projets du président **Louis-Napoléon**, qui visait à l'Empire, malgré le serment qu'il avait fait de rester fidèle à la République. Aussitôt il fit une guerre acharnée à celui qu'il appelait déjà *Napoléon le Petit;* il prononça au mois de novembre 1851, un de ses plus beaux discours contre le rétablissement de l'empire.

8. Au coup d'État du Deux-Décembre, avec Baudin, Schœlcher, Madier de Montjau et quelques autres députés républicains, il essaya d'organiser la résistance. Il a raconté ces journées d'abord dans *Napoléon le Petit*, brochure qu'il fit paraître aussitôt arrivé en exil, et plus tard dans l'*Histoire d'un Crime*, publiée en 1877, comme une sorte de protestation au moment où l'on parlait de coup d'État.

Son nom avait été un des premiers inscrits sur les listes de proscription. Sa tête avait été mise à prix. Quand la résistance fut complètement écrasée, Victor Hugo put s'échapper et gagner la Belgique : il était sauvé. Cependant, l'Empire obtint du gouvernement belge qu'une loi spéciale fût faite pour expulser de Belgique le redoutable poète. Réfugié à Jersey, à l'abri des lois anglaises, il en fut chassé encore, et ne trouva le repos qu'à Guernesey.

Toutes ces persécutions ne le firent d'ailleurs pas fléchir un instant. Il annonça solennellement sa ferme intention de ne jamais rentrer en France tant que l'Empire ne serait pas tombé, et, au risque de rester seul sur la terre d'exil :

> J'accepte l'âpre exil, n'eût-il ni fin ni terme,
> Sans chercher à savoir et sans considérer
> Si quelqu'un a plié, qu'on aurait cru plus ferme,
> Et si plusieurs s'en vont qui devraient demeurer.
>
> Si l'on n'est plus que mille, eh bien, j'en suis. Si même
> Ils ne sont plus que cent, je brave encore Sylla ;
> S'il en demeure dix, je serai le dixième ;
> **Et, s'il n'en reste qu'un, je serai celui-là !**

9. Dans *les Châtiments,* il flétrit les auteurs du coup d'État. Après *les Châtiments,* il publia successivement, en 1856, *les Contemplations ;* en 1859, *la Légende des Siècles,* qui souleva une universelle admiration et qui est restée pour la plupart de ses lecteurs le plus admirable de ses chefs-d'œuvre poétiques. En 1862 parut l'ouvrage le plus considérable qu'il ait composé et qui, annoncé depuis longtemps, était attendu avec impatience : *les Misérables* (dix volumes), furent mis en vente le même jour à Paris, à Bruxelles, à Londres, à New-York, à Madrid, à Berlin, à Saint-Pétersbourg et à Turin, en neuf langues. Une édition populaire illustrée se vendit à cent cinquante mille exemplaires.

III

10. La révolution du Quatre-Septembre 1870 lui rouvrit enfin les portes de la France. Son retour fut un triomphe. Il apparaissait comme l'incarnation de la résistance contre le régime qui venait de ramener l'invasion, comme le prophète qui avait annoncé les désastres sous lesquels venait de s'effondrer l'Empire.

11. La ville de Paris le choisit comme sénateur en 1876 et en 1882. Il avait publié, après son retour en France, en 1872, *l'Année terrible ;* en 1873, *la Libération du Territoire,* poème vendu au profit des Alsaciens-Lorrains ; en 1874, une touchante notice, *Mes Fils*, puis *Quatre-Vingt-Treize*, roman qui, comme *les Misérables*, parut simultanément en dix langues; en 1875 et 1876, *Actes et Paroles*, trois volumes, recueil de ses discours et de ses professions de foi.

12. Les dernières années de Victor Hugo ont pré-

LE PANTHÉON*.

Magnifique édifice construit par Soufflot sous Louis XV; destiné à remplacer l'église Sainte-Geneviève, puis converti en lieu de sépulture des grands hommes en 1791, redevenu église en 1852, et, enfin, rendu aux grands hommes en 1885.

senté un spectacle unique dans l'histoire des lettres. La grandeur auguste de l'exil l'avait mis définitivement hors de la critique. Comme on l'a répété souvent, il était entré vivant dans la postérité. Il exerçait une royauté littéraire incontestée non seulement en

France, mais encore dans le monde. Sa maison hospitalière, ouverte à qui voulait entrer, a vu défiler tout ce que la France contient d'hommes de renom et tous les étrangers illustres qui ont visité Paris.

13. Ses funérailles ont été faites aux frais de la nation. Pendant plusieurs jours, son corps fut déposé sur un immense catafalque sous la voûte de l'Arc-de Triomphe de l'Étoile,

> Monceau de pierre assis sur un monceau de gloire,

que jadis il avait chanté en vers sublimes. Deux millions d'hommes, cortège inouï et tel que les fastes de l'histoire n'offrent rien de semblable, lui firent escorte ; des délégations de l'univers entier y accoururent ; le Parlement d'Italie et presque tous les gouvernements envoyèrent des dépêches de deuil : seule la Prusse s'abstint, et ne s'inclina pas devant le grand poète que le monde honorait, mais qui appartenait à la France.

14. Pour lui assurer une dernière demeure digne de lui, on rendit, par une loi spéciale, le Panthéon à sa destination primitive, qui est de servir de temple aux grands hommes que la reconnaissance nationale désigne aux hommages de la postérité. Lui-même, dès 1831, avait demandé, dans des vers immortels, que le Panthéon fût réservé aux Français morts en honorant la Patrie :

> Ceux qui pieusement sont morts pour la Patrie
> Ont droit qu'à leur cercueil la foule vienne et prie.
> Entre les plus beaux noms, leur nom est le plus beau.
> Toute gloire auprès d'eux passe et tombe éphémère ;
>   Et comme ferait une mère,
> La voix d'un peuple entier les berce en leur tombeau.
>
>   Gloire à notre France éternelle !
>   Gloire à ceux qui sont morts pour elle !
>   Aux martyrs ! aux vaillants ! aux forts !
>   A ceux qu'enflamme leur exemple,

> Qui veulent place dans le temple,
> Et qui mourront comme ils sont morts!
>
> . . . .
>
> C'est pour ces morts, dont l'ombre est ici bienvenue,
> Que le haut Panthéon élève dans la nue,
> Au-dessus de Paris, la ville aux mille tours,
> La reine de nos Tyrs et de nos Babylones,
> Cette couronne de colonnes
> Que le soleil levant redore tous les jours!

RÉSUMÉ BIOGRAPHIQUE A APPRENDRE PAR CŒUR

1. Victor Hugo naquit à Besançon, en 1802; il était fils d'un général de l'Empire.

2. Pendant son enfance, le jeune Hugo suivit son père dans ses changements de garnison, en France, en Italie et en Espagne.

3. Hugo fut poète de bonne heure, et grand poète; ses *Odes*, qu'il publia à vingt ans, lui valurent une pension du roi Louis XVIII.

4. En 1827, dans la préface du drame de *Cromwell*, il rompt avec l'ancienne école littéraire, devient le chef de la nouvelle, et donne au théâtre les pièces célèbres d'*Hernani*, de *Lucrèce Borgia*, de *Ruy-Blas*.

5. *Notre-Dame de Paris* est son chef-d'œuvre en prose (1831).

6. Il profite de sa réception à l'Académie pour entrer dans la vie politique, et Louis-Philippe le nomme Pair de France.

7. Pendant la Révolution de 1848, Victor Hugo devient le chef des républicains avancés, et, l'un des premiers, devine l'ambition déloyale de Louis Napoléon.

8. Proscrit au Deux-Décembre, il s'enfuit en Belgique d'où il est chassé; il se réfugie à Jersey et à

Guernesey, et de là il flétrit l'Empire et les auteurs du coup d'État dans *les Châtiments*.

9. *La Légende des Siècles* et *les Misérables* eurent un immense succès dans toute l'Europe.

10. Après la chute de l'Empire, il rentra en France, y fut reçu en triomphe et deux fois envoyé au Sénat par la ville de Paris.

11. Après son retour en France, il publia *l'Année terrible* et un roman historique : *Quatre-Vingt-Treize*.

12. Pendant les dernières années de sa vie, Victor Hugo fut admiré et vénéré du monde entier, et put jouir de la gloire que seule donne la postérité.

13. Aux funérailles nationales que lui fit la France, deux millions d'hommes escortèrent son cercueil, et tous les pays du monde y furent représentés.

14. Pour lui assurer une dernière demeure digne de lui, on rendit le Panthéon à la sépulture des grands hommes qui honorent la Patrie.

EXERCICES ORAUX OU ÉCRITS

1. Où et de quels parents naquit Victor Hugo? — 2. Comment se passa sa première enfance? — 3. A quel âge publia-t-il ses premières poésies, et que fit son père pour le détourner de la littérature? — 4. Comment devient-il le chef de la nouvelle école littéraire, et quels sont les grands drames qu'il donne au théâtre? — 5. Quel est son chef-d'œuvre en prose? — 6. Comment entre-t-il dans la vie politique, et quel honneur reçoit-il du roi Louis-Philippe? — 7. Quel rôle joue-t-il au sein de l'Assemblée Constituante en 1848, et quels soupçons porte-t-il sur Louis Napoléon? — 8. Que devient-il au coup d'État du Deux-Décembre, et quels criminels flétrit-il dans *les Châtiments?* — 9. Quels sont ceux de ses ouvrages qui eurent un immense succès dans toute l'Europe? — 10. Que devient-il après la chute de l'Empire? — 11. Quels ouvrages a-t-il publiés depuis son retour en France? — 12. Comment passa-t-il les dernières années de sa vie? — 13. A quelle manifestation donnèrent lieu ses funérailles? — 14. Quel monument lui a-t-on choisi pour sa demeure dernière?

LEXIQUE

Académie. Société de gens de lettres, de savants, d'artistes, et, en particulier, l'Académie française, fondée par Richelieu.

Archonte. Magistrat chez les anciens Athéniens.

Asphyxie. Suspension des signes de la vie, produite par le manque d'air respirable.

Azote. Gaz qui entre avec l'oxygène dans la composition de l'air.

Bailli. Ancien officier de justice qui avait sous sa juridiction une certaine étendue de pays appelée bailliage.

Bastille (la). Nom de beaucoup de forteresses au moyen âge, mais qui désigne spécialement celle de l'entrée du faubourg Saint-Antoine, à Paris, dont les fondements furent jetés par Charles V en 1370, et qui fut terminée sous Charles VI en 1382.

Biens nationaux. Nom donné aux biens confisqués au clergé et aux émigrés en 1790 et en 1792.

Bouddhisme. Religion fondée par Bouddha et répandue dans l'Hindoustan, l'Indo-Chine, la Chine et le Japon.

Brahmanisme. Religion de Brahma, dont les sectateurs, qui habitent l'Hindoustan, croient à l'immortalité de l'âme et à la métempsycose.

Brienne (école de). Un des douze collèges de province qui reçurent, en 1776, les élèves de l'École militaire du Champ-de-Mars, après que celle-ci eût été supprimée.

Cancer (tropique du). Ligne imaginaire parallèle à l'équateur et située sur l'hémisphère nord, à 23 degrés et demi de l'Equateur.

Chéronée (bataille de). Livrée par Philippe, roi de Macédoine, contre les Athéniens et les Thébains, en 338 avant Jésus-Christ. La victoire de Philippe fut complète et lui assura la suprématie sur la Grèce.

Chlore. Substance d'une odeur suffocante, qui a la propriété de désinfecter.

Cluny (musée de). Musée français d'antiquités nationales, situé à Paris, dans l'ancien hôtel de Cluny, et comprenant des statues, des meubles, peintures, émaux, serrurerie, bijoux, etc., de l'antiquité.

Code civil. Recueil de législation et de jurisprudence publié par Napoléon en 1804, et à la rédaction duquel prirent part de savants jurisconsultes, tels que Portalis, Tronchet, Merlin de Douai, Malleville, Treilhard, etc.

Comptes (Chambre des). Réunion de magistrats qui étaient chargés d'examiner en dernier ressort tout ce qui concernait l'administration des finances du royaume. Les douze chambres des comptes ont été fondues en une seule, qui porte le nom de *Cour des comptes.*

Concordat. Convention de 1801 entre Pie VII et Bonaparte, par laquelle le culte catholique fut rétabli en France, et qui fut complétée par les articles organiques de la loi du 8 avril 1802.

Condensation de la vapeur. Action par laquelle la vapeur redevient en eau sous la pression, ou par le refroidissement.

Congrès. Assemblée de députés, de savants, etc., chargée de délibérer sur une ou plusieurs questions déterminées.

Constitution. Loi fondamentale qui règle les droits politiques des citoyens d'un pays.

Consulat à vie. Fonction décernée par un vote populaire à Bonaparte, le 14 thermidor an X (2 août 1802), et qui faisait de lui un véritable souverain en lui donnant le droit de choisir son successeur.

Corsaire. Vaisseau armé en course par des particuliers pour *courir sus* aux bâtiments ennemis, en vertu d'une autorisation du gouvernement appelée *lettre de marque*. Ce nom désigne aussi un pirate.

Csar, czar, ou tsar, tzar. Nom donné en Russie au chef de l'Etat et qui équivaut au titre d'empereur.

Défense nationale. Gouvernement qui se substitua à l'empire le 4 septembre 1870, et dont les membres comprenaient tous les députés de Paris.

Domaines (receveur des). Fonctionnaire préposé à la recette des revenus produits par les propriétés de l'Etat.

Écoles centrales. Ecoles instituées par la Convention dans tous les chefs-lieux de département pour l'enseignement des sciences, des lettres et des arts. La loi du 1er mai 1802 remplaça les écoles centrales par de nouveaux établissements qui prirent le nom de *lycées*.

École militaire. Créée par un édit de Louis XV, d'abord placée à Vincennes, puis transférée au Champ-de-Mars. dans le bel édifice qui porte depuis le nom d'Ecole militaire. On n'y recevait que les fils ou descendants d'officiers, ou des jeunes gens de peu de fortune, mais comptant au moins quatre générations de noblesse.

École polytechnique. Ecole fondée à Paris par la Convention. et destinée à former soit des ingénieurs pour les mines, les ponts et chaussées, le génie militaire ou maritime, soit des officiers d'artillerie de terre et de mer.

Électro-dynamique. Partie de la physique qui traite de l'électricité comme force motrice.

Étrusques. Peuple d'Italie dont la civilisation a précédé celle des Romains. L'Etrurie porte aujourd'hui le nom de Toscane.

Féodalité ou *régime féodal.* Organisation adoptée en France et en Europe au moyen âge et par laquelle le territoire entier était morcelé en *fiefs* gouvernés par des seigneurs presque indépendants les uns des autres.

Figurines ou **Figulines**. Très petites figures de terre ou de métal; ce nom s'applique surtout aux figurines de l'antiquité. Les *figulines* désignent aussi de petits vases antiques de terre cuite.

Fossiles. Débris d'animaux et de végétaux dont la race est disparue, et qu'on retrouve dans les différentes couches de terrains.

Gabriel (l'ange). Archange, dont le nom signifie *force de Dieu*, et qui est reconnu par les Juifs, les Chrétiens et les Mahométans, comme ayant été envoyé de Dieu sur la terre dans plusieurs circonstances.

Géologie. Science qui traite de l'étude des terrains et de leur formation par couches successives.

Hégire. Nom qui signifie *fuite;* se dit spécialement de l'émigration de Mahomet, le 19 juin 622, alors que, persécuté par les habitants de La Mecque, il alla chercher un refuge à Médine. De ce jour commence l'ère des Mahométans.

Historiographe. Ecrivain chargé de retracer l'histoire d'un prince et pensionné pour exécuter ce travail. Charles IX établit une charge fixe d'historiographe qui fut supprimée à la Révolution.

Hunnique (race). Race des Huns, célèbre peuple barbare de l'Asie, qui se divisait en Huns Cidarites, Huns Ephtalites, Huns Sabires, etc.

Hydrogène. Gaz inflammable qui, combiné avec l'oxygène, forme l'eau et se trouve, en outre, dans diverses matières combustibles, telles que la houille, etc.

Iliade. Poème d'Homère, dans lequel il chante les combats et les héros du siège de Troie.

Inquisition. Institution ecclésiastique fondée par la cour de Rome au moment de la croisade contre les Albigeois, et dont le but était de rechercher et de punir toute atteinte portée à la foi catholique. Saint Dominique exerça le premier les fonctions d'inquisiteur général.

Institut. Nom donné à la réunion des cinq Académies, française, des sciences, des beaux-arts, des inscriptions et belles-lettres, des sciences morales et politiques, qui siègent au palais Mazarin, ancien collège des Quatre-Nations.

Invertébrés. Classe des animaux qui n'ont pas de colonne vertébrale, tels que les insectes, les vers, etc.

Irmensul. Idole des anciens Saxons représentant Hermann ou Arminius, le vainqueur des légions de Varus, et dont les Saxons avaient fait un dieu.

Israël. Nom donné à Jacob, fils d'Isaac, et qui désigna par la suite l'ensemble des dix tribus qui composèrent le royaume d'Israël.

Juda. L'un des fils de Jacob, donna son nom à la tribu qui se fixa à Jérusalem, puis au royaume dont cette ville fut la capitale.

Jupiter. La plus volumineuse des planètes qui tournent avec la Terre autour du Soleil; elle est située entre les petites planètes et Saturne, et elle est 1230 fois plus grosse que la Terre.

Jupiter. Fils de Saturne et frère de Neptune et de Pluton. A la mort de Saturne, Jupiter eut le ciel, tandis que Neptune avait l'empire des mers et Pluton celui des enfers, ce qui fit que Jupiter tint toujours le premier rang parmi les dieux de la mythologie grecque.

Koreischites. Tribu arabe, la principale de La Mecque au temps de Mahomet; se disait issue d'Ismaël, fils d'Abraham. Mahomet et sa femme en faisaient partie.

Légion d'honneur. Ordre institué, le 19 mai 1802, par le premier consul Bonaparte pour récompenser les services militaires et civils. L'insigne est une étoile d'argent à cinq rayons doubles et dont le centre est entouré d'une couronne de chêne et laurier.

Libre-échange. Système d'après lequel les transactions commerciales entre les peuples sont affranchies de taxes élevées ou de prohibitions.

Louvre (musée du). Ensemble des collections artistiques et archéologiques exposées dans les galeries du palais du Louvre à Paris.

Mammouth. Sorte d'éléphant à long poil dont l'espèce a disparu et dont on retrouve des débris fossiles en Sibérie.

Mastodonte. Nom donné par Cuvier à un énorme pachyderme fossile assez semblable à un éléphant.

Mazarin (collège). Appelé encore collège des *Quatre-Nations*, fondé par Mazarin sur la rive gauche de la Seine, vis-à-vis le palais du Louvre, et qui, aujourd'hui, est le siège des cinq Académies.

Mémorial de Sainte-Hélène. Nom donné aux mémoires que Napoléon Ier écrivit pendant sa captivité à l'île Sainte-Hélène.

Oxygène. Gaz qui entre avec l'azote dans la composition de l'air.

Pair de France. Membre de la Chambre haute, dite Chambre des pairs, nommé à vie par le roi sous la Restauration et le gouvernement de Juillet.

Paléontologie. Science des fossiles, étude des terrains anciens par les vestiges d'animaux ou de végétaux qu'ils recèlent.

Panthéon. Magnifique édifice situé sur la montagne Sainte-Geneviève à Paris, ayant la forme d'une croix grecque et surmonté d'un dôme. Il fut construit par Soufflot sous Louis XV; destiné à remplacer l'église Sainte-Geneviève, puis converti en lieu de sépulture des grands hommes en 1791, redevenu église en 1852, et, enfin, rendu aux grands hommes en 1885.

Paratonnerre. Longue tige de fer terminée en pointe, que l'on dispose verticalement sur les édifices en ayant soin de la continuer extérieurement jusqu'au sein de la terre. L'électricité, en s'écoulant par la pointe, neutralise celle des nuages, et empêche ainsi la foudre d'éclater.

Péloponnèse (guerre du). Guerre entre les Athéniens et les Spartiates, qui dura de 431 à 404 avant Jésus-Christ et qui se termina par la ruine de la puissance athénienne.

Pendule. Instrument inventé par Galilée et qui se compose d'un corps pesant, suspendu à un fil, de manière à pouvoir osciller. On a appliqué le pendule à la régularisation des horloges, ce qui a fait donner à celles-ci le nom de pendules.

Pentateuque. Nom donné à l'ensemble des cinq premiers livres de la Bible.

Philippiques. Célèbres harangues de Démosthènes, dans lesquelles cet orateur dévoilait les menées ambitieuses de Philippe et le dessein qu'avait ce prince d'asservir la Grèce.

Pisistratides. Famille d'Athènes à laquelle Pisistrate donna son nom.

Presse à copier. Machine composée de deux plaques, entre lesquelles on place le copie de lettres et que l'on serre au moyen d'une vis. L'encre de la lettre que l'on veut copier s'attache ainsi à la feuille de copie, légèrement mouillée.

Procureur (clerc de). Celui qui travaillait dans l'étude d'un procureur, c'est-à-dire de l'officier public qu'on nomme aujourd'hui avoué.

Prosélytes. Personnes nouvellement converties à une religion ; partisans d'une secte.

Punique. D'un mot latin qui désignait les Carthaginois.

Réforme. Nom consacré pour désigner la révolution religieuse qui fut opérée par Luther, en Allemagne, au xvi⁰ siècle.

Renaissance. Abréviation de *Renaissance des Arts et des Lettres*, nom que l'on donne à la période qui s'écoula depuis 1453 jusqu'en 1550, et qui fut inaugurée par les savants et les artistes byzantins qui avaient fui Constantinople et émigré en Italie, puis en France.

Saturne. La seconde des planètes par le volume, et remarquable par un anneau qui l'environne et l'accompagne dans son mouvement autour du soleil.

Sécession (guerre de). Guerre civile des Etats-Unis, qui commença en 1861 et ne fut terminée qu'en 1865. Elle eut pour cause principale l'abolition de l'esclavage, décrétée par les Etats du Nord, et que ceux du Sud, vaincus, furent obligés d'accepter.

Sixtine (chapelle). Magnifique chapelle du palais du Vatican, commencée sous le pape Sixte IV et où l'on admire la belle peinture à fresque de Michel-Ange, représentant le *Jugement dernier*.

Terre promise. Nom que les Hébreux donnaient à la terre de Chanaan avant qu'ils en fissent la conquête. On l'appela depuis Palestine ou Terre-Sainte.

Théâtre-Français. Le premier des théâtres littéraires de Paris, ainsi nommé parce que le fonds de son répertoire se compose de tous les chefs-d'œuvre de la grande littérature française dramatique. L'origine en remonte à Molière.

Triumvirat. Ligue de citoyens influents et puissants, au nombre de trois, et nommés pour cela triumvirs, qui s'emparèrent du gouvernement de la République romaine en 60 et en 43 avant Jésus-Christ.

Université. Corps de professeurs établi par l'autorité publique ; se dit, en France, du corps enseignant tout entier. Le ministre de l'instruction publique a le titre de grand-maître de l'Université.

Vatican. Magnifique palais de Rome, résidence des papes, et bâti sur la colline du Vatican. Ce nom désigne aussi la cour du pape.

Westminster. Nom d'une abbaye célèbre de Londres et du palais du Parlement anglais. Ce palais, incendié en 1834 et rebâti en style gothique, est l'un des plus beaux édifices du monde.

TABLE DES MATIÈRES

Saint-Denis. — Imprimerie Picard-Bernheim et Cie. — U. P.

COURS D'HISTOIRE

A L'USAGE DES LYCÉES ET COLLÈGES

Par M. EDGAR ZEVORT

Recteur de l'Académie de Caen, Chevalier de la Légion d'honneur

---

PROGRAMME DU 22 JANVIER 1885.

Classe préparatoire.

L'histoire nationale racontée aux enfants — Récits et entretiens familiers sur les principaux personnages et les grands faits de l'histoire nationale. — Anecdotes. — Biographies. — Contes. — Récits de voyages. — Grands voyageurs. — Grands patriotes. — Grands inventeurs. — Un joli volume in-4°, format des atlas, contenant 200 gravures expliquées, cart. . . . . » **75**

Classe de neuvième.

Biographies d'hommes illustres, des temps anciens et modernes, contenant 146 gravures et cartes, 1 vol. soigneusement illustré. **1 50**

Classe de huitième.

Histoire sommaire de la France jusqu'à l'avènement de Louis XI, suivie d'une revision générale et d'un lexique. 1 vol. illustré de 60 vignettes et cartes. **1 25**

Classe de septième.

Histoire de France, depuis l'avènement de Louis XI jusqu'à 1815, précédée d'une revision du Cours de huitième, suivie d'une revision générale, d'un résumé des principaux événements de 1815 à nos jours et d'un lexique. 1 vol., illustré de 96 vignettes et cartes **1 50**

PROGRAMME DU 2 AOUT 1882.

Classe de huitième.

Histoire sommaire de la France jusqu'à l'avènement de Henri IV, suivie d'une revision générale et d'un lexique. 1 vol. illustré de 60 vignettes et cartes. **1 25**

Classe de septième.

Histoire de France, depuis l'avènement de Henri IV jusqu'à nos jours, précédée d'une revision du Cours de huitième, suivie d'une revision générale et d'un lexique. 1 vol. illustré de 96 vignettes et cartes. **1 50**

ED. ROCHEROLLES

GRAMMAIRE

D'APRÈS LA MÉTHODE EXPÉRIMENTALE

Programmes : 27 Juillet 1882 — 22 Janvier 1885

Cours préparatoire. La grammaire des enfants. Enseignement de la grammaire par l'image. 1 joli vol. in-12, cart. . » **50**

Cours élémentaire, 1re année. Petits exercices littéraires et grammaticaux. Exercices très simples d'observation et d'invention, historiettes enfantines et devoirs de rédaction, construction de phrases, orthographe d'usage, résumés par questions. 1 joli vol. in-12, cartonné. . . . . » **75**

Cours moyen, 2e année. Préparation au certificat d'études primaires. 1 beau vol. in-12 de 268 p., cart. **1 25**

Cours supérieur (en préparation).

DELAPIERRE ET DE LAMARCHE

EXERCICES

DE

MÉMOIRE

CORRESPONDANT AU COURS DE GRAMMAIRE DE M. ROCHEROLLES

Cours élémentaire (*Texte du programme.*) Récitations de poésies d'un genre très simple. 1 joli vol. illustré de 17 grav. » **30**

Cours moyen. (*Texte du programme.*) Récitation de fables, de petites poésies et de quelques morceaux de prose. 1 joli vol. in-12 illustré de 28 g., cart. . . . . » **60**

Cours supérieur (*Texte du programme.*) Récitation expressive de morceaux choisis en prose et en vers, de dialogues, de scènes empruntés aux classiques. 1 joli vol. in-12, illustré de 28 grav., cart. . . . . » **90**

NOUVEAU COURS D'ARITHMÉTIQUE

DE SYSTÈME MÉTRIQUE & DE GÉOMETRIE USUELLE

Rédigé conformément aux programmes officiels du 27 juillet 1882

PAR

UNE SOCIÉTÉ D'INSTITUTEURS

SOUS LA DIRECTION DE

M. E. COMBETTE

ANCIEN ÉLÈVE DE L'ÉCOLE NORMALE SUPÉRIEURE,
AGRÉGÉ DE L'UNIVERSITÉ, PROFESSEUR DE MATHÉMATIQUES AU LYCÉE SAINT-LOUIS
CHEVALIER DE LA LÉGION D'HONNEUR

Adopté pour les Ecoles de la Ville de Paris.

COURS ÉLÉMENTAIRE, 1re ANNÉE. Ouvrage composé sur un plan entièrement nouveau avec gravures dans le texte. 1 vol. in-18 cartonné....................................... » **80**

COMPLÉMENT D'ARITHMÉTIQUE

1081 PROBLÈMES ET EXERCICES

COMMERCE — INDUSTRIE — AGRICULTURE — VIE USUELLE

Par les mêmes Auteurs

Ouvrage destiné aux Élèves des cours élémentaires et aux élèves de première année du Cours moyen

Un volume in-12, cartonné........................ » **45**

Cours Moyen et Supérieur, à l'usage des *candidats au certificat d'études primaires*. Un beau volume contenant un grand nombre d'exercices et de problèmes donnés dans les examens : COMMERCE, ÉPARGNE, INDUSTRIE, AGRICULTURE, VIE USUELLE; nombreuses gravures, cartonné **1 60**

RECUEIL DE PROBLÈMES

DONNÉS AUX EXAMENS DU CERTIFICAT D'ÉTUDES PRIMAIRES
POUR FAIRE SUITE AU

COURS MOYEN & SUPÉRIEUR D'ARITHMÉTIQUE

DE M. E. COMBETTE

ET RECUEILLIS

Par M. E. CUISSART

Membre du Conseil supérieur de l'Instruction publique
et du Conseil départemental de la Seine,
Inspecteur primaire à Paris, chevalier de la Légion d'honneur.

1 fort volume in-12 cartonné.

ENSEIGNEMENT PAR L'ASPECT
GRAPHIQUE DE L'HISTOIRE DE FRANCE

ÉVÉNEMENTS — TERRITOIRE — INSTITUTIONS — LETTRES, ARTS, SCIENCES

ADOPTÉ POUR LES ÉCOLES PRIMAIRES DE LA VILLE DE PARIS
ET DU DÉPARTEMENT DE LA SEINE

PAR LÉON VAQUEZ

Ouvrage dédié à M. Edgar ZEVORT
RECTEUR DE L'ACADÉMIE DE CAEN

PROCÉDÉ INTUITIF, APPLICABLE A TOUS LES COURS D'HISTOIRE DE FRANCE

L'expérience démontre tous les jours que les élèves de nos écoles, même les plus intelligents, ne parviennent que rarement à une connaissance suffisante de l'Histoire. Cela tient à l'extrême difficulté qu'ils éprouvent à établir des rapports entre les faits. Le récit a beau les intéresser; *quand les* **faits** *ne sont pas* **reliés** *et* **groupés pour les yeux**, *ils s'éparpillent dans le souvenir et il n'en reste qu'une impression très confuse.*

L'auteur a cru qu'il était possible de venir en aide à l'enseignement **en figurant matériellement les rapports** sans lesquels l'**histoire** ne peut être ni *comprise*, ni *retenue*.

C'est le procédé que l'on emploie dans l'*étude de la géographie*; **le graphique** tend à rendre à l'*enseignement historique* des services analogues à ceux que les cartes géographiques rendent à l'étude de la géographie.

DESCRIPTION

La carte est composée de **tranches verticales** *qui correspondent aux siècles. —* **Trois lignes montantes ou descendantes,** *tracées de gauche à droite, figurent les divers mouvements historiques :* ÉVÉNEMENTS. — HISTOIRE TERRITORIALE. — LETTRES, ARTS *et* SCIENCES. *D'autre part les* GRANDS FAITS DE L'HISTOIRE DES INSTITUTIONS *sont mentionnés dans* **douze bandes horizontales**, *régies également par l'échelle graduée du temps.*

EN VENTE :

Graphique à la main, imprimé en couleur (45 sur 56).....   » **50** n.
—   format classique à l'usage des élèves (36 sur 40).   » **30** o

Graphique mural, magnifique carte écrite, mesurant 1 mètre sur 1^m,30, imprimée en très gros caractères, montée sur toile avec gorge et rouleau.................................   **15** »

Envoi franco d'un **spécimen** du **Graphique à la main** (45 × 56), à tout membre de l'enseignement qui enverra **25 centimes** en timbres-poste.

EN PRÉPARATION
GRAPHIQUE DE L'HISTOIRE DE FRANCE CONTEMPORAINE
DE 1789 A NOS JOURS